這兩方印章，承李乃義兄情商金石名家陳退之
先生篆刻見贈，隆情高誼，特此申謝。大方啓

唐序

大方七十
集文自壽
是非公道
諤諤豪情
何須曉舌
樂為之序

唐達聰
時年八十六

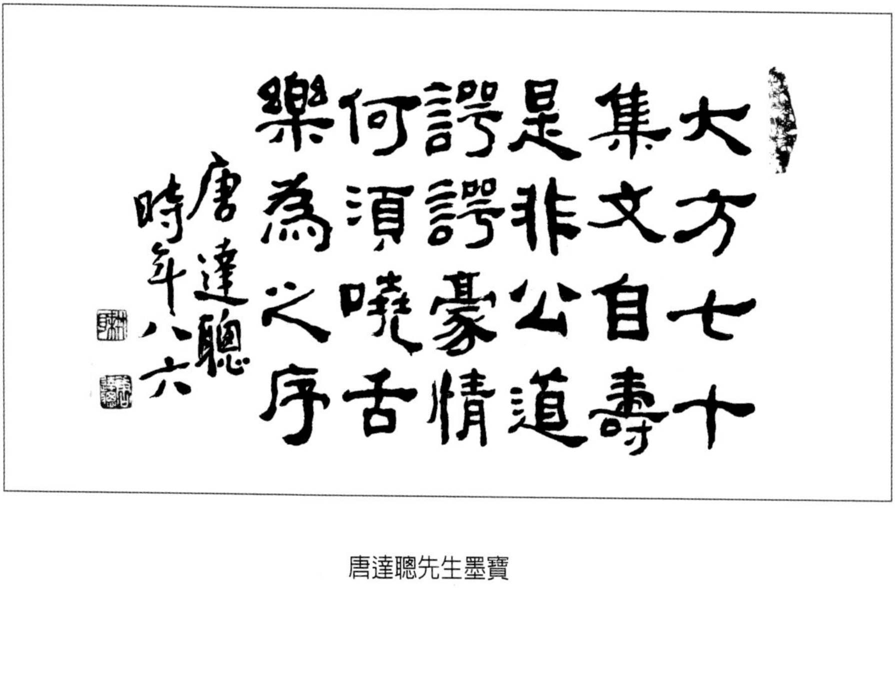

唐達聰先生墨寶

開卷詩

七十集篇章
布衣言仕宦
是非公論鑒
邪正寸心辨

盧明明於上海
2010/07/13

非仕之談

向時代嗆聲 對歷史負責

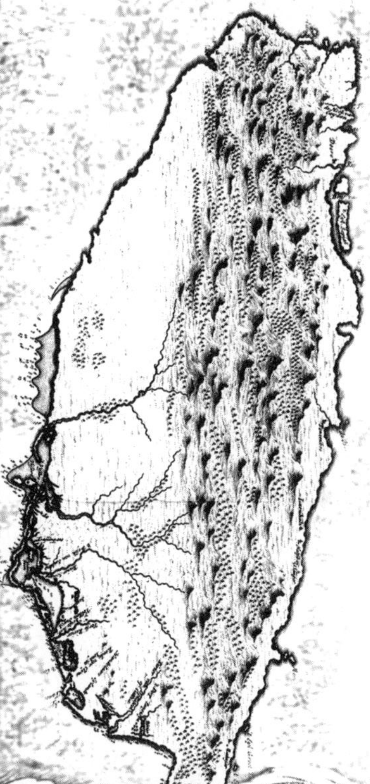

◎「非戰之區，和平之島」是台海的最佳選

◎區域立委選舉應改為大選區制

◎定要揭曉「江南案」的眞相

◎我在紐約為華裔爭權益

◎釣魚台風波的起始

阮大方◎著

自序

爭取民主自由的路途

阮大方

出版「非仕之談」這本書，不但是爲了向望子成龍的父母在天之靈，繳交一張可以告慰雙親的成績單。更具有一個文字工作者，紀錄五十年來在爭取民主自由的路途上的見聞與見解，爲不可盡信的官家史說，留一份可以給後代辯證資料的價值！

我的父母在民國初年留學法國，學習法律，接受了西方民主、法治、自由、人權的思想，想爲封建獨裁的中國貢獻所學，所以自歸國就業，即獻身公職，但國家多難，他們歷經抗戰、內戰隨著政府遷台終老，未及見國家社會實踐民主、自由的氣象，不謂無憾！

我學新聞、當記者當然是受到父親的影響；做到一個「威武不能屈，富貴不能淫，貧賤不能移」的記者，則是受到恩師成舍我先生的教化！兩位老人家生前相識相知逾五十年，私交甚篤，數度合作，爲推進國家社會的民主自由共同努力！

作爲父親之子，難以望其項背，父親一生出版了八十三本書，成校長更是著作等身，寫的文章汗牛充棟！我行年七十，雖然五十年來也寫了數以千萬字計的文稿，多屬政論，容易成爲明日黃花，從未想過集結成冊，這次受到好友盧淦金、李乃義、劉延方、陸之駿的督促與鼓勵，又得陳曉林兄的義助，才得以付梓成冊，特此申謝！

我更要感謝唐大哥達聰先生爲我寫序，年近九十的他不但是新聞界前輩，先後在臺灣、歐洲、美國的華文報社任職，也是當世唯一見過我家上下五代家人的世交，我出生不久，他就看到我了，他也看到我的子女出世，又爲我的長孫容恩滿月書寫賀聯，他看過我年少輕狂的荒唐歲月，看過我採訪新聞的堅持執著，看過我辦報的艱苦不屈，更何況唐大嫂趙堡女士也曾是我的同事！知我者寫我，必可爲讀者增加對我的瞭解！

我還要特別感謝顧大年兄，他是我的「大債主」，我每到他的辦公室說明債務問題，他總是給我鼓勵，相信我的誠意，並且每次都提醒我：「文章還是要繼續寫！」給了我不放棄的勇氣與動力！

當然，我能夠不放棄寫作，最強而有力的支持來自內子李月榮女士，沒有她的包容與鼓勵，在三十年前，我執筆的手，就可能改打計算機了！

E-Mail: richardtyuan@hotmail.com

2010/08/22

目錄

唐序　唐達聰
開卷詩　盧明明
自序　爭取民主自由的路途　阮大方／003
第一章　勇於開創篇——談人所未曾談
導言　李乃義／015
立憲修憲，何如行憲！／017
寧和家「仇」，勿與外「友」！／021
向國共兩黨建議在臺灣創建「中華臺灣國際經貿特區」／023
致新黨郁主席談：「非戰之區，和平之島」／027
致溫家寶的公開信／032
抗議美國事先與中共協商對臺軍售項目（之一）／036
抗議美國事先與中共協商對臺軍售項目（之二）／038
馬英九表態兩岸和而不統！／040
勿教「胡、馬」會陰山！／042

第二章　言論自由篇——言人所不敢言

導言　陸之駿　／047

請不要再消費「江南命案」　／049

壓制表達不同意見的自由，才是真正的白色恐怖　／053

監察院將如何處理聲復案，考驗憲政體制能否落實　／056

監委定案遭聲復應有迴避制度！　／059

監委如違法違憲由誰監察？　／061

「中國豬」與「台巴子」之爭　／063

再談「中國豬」與「台巴子」　／065

天理何存?!悼江南兄遇刺殞身　／068

春來江水綠如藍，能不憶江南？　／070

《蔣經國傳》在《論壇報》連載的始末與影響　／076

「江南案」真相難明成沉冤！　／089

我在「江南案」中的關連　／093

辦報豈應看風頭！　／096

《遠東時報》停刊的臺前幕後　／098

給胡耀邦上一課，新聞不是文宣工作！　／101

欄得溪聲日夜喧，突破禁忌要勇氣／109
綠色執政用富貴威淫媒體／111
四篇專欄點燃保釣火種／115

第三章　臧否時政——為歷史留見證

導言　魏徵先生／119
毋忘「七、七」／122
十月光輝趨黯淡，中華子民哀其國！／124
呼籲國共再度聯手抗日／135
收押陳水扁的法治與政治意義／138
還原蔣經國肅貪的二、三事／142
法魔護邪將使貪墨者無所畏懼！／146
捲起千堆雪！雪盡馬蹄輕？／148
誰會被改變?!／150
不沾鍋的馬英九要清理醬缸／153
海雨天風獨徘徊，馬應回歸總統高度從結構性推政改／157
改革吏治是篇大文章／160

改革公務員考績制度，應以單位爲對象考評公務執行度／163
請用另一個百分之三思維評考績／166
丙等公務員寫真／169
越權的衙門，違法的行政／170
地方派系杯葛，國民黨連四敗／172

第四章　隔海看中共政改——期盼民主自由憲政在大陸實踐

與一位「訪問學者」談統一／177
勿以天下爲己事，統一中國應以政治開放爲前提／181
北京堅持共產黨領導，是統一的真正障礙／183
由趙紫陽訪美談話，看中國統一問題／188
請中共釋放魏京生、黃賢／193
這次大陸行，我看到了……／195
借箸代籌談中共政改方式／203
期盼中共放鬆輿論控制／208
中共當局應該確立爭取臺胞傾中政策／212
陳雲林訪臺面面談／215

中共應在藏疆實施一國兩制／222
爲達賴喇嘛與西藏未來說幾句話／227
回應「藏、疆」二文的回應／232
隔海聽中共政改濤聲／237

第五章　發展經濟篇——只知「向錢看」，錯啦！

王永慶生前致力塑造社會形象！王文洋目前努力爭產破壞形象？／241
政客名嘴爲何爭著牽金牛／244
三十萬的禮服VS二十萬的醫藥費／247
中小企業個體戶，錢進大陸陷坑多／248
博鰲論壇開啓兩岸會談，蕭萬長爲「亞洲貿協」開路／252
外資、陸資、臺資，臺灣振興經濟資金那裡來？／255

第六章　深化民主篇

導言　陳治平／259
是撤裁警總的時候了！／261
阻止警總軍人干政的趨向，更深一層看「圍剿陶百川風波」／265

「橘逾淮則枳」——小選區兩票制在台灣備受爭議／268
檢討立委選制之我見／271
各級檢察長應改為民選，才能遏阻政治操弄司法／276
一頭牛剝五層皮！／280
致兩黨主席公開信／282
兩黨爭五都，誰有做規劃／284
二〇一二年「北北」贏輸將引發民進黨轉型之爭／286
有不虞匱乏與免於恐懼的自由才幸福／289
第七章　難忘的大事——七十而不惑　總算沒白活
在紐約發動華埠罷市，反員警暴力包圍市政府大遊行／293
在紐約與左派打筆仗，打垮了《華埠導報》／297
為華裔抵制黑手黨剝削，竟被左派誣指為「中國城教父」／299
首創報業「工商服務部」一時稱盛／305
插天山探險隊，完成登峰壯舉／307
我們征服了插天山／308

第八章　隨筆——信手寫來說心緒　行文不計工與拙

詠西湖白堤　／313
杭州創業失敗自嘲詩　／314
決定放棄杭州靈隱項目抒懷　／317
六十五歲生日感懷詩　／318
悼陸鏗（大聲）大哥　／319
父親逝世二十年忌日有感　／320
從事新聞工作五十年感懷　／321
自省　／323
前輩風範　／324
《論壇報》是「民派」——本報二週年抒感　／328
結語　／330
大方與我　李乃義　／331

跋　陳曉林　／334

第一章　勇於開創篇

談人所未曾談

導言

李乃義

你可以不服阮大方的論點，但你大概沒法不服他對時局的敏感度、深度與速度，同時，對他的大膽、談人所未曾談、永遠搶第一炮，對這樣子敬業的記者，只能驚歎、驚豔、驚服。當下人們需要的專業記者，不就是阮大方式的嗎？

嚴格說，我不算是保釣中人，雖然年輕時也參加過這樣、那樣的「左派」遊行，無非是抗日的民族主義情懷作祟，加上，哪有年輕不叛逆的。等年紀大了，得知第一手「釣魚臺事件」的報導，居然出自阮大方這個「右派」，這才了然：知識分子的教育，沒有白費。可惜當年，整代人壁壘分明，竟然不知釣魚臺運動的導火線出在臺灣，就那麼一點點的新聞自由，卻足以點燃「保釣」，雖然《經濟日報》與阮大方隨即因此而關門、離職。這又了然：知識分子的教育，缺陷依舊，因為兩三代過去了，仍然壁壘成見，每件事都還難得真相分明。

拋開成見，看看阮大方的這些第一時間寫就的文章，當做談論之資，引出較為冷靜、實際的議論，應是起碼的好處。抬槓，較有所本的抬槓、互相包容的抬槓，不就是海峽兩邊缺乏的、理想的「民主」社會的第一步？哪用得著時時得留心證明自己「愛臺灣」或「愛中國」什麼的。

阮大方公開他對許多事情的看法，提供不同的角度與資訊，針砭時事，至少敢於開風氣之先。如果新聞自由到這個地步，見怪不怪，吾人可以斷言：對人民有好處，對執政者也有好處。「民主政治」的本質，注定是平庸政治，說是說「選賢與能」，實際一定是選出當時流行的「最大公約數」，來操作那部龐大的統治機器「政府」，而有什麼樣的人民，就會有什麼樣的政府。如果有很多個阮大方，寫很多不是「純屬炒作」的評論、雜文，也許可以讓「政府」少幹些蠢事，大概就是人們對清明政治的唯一希望所在。

2010/8/22

立憲修憲，何如行憲！

——請海峽兩岸政府認真保障人民的基本權利

中國——台灣海峽兩岸的兩個政府，各自擁有一部憲法，中華民國的憲法，於民國三十六年（一九四七）一月一日公佈，同年十二月二十五日施行。中華人民共和國自一九四九年控制中國大陸，召開人民政治協商會議，通過「共同綱領」以來，迄今爲止，被稱爲國家基本大法的憲法，已經作了三次修改：即一九五四年第一屆人民大會通過的「中華人民共和國憲法」；一九七〇年中共第九屆中央委會通過的「中華人民共和國憲法『修正草案』」；一九七五年第四屆人民代表大會通過的「中華人民共和國憲法」。最近中共又公佈了「修憲草案」尚待人民公決。

這兩部憲法對於人民的基本權利與義務，均十分重視，以今年四月二十七日中共公佈的「修憲草案」，與「中華民國憲法」比較，兩者關於人民的權利與義務，均載於第二章，中共的「修憲草案」有二十二條，「中華民國憲法」有十八條。前者首條條文說：「中華人民共和國公民在法律面前一律平等。公民的權利和義務不可分離。任何公民享有憲法和法律規定的權利，同時有遵守憲法和法律的義務。」而後者的首條條文說：「中華民國人民，無分男女、宗教、種族、階級、黨派，在法律上一律平等。」

關於人民應享的各種自由，在「中華民國憲法」第十條至第十四條分別規定了人民有居住遷徙、言論、講學、著作及出版、秘密通訊、信仰宗教、集會及結社之自由。「中共修憲草案」第三十四條、三十五條亦規定了「中華人民共和國公民有言論、出版、集會、結社、遊行、示威的自由，與宗教信仰的自由。」兩者相較，後者沒有居住及遷徙的自由，前者則沒有遊行、示威的自由。

關於限制上列各項人民應享的自由權利之規定，「中華民國憲法」第二十三條（基本人權之限制）條文說：「以上各條列舉之自由權利，除爲防止妨礙他人自由、避免緊急危難、維持社會秩序或增進公共利益所必要者外，不得以法律限制之。」而中共「修憲草案」中，並無類似規定，僅在各條條文中，分別說明，如第三十五條說：「國家保護正常的宗教活動，任何人不得利用宗教進行反革命活動，或者進行破壞社會秩序，損害公民身體健康、妨礙國家教育制度的活動。宗教不受外國的支配。」；第三十九條說：「除因國家安全或者追查刑事犯罪的需要，由公安機關或者檢察機關依照法律規定的程序對通信進行檢查外，任何組織或者個人不得以任何理由妨礙公民的通信自由和秘密。」

讀了海峽兩岸政府各自擁有的兩部憲法，尤其是關於人民權利的章節規定，應該認爲中國——包括大陸與台灣——是一個民主的、自由的國土。但事實上，若以兩部憲法中均明白規定人民應享的言論、出版、集會、結社、秘密通訊等實際情形作一檢討，就可以瞭解到海峽兩岸的中國人民，均沒有享受到這些憲法規定的自由。

先談談言論自由與出版自由：中共統治大陸之後，根本不准私人發行報章雜誌、出版書籍，在十年浩劫的文革時期，大字報曾經被利用爲政爭工具，四人幫之後，北京西單民主牆不久亦被封閉，地下的刊物陸續被查禁，甚至傷痕文學亦遭到批判，魏京生、劉青、傅月華、王希哲均因多言賈禍，身繫囹圄。今日中國大陸既不可能由民間出版書報雜誌，怎能奢談言論自由？在台灣，自一九四九年開始實施的「報禁」，迄未解除，而現行出版法及其施行細則的規定之嚴苛，已經達到足以扼殺言論自由的地步，是以雷震因「自由中國」半月刊的「文字叛亂」被捕坐牢，柏楊、李敖等作家，也因寫文章獲罪而先後入獄，使台灣蒙上沒有言論自由的惡名。

再看集會、結社的自由：中共「修憲草案」明定由中國共產黨領導，除了被中共用爲對台灣統戰工具的「國民黨革新委員會」外，卅多年來各個小黨多被消滅於無形，未見任何一個新的政黨，乃至政治結社出現，何來結社的自由？除了由中共發起的會議外，「四、五」天安門事件，就充份反映了中共並不允許人民自由集會。集會與結社的自由，在中共當政的歲月裡，根本不可能成爲事實。在台灣，如眾所周知，根據已實行了卅多年的戒嚴法第十一條的規定，沒有集會、結社的自由，除了打麻將以外，三個人以上的聚會，均應該申請許可，據此，「黨禁」不開，雷震鼓吹新黨而坐牢，均是「合法」的！

至於人民秘密通訊的自由，中共的公安單位是把已經拆開、閱讀了的信件交給受信人；台灣的警總是把拆閱後的信件封回原樣交給受信人，是大家均知道的事實。更何況中共「修憲草案」明定公安機關、檢察機關「必要時」可以檢查信件。而在戒嚴地區的台灣，戒嚴法也規定：「得拆閱郵信電報，必要時並得扣留或沒收之。」

憲法是國家的根本大法，中國自清末由保皇派知識分子倡議君主立憲，迄今已近百年，百年來，立憲、行憲是有識之士救國運動的標的，也是封建反動、帝國主義勢力遏阻中國自強最不願見的事情。中華民國政府由「五五憲草」而「制憲國大」，多少仁人志士爲之犧牲奉獻，多少專家學者爲之嘔心瀝血，方才完成立憲，但是自公佈憲法而至公佈戒嚴法，其間不過兩年，而這兩年中，正是國、共內戰最激烈的時候。國民政府戰敗遷台，把這部憲法帶到台灣，於三十七年五月十日公佈了「動員戡亂時期臨時條款」，使「中華民國憲法」的精神受損，人民應享的各項權利被剝奪，迄未恢復正常。而中共自一九四九年制訂「共同綱領」以來，三次修憲，尤以「七〇憲草」明白規定個人崇拜、指定接班人等的荒唐規定，真是侮辱憲法的尊嚴，上無以對爲中國憲法犧牲奉獻的民主鬥士，下無以對千秋萬世的華夏子孫，這是毛澤東盛極而衰的關鍵。其後，雖於七五年修改，但是毛澤東的陰影，仍然在「七五憲法」中若隱若現，中共也並沒有真正的遵行憲法。如鄧小平取消人民貼大字報的權利，就是違憲之舉。

這次中共修憲，據彭真宣布，是五屆人大經過一年半的時間擬定的，所費的功夫，不可謂不大，其優劣如何，有待法學家及歷史學者來評論。作爲一個炎黃子孫，只希望中國——台灣海峽兩岸的政府，不但要擁有憲法，而且要認真遵行憲法，而憲法中的精華，就是保障人民應享的基本權利，尤其是言論、出版、集會、結社、宗教、秘密通訊、居住及不受恐懼的自由。

寄語雙方執政者，立憲可敬，修憲可佩，但不行憲，就可悲了！

1982/05/09 論壇報

寧和家「仇」，勿與外「友」！

——向國、共雙方新任駐美大員進一言

一九八三年開年伊始，國府新任駐美代表錢復，即行就任履新。中共新任駐美大使章文晉也將束裝就道，來美到職。展開中國——包括台海兩岸——政府對美外交的新頁。美國為當今國際政治的重心，世界各國對美外交政策，也就反映了各國的最高政策，因此，當中、美外交進入一個新時代之始，我願以海外華人一份子的立場，向兩位來自台海兩岸的決策執行人進言，以盡天職。

中國分裂了三十多年，自國、共雙方隔台灣海峽對峙之日起。雙方的「國策」，即以擊潰對方為最高目標：一面高呼反攻大陸，一面怒吼解放台灣。因此，基於這項「國策」，舉凡可以削弱、打擊、毀滅對方的手段謀略，可說無所不用其極，從來沒有談到同胞愛與民族利益。所以雙方的外交政策，均有「寧與外人」的特色，犖犖大者，如美國擅自將琉球交給日本，如日本佔奪釣魚台，如「中日和約」，如雙方均壓低國民生活，大量向外國採購武器，進行砲戰、空戰等等。可說不勝枚舉。卅多年來。兄弟鬩牆的結果，外人從而獲得的利益，真是天文數字，說也說不盡了。凡此種種，都是同胞的血淚，國家的損失，民族的恥辱。海外華人目睹這段歷史，無不痛心疾首，憂心如焚，切盼雙方當局能化除干戈，為國止武；為此奔走呼籲的愛國之士，雖然努力不懈，卻一直徒勞無功，枉費心機。

不幸中之萬幸，由於國際政局的變化，國內政情的嬗遞，國、共雙方仇讎之心雖然不減，態

度則已有相當程度的改變，在經過一段「和平統一」的醞釀時期之後，互相推出「和平統一」的號召，雖然雙方的號召，南轅北轍，極難相合，但海外華人仍然爲之深受鼓舞，寄望更進一步的發展，從而能漸漸建立一個新中國！

國、共雙方的新態勢，無可諱言是受到美國對華外交政策轉變的影響而造成的。美國自二次世界大戰之後，儼然承擔國際警察的角色．以防止世界赤化爲己任，因此，對堅決反共的國府支持頗力，並稱國府所在的台灣爲「不沉的航空母艦」，列名「骨牌理論」的樞鈕，以對抗當時一面倒向蘇俄的中共。也就是美、蘇分別支持的緣故，造成國、共間對抗最爲激烈階段。曾幾何時，中、蘇共反目成仇，而越南赤化，骨牌理論慘遭粉碎，美國對華政策，由是漸變，自「上海公報」，到承認中共，種種步驟，均明白顯示：「美國的外交政策，以美國的最高利益爲依歸！」而美國對華外交的最高利益，乃是一中一台。因此，錢、章二位，才能分別以不同的身分，駐蹕華府，週旋於美國政要之間，從事爭取美國支持的活動。

鑒於以往三十多年來，國、共爲了打擊對方．不惜犧牲的外交政策，海外華人對於同負時譽的錢、章二位，甚盼能以國家民族的利益爲重，在玷壇之上，遇到這類問題的時候，應有正確的認識，勿再蹈覆轍，把國家主權作爲爭取美國支持的條件。國人惡習：「寧與外人，不給家奴！」時至今日，國、共雙方爲了民族福祉，應該改變爲寧和家「仇」，勿與外「友」了。家仇總有在血濃於水的感情下復合之日，外友卻純以利害爲依歸，利權外溢，就永無復歸之期了。

1983/01/09 論壇報

向國共兩黨建議在臺灣創建「中華臺灣國際經貿特區」

——開闢解決臺灣海峽兩岸爭端新路線，締造台海長期和平的説帖

尊敬的 胡錦濤先生

　　馬英九先生 大鑒：

我們是長期關注台海兩岸局勢發展的華人，在台海兩岸統獨紛爭了六十年後的今天，我們欣然看到了可以締造台海長期和平的機遇，就是二位先後分別宣示了追求和平的決心與氣度。因此，我們認爲如何應在摒棄統獨傳統爭論迷思的基礎上，尋求向二位建議新而可行的路線，進而呼籲雙方協商談判，促其實現的時機已至。略陳管見：

我們清楚瞭解，統獨爭執的問題根本，是臺灣地位的歸屬問題。如果，雙方能同意提升臺灣地位爲國際經濟特區的原則，其他涉及各項細節，皆可以經過談判、協商迎刃而解！

因此，我們建議以WTO承認的「台、澎、金、馬關稅特區」爲基礎，進而協商研討成立「中華臺灣國際經濟特區」（暫擬名稱）作爲籌劃中的「亞洲太平洋自由貿易組織（FTAAP）」（以下簡稱亞洲貿協）的覆蓋地區之一。這是一個符合九二共識下的「經濟」特區，各自表述，既合「一中原則」，也合「臺灣自主」，更符合存在於海峽兩岸的經濟、政治實體的現實。在滿足雙方各自的基本要求上，爲雙方人民尋找一個不用緊綳、不用對立的和平發展契機。淺說如下：

（一）、正在籌劃中的「亞洲貿協」，臺灣因爲主權歸屬問題，而被排除在會員國名單之外。

馬先生以兩岸共同市場政策作爲因應，但台灣民間對此一政策有所疑慮，深感不安！因爲臺灣生計依賴對外經貿至深，而兩岸經貿規模懸殊，「亞洲貿協」成立之後，臺灣雖可透過兩岸共同市場的轉口來分享「亞洲貿協」的待遇，究竟不如直接入協。但是，臺灣入協，需要中國的諒解與支持。如果雙方努力將臺灣提升爲「中華臺灣國際經貿特區」，並與「亞洲貿協」同步成立，直接納入「亞洲貿協」體系，一定可以安定臺灣民心。

（二）、胡先生一再宣示尊重臺灣人民意願，作爲追求和平解決台海爭端的原則，受到臺灣朝野重視與歡迎！但是臺灣人民在三月二十二日的大選中，雖以百分之五十八點四七的選票選出主張兩岸和平、合作的馬先生爲新任領導人，卻仍有超過百分之四十一的選民表達了與大陸保持距離的態度。

我們十分清楚，現在臺灣的居民，主張「獨立」或「統一」的人數，各自都不足百分之二十。超過百分之六十的大多數，都希望維持非獨非統、似獨似統的現狀，努力改善生活。而維持現狀的獲利者，不是兩岸朝野，而是國際強權及跨國公司。維持現狀也是阻滯兩岸快速發展的障礙，既非長遠之計，亦且無助於雙方和平解決統獨爭端的落實！

（三）、設立「中華臺灣國際經貿特區」，勢必獲得國際間的承認。既是國際特區，即可以宣布爲國際中立非軍事區，領空、領海開放，市場開放，台海軍備問題即獲得解決，拔除了東南亞火藥庫的引信，實踐了二位對台海和平追求的政見。臺灣居民在國際承認的保障下，即使臺灣撤除軍事防衛，也不再有被大陸武力統一的恐懼。

（四）、「中華臺灣國際經貿特區」成爲「亞洲貿協」的成員地區之後，大陸可以支援臺灣成爲「亞洲貿協」的「行政中心」、「科技中心」、「集資中心」、「貨櫃轉運中心」等後勤單位的所在地之一，擇其適者設置於台。如「貨櫃轉運中心」可以設在高雄港，不但具有地利優勢，而且鄰近地區如台南、高雄、屏東，是事實上的台獨大本營，「貨櫃轉運中心」設置後，可以大量增加工作機會，加速繁榮地方經濟，台獨勢力失去基地，就會自然消弭！

（五）、由於「亞洲貿協」有後勤單位設在臺灣，各會員國包括大陸，必定有官員與機構長駐在台，雙方互動密切，更可促進相互瞭解！

我們都不是從事政治工作的專業人士，不能就政治專業的細節多所陳述，但我們深信「中華臺灣國際經貿特區」必定可以袪除一甲子來兩岸的統獨爭論。從特區表徵的非統非獨，走向「虛統實獨」或「虛獨實統」，端視今後情勢的發展，不能窺測，但必能和平處理，不起戰端！

兩位都是台海分隔後最具有國際思維的政治領袖，我們不揣冒昧，略陳一得，非敢班門弄斧，惟盡言責而已。務懇二位爲台海兩岸生民立命，爲長期和平開太平，俯聽建言，書不盡意，如荷垂詢，自當報命。

專此　謹呈

恭祝

政躬康泰

國運昌隆

檢附簽名者簡介

阮大方　一九四〇年生，美籍，現居臺北，政治評論自由投稿作者。
巫曉天　一九四七年生，台籍，世居臺灣，現任臺灣公論報發行人。
李乃義　一九四七年生，美籍，往來中美台，上華半導體公司管理者。
陳治平　一九三五年生，美籍，往來中美台，柏克萊中國研究學者。

2008/04/10　臺灣公論報

致新黨郁主席談：「非戰之區，和平之島」

慕明主席吾兄惠鑒：

日前暢敘，快慰平生。

對於以改變台灣國際地位的方式，追求台海和平，消弭兩岸對峙，你我殊途同歸，所見略同，均以國際化，非軍事區（中立區）爲目標，這是目前國民黨不能說，民進黨不敢談，而共產黨意料之外的議題。我只是一個媒體人，新聞工作者，可以寫篇文章畫個餅，提份說帖給胡、馬兩岸執政者，讓他們去傷神費心如何落實，怎樣施行？美其名曰拋磚引玉，事實上，是力有未逮，難以成事也。

如今吾兄要將此一議題作爲新黨黨綱政見，力道加大，影響也大，但不能不先有規劃，預做設計，否則將與台獨宣言一樣，成爲空言！但我堅信此議可行。因爲造成台海對峙因素最重要的三方面：美、中、台，在二〇〇八至二〇一〇年的情況，都有大異於以往的情勢變化。簡單的說：

A・美國以台海對峙封鎖中共的策略，已經過時，也已失效，而美國目前身陷伊阿戰場，面對恐怖分子挑戰，無暇兼顧。更且因「次貸、二房」引發的金融危機，經濟衰退，又逢大選將屆，執政的共和黨非常可能失去執政權，因此，在此時提出，美方朝野應該無力作出堅決反對的態度，預估最不好的反應是「靜觀其變」，較好的說法是「樂觀其成」，而且會重申「台海兩岸問題，由兩岸自行解決」的國策。

B・大陸方面，在確立今後二十年穩定發展經濟的方針之後，必須處理的問題，就是西南的藏疆，與東南的台海。目前，可以明顯的看出來，中共高層的二手策略是對台海軟，對藏疆硬，務實而言，這是台灣的機會，也是我們的建議可行性的機會！

C・台灣方面，在這次政黨輪替之後，「台獨」理論已沒有可行性，但國民黨的「不武、不統、不獨」之說，充其量只是務實的政見，而不是為台灣安定、和平奠立可長可久的理論。台灣居民對於不武之說，清楚瞭解主動在彼，而幾乎沒有人對中共有期盼，確定大陸絕對的、永遠的不用武力犯台，因為，沒有任何機制可以約束中共。所以，我們提出台灣地位國際化，成為非軍事區、中立區，取得國際的承認，必定能受到台灣絕大部分居民的贊同。

另就時機而言：二〇〇八至二〇一〇年美國的下屆執政者，必須忙於為布希遺害善後。而中共在二〇〇八北京奧運至二〇一〇上海世博之後，預定完成「亞洲太平洋自由貿易協定」（ＦＴＡＰＡ）的組織，才能奠定中共成為亞洲經貿、政治領袖的實質地位，才可以取得與歐、美鼎足而三的腹地與支援。但台灣在ＦＴＡＰＡ的組成過程中，如何處理，本來是一個難題，如果台灣在ＦＴＡＰＡ組成前，也就是二〇一〇年成為國際化的非軍事區，問題就會迎刃而解，這是我在今年四月九日（**博鰲會議前夕**）提出說帖的原因。而台灣方面，吾兄瞭若指掌，不需多說了。

此議如由新黨定為政見、黨綱，我認為在規劃推動的步驟上，有下列數點，必須有所說明，才能推動！

一、對台灣居民而言，即使中共同意，甚至簽約，信任度是不夠的，必須取得國際認同與法理承認，方式有三：

A‧在經過幕後協商之後，由新黨發動全民公投成案，向聯合國申請承認。優點是絕對的效果，缺點是所需經費龐大，且有公投不過關的風險！

B‧由海基、海協兩會擺在談判桌上談判成案，再向聯合國申請承認。優點是雙方在談判過程中態度明確，可以提高台灣民間的信任度。缺點是兩會效率不高，曠日費時，甚至可能發生意料之外的人為疏失，而至破局！

C‧新黨提出後，組成學者、專家、媒體等知識分子遊說團，分赴美、日、東協乃至澳、紐、印度及歐洲做學術討論，推動輿論，由其他國家在聯合國提案通過。

但是這三種方式的基礎，仍是建立在中共對此舉的支持，否則，不收其功，反受其害，等於在迫使中共對台動武，以絕後患。這是必須考慮的風險！

如前所述，台灣居民對中共的信任度不足，因此，即使此議能成為事實，如何才能確保台灣海峽永久和平，必須有賴國際監督，因此我建議在非軍事區、中立區成立之際，應請聯合國派選北歐與亞洲及中共關係較淺的中立國，如瑞典、瑞士、丹麥等組成聯合監督委員會，長期駐在台海非軍事區，擔任真正的控管中立任務，才能取得台灣居民的信任，此事卻涉及大陸居民「民族主義」的議題，也須謹慎。

我認為台灣即使被國際承認為非軍事區、中立區，只能解決台海兩岸對峙的政治問題，而台灣的經濟發展之路，仍然必須成為國際經貿特區的構想，宣布成為自由貿易特區，開放給全球各國人員，貨物、金融自由進出，不加管制，無需簽證，不收關稅，甚至邀請跨國公司總部設在台灣，免稅。如此，台灣海峽自然成爲國際航道，由聯合國派駐的中立監管會，與兩岸共組管理委員會，世界各國軍用艦艇航機如需通過台灣海峽，必須事先申請批准，而民間的航空及海運，則必須與管委會簽約付費取得海峽通行權，由台灣海巡署執行巡弋任務，如有必要動用軍力，則由中共派軍出動。如此不但監管台灣管委會的經費有了來源，也建置了國際間對台海通道的管理機制，確實保障台灣海峽是非軍事區中立的國際海域。

承囑就個人淺見，提供參考，我想就此一構想，如能集思廣益，博徵眾議，再請吾兄詳加規劃，對台灣居民而言，應已具有相當程度的說服力，可以導引台灣朝野對此一議題的討論，進而成爲是否需要舉行公投的案子。

此議能否成爲事實的可行性，取決於中共的態度，吾兄在大陸各方面交遊既廣，口碑亦佳，溝通管道自不缺乏，就我個人對大陸現狀膚淺的瞭解，此議向中共高層提出的時機有二：主要的分別是在公開之前，或是其後。我個人人微言輕，只能採取先送說帖，打個招呼，然後在港、台、星三地華人報章提出呼籲，而且是循「公」的管道走，以免刺激中共內部保守左派，遭到強烈反對。時隔近四個月，就我所知，已有相關單位對此一說帖，認爲是：「值得研究的課題！」如吾兄預定在八月廿三日宣布，就時間上來看，如何先打招呼，吾兄是否已有安排？此點關乎「事半功倍」與「事倍功半」成效的差距，極爲重要。

我們對此一議題，認知相同，而且均沒有私心、私利。「要蘇天下蒼生耳！」吾兄大才，領導新黨，堅持理念原則，素所感佩。此一議題能得吾兄鼎力推動，登高一呼，必可收振聾啓聵，發人深省之效，造成風氣，即可期成，我願竭駑鈍，盡其綿薄，爲兄之助，如有垂詢，即請聯絡。

專此不另　即祝

政　祺

弟　大方敬上

2008/07/27

2008/07/27 新月刊

致溫家寶的公開信

中華人民共和國國務院
溫總理家寶閣下臺鑒：

我是一個居住在中華民國境內、但承認中華人民共和國是一個「主權獨立的國家」的中華民國公民，對於閣下日前就即將展開談判的「兩岸經濟合作架構（ＥＡＣＦ）」申明基於雙方現實情況的考慮，將對我方作出善意的讓利，在此致謝！

我十分贊同並支持雙方簽訂「ＥＡＣＦ」，這是雙方在未來亞洲太平洋區域貿易組織中合作的基礎，也是面向全球區域貿易競爭中取得雙贏的架構，閣下讓利的原意，在我國國內之所以形成各種不同的解讀，是因爲我國是全球言論自由最爲開放的國家，爲了讓全國同胞瞭解我國政府堅持簽訂「ＥＡＣＦ」是爲今後在世界貿易發展的序列中，先取一席之地，我國的行政院吳院長敦義先生爲此席不暇暖的巡迴全國，向國人作政策說明；馬總統英九先生，也已經同意以執政黨——中國國民黨主席身分，與對簽訂「ＥＡＣＦ」提出質疑的在野黨——民主進步黨主席蔡英文女士就此一政策舉行辯論。在野黨質疑的主要原因，就是兩岸雙方在分治六十年後，關係在由敵對攻擊，而相互設防；而理性談判的進程中，貴國政府在執政的中國共產黨傳統統一臺灣的政策框架中，迄今沒有如我國政府早就表達拋棄反攻大陸的善意，因而對雙方簽訂「ＥＡＣＦ」後，是否會危及國家安全，產生疑慮，所以，甚至對閣下「讓利」之說，也有統戰之虞！

我不是兩黨的黨員，我是大約佔全國人口約百分之七十至七十五的中間選民的一分子，我們對政治的看法是「淺藍淡綠不帶紅」！我無權自稱代表中間選民，但我確信我可以說出大家共同的心聲：

一、在閣下「讓利」的談話中，可以看出閣下對我國同胞面臨的經貿困難相當瞭解，並且願意以「讓利」爲手段，給予協助！請問閣下可知道，在一九八九年發生六四天安門事件後，引發國際抵制，使甫行推動改革開放、亟需引資建設的貴國，缺乏外資的挹注，只有我國的商人，突破當時李登輝政府的阻擋，到貴國投資，這些被貴國稱爲「台資」的資金，累積至今，數以兆計，貴國上下也承認「台資」是貴國二十多年來發展經濟建設重要的助力。但是這二十多年來，成千上萬的臺商被貴國官員、幹部、商人、地頭蛇串通一氣，對他們採用「圈、套、殺」各種手段，惡整到血本無歸，甚至家破人亡！而貴國政府視若無睹，迄無可以爲他們「平反」的公正處理辦法或專責機關，設若，這些數以兆計外流到貴國的資金，沒有被貴國不肖份子製造的「冤、錯、假」案坑殺，都能像旺旺集團、頂新集團一般，在貴國獲利，在我國經濟不景氣時歸國挹注，也許就談不上「讓利」一說了！因此，我不揣冒昧，以被害人之一身分向閣下呼籲：在雙方簽訂的「ＥＡＣＦ」條款中，設置爲受害臺商的申訴管道，成立專責機構，稽查追賠臺商的損失，不但可以在「讓利」方面降低貴國的損失，更可以贏回已經回國的臺商對貴國以前的向心力！

二、在貴我雙方簽訂「司法互助」之後，貴國政府已多次協助我方緝捕逃亡到貴國的罪犯，但多屬犯罪層次較低的暴力犯，或則賄選、貪汙犯，對於戕害我國經濟的重大經濟罪犯，則庇護有加，對我國同胞人人切齒的大戶如：陳由豪、劉松藩、曾廣仁、張秀政、金世英……不勝枚舉的「鉅賈」，他們捲逃了全國同胞上兆的資金，卻都在貴國被奉為上賓，貴國政界領導甚至為他們用盜得資金投資的「事業」剪綵開工，我們隔海瞠目，情何以堪？是故在貴國簽署「ＥＡＣＦ」的條款中，可否明列經濟罪犯雙方必須互為引渡的規定，一則可以使我國通緝的逃犯不能再托庇於貴國，也可以預防貴國的經濟罪犯渡海藏身！

三、我對閣下在發表「讓利」談話時，申明雙方談判「ＥＡＣＦ」是遵照「平等協商，互相尊重」的原則，感觸良多！顧自我國被「最忠誠的盟邦美國」背棄之後，現實的國際政治，在貴國一再壓迫新邦交國必須承認「世界上只有一個中國，就是中華人民共和國，臺灣是中國的一省，是不可分割的一部份」的《建交附加條款》後，我國成了「亞細亞的孤兒」，甚至參加國際間的運動競技，只能用「中華臺北」作隊名！驟聞「平等」一詞，固所願也，不得見耳！因為我國自解除戒嚴之後，已實質承認貴國是一個主權獨立的國家，但貴國政府仍應舊貫，稱我國為「臺灣地區」，甚至在雙方同時參加的「ＷＴＯ」組織，我國也被迫改稱「臺、澎、金、馬關稅特區」，幸好多了一句：「不屬於中國關稅區管轄」可以闡明真相！其實作為取代我國而躋身聯合國常任理事國的貴國政府，當然瞭解聯合國對任何一國政府在它失去某一地區統治權超過五十年，就喪失了對該一地區主權主張權的精神。貴國政府去年十月一日隆重舉行開國六十週年慶典，睽諸事實，貴國政府迄今尚未能施行統治權於「臺、澎、金、馬」我國所轄的地區，何能自位「中央」、稱我「地區」？貴國政府宣稱「中華民國已經滅亡」，不但在貴國歷史文件、公家檔案中無一字記載，而且由貴國政府發出給我國同胞出入貴國國境的「臺胞證」，申請發放的依據是中華民國身分證及護照，是以中華民國之存在亦為貴國政府所實質瞭解，毋庸置疑！

因此，我向閣下提出呼籲，在雙方談判簽訂「ＥＡＣＦ」之後，再由經濟合作架構為基礎，進一步提升雙方在政治層面上協商，期求貴我兩國能在立足點「平等」的新局上，攜手合作，共同為中國人的廿一世紀奮鬥！

我已行年七十，是一個祖籍杭州，在臺灣受完整教育，在美國寄居了二十多年，有五十年工作經驗的文字工作者，我認為如果貴、我雙方再不珍視海峽兩岸目前和諧的局勢，解決國家認同的根本問題，就會使我國國內主張「臺灣獨立」者傷害立國已近百年的中華民國，因此，有感於閣下宣示雙方平等之善意，冒昧陳言，望請參考。

專此　即祝

閣下　政躬康泰

貴國　國運昌隆

中華民國國民　阮大方上

（民國九十九年四月十九日於首都臺北市）

臺灣公論報

抗議美國事先與中共協商對臺軍售項目（之一）

——華府政客怕得罪北京又要賺新臺幣

馬英九總統以鞏固邦宜爲由，專程赴宏都拉斯參加該國新任總統的就職大典，並訪問了鄰近的幾個盟邦，號稱久博之旅！因此，他率領的訪問團，必須過境美國。美國對馬英九的禮遇與尊重，較諸對他的前任陳水扁，不可同日而語！馬英九在美過境，不但「要耽多久都可以」！自行安排的行程美方也予以尊重，不加干涉（薄瑞光語）！

馬英九也十分珍視這次機會，在舊金山旅邸用電話向十一位因爲反對我國「美牛政策」而力主以「延展軍售」作爲報復的參議員溝通，解決了影響近一年多來雙方關係不佳的二大難題，因此，在他結束出訪行程，返抵國門的記者會中，十分欣喜的宣布：拖了多年，我國對美軍購問題解決了……，這次採購的金額是新台幣二千一百億……他當時「應該」不知道：美國國家安全顧問，在他回國航程中，就在華府向全球媒體宣布了美國方面的說法：美國這次對臺軍售，已與北京方面取得共識……

也就是說：現在的美國歐巴馬政府，把臺灣出錢向美國購買防禦中共軍力犯臺所需要的武器，先行徵詢中共可不可以出售？這種行爲不但違背了前任雷根總統訂定：對臺軍售項目，事先不准讓北京知道的政策原則，也違反了國際貿易在買賣完成之前雙方有保密的義務原則！更何況這是攸關臺灣二千三百萬居民生命財產安全大事，美方如此輕率、不尊重我方的處理方式，我方應該向美方提出嚴重抗議，以正視聽，並且取消這次採購，表達我國拒絕被華府政客作爲討好北京的籌碼！也讓北京瞭解：我們防衛臺灣的武器是自由的社會與法治的政制，並不是北京不同意美國對臺出售的F16戰機！

2010/02/23 臺灣公論報

抗議美國事先與中共協商對臺軍售項目（之二）

——取消軍購用二千一百億預算振興經濟

美國對臺軍售，在雙方斷交之初，是維持雙方關係的重要項目之一，當時臺海兩岸對峙的緊張氣氛，仍然被稱爲「世界大戰火藥庫」之一。對臺軍售不但是華府傳統圍堵中共政策的重要措施，也是華府政客爲討好幕後金主——軍火製造廠商——的新闢財源，當時執政的國民黨爲此供養了不少「親臺派」的華府政客與國府政要第二代，在美國用軍購與美方維持「非官方」關係良好的發展！

但自鄧小平在大陸推動改革開放之後，中共中央已經清楚認識到「解決台灣問題」不但時機尚未成熟，也不是使用武力可以畢其功！而在臺灣，自從二〇〇〇年發生政黨輪替，支持民進黨的華府政客群雖然搶到了「軍購金礦」，因爲不是圈內行家，擺不平各方利益分配的需求，所以掌權八年，望金興嘆，軍售軍購兩方面都搞成「吃不到羊肉沾一身騷」，這就是雙方軍售軍購延宕許久的真正原因！

馬英九當選總統後，國民黨班師回朝，但情勢轉移，在全球經濟局勢上，美中易位，中共不但成爲美國國債最大的債權人，美國的前百大、前千大企業都錢進大陸投資，搶奪市場大餅，怎敢再做「軍售臺灣」這種得罪中共的事？但軍售臺灣不只是生意眼，事實上，是美國被國內外注目的政治議題，無恥的華府政客，竟然不顧付錢買主——臺灣朝野——的權益，事先向中共「請示」那些軍火可以賣給臺灣？那我們買來的軍火，能抵禦中共武力進犯麼?!既然不能，買來何用？

事實非常清楚：臺灣的安全，絕不是可以向美國軍購可以保障的，二千一百億也好，二萬一千億也好，我們買的是華府政客對台灣政客多說幾句甜言蜜語，唬唬崇洋媚外的臺灣老百姓：「美國朋友」站在我這邊，可以多得些選票！

我堅決主張臺灣應成爲「非戰之區，和平之島」，主動向全世界開放，以國際政治的干涉來保護自身的安全，不受外力的侵犯，才能長久！至於選票嘛，把省下來不買軍火的二千一百億，用作振興經濟的投資，保證票票等值！

2010/02/26 臺灣公論報

馬英九表態兩岸和而不統！

中國國民黨於七月二十六日，舉辦黨代表及黨主席改選，當選的下位黨主席馬英九，在投票截止後，他親自出席宣布當選的記者會中，接獲中國共產黨總書記胡錦濤的賀電；象徵海峽兩岸的兩個執政黨，關係空前和諧！

這種現象引起了大多數臺灣居民對「被統一」不同想法，統獨兩派，固然喜憂形於顏色，歡呼與叫罵齊飛，不過，他們在整個社會結構中，只是橄欖核的兩個尖端，佔中間絕大部份沒有意識型態、不具政治狂熱的「臺灣人」寧可維持現狀，「在安定中求進步」！至少在現狀中，可以自決性的投票選舉馬英九任總統，對他上任之後施政成績，可以藉民意調查反映不滿意，甚至直接打電話到各電視台的現場「叩應」節目批評三十秒鐘，如果被嚴格控制的中共統一了，那就只好作「沉默大多數」的一分子啦！

好在馬英九不但在回覆胡錦濤賀電的謝函中，提出了對兩岸兩黨關係展望的十六字真言：「正視現實，建立互信，擱置爭議，共創雙贏」表達和平共處的政策，也在記者會中宣示：「中華民國永續存在！」清楚表達了馬英九的兩岸政策底線就是和而不統！

兩岸分治六十年，中共在對臺政策上迄今仍受困於不承認中華民國並未滅亡的現實，斤斤計較於世界上只有一個中國的「一中」稱謂，給予一心推翻中華民國政府，致力於臺灣獨立運動者製造口實，在臺灣一度取得超過百分之三十五以上選票支持，致令民進黨在西元二〇〇〇年的中華民國第十屆總統大選中獲漁人之利，造成中國人民主政治史上的首度政黨輪替，給從事大陸政治民主化的有識之士莫大啓迪，興起有爲者亦若是的念頭者，大有人在！

諷刺的是；在國共論壇的平臺建立之後，中共不以當時執政的民進黨作爲對臺政策交往的對手，成爲在臺、澎、金、馬保衛中華民國政府最有力的屏障，臺獨運動在馬英九獲得七百多萬高票當選本屆總統時，吹起熄燈號，現在只剩下灰燼中的餘火，民進黨主席蔡英文與不知反省的黨徒們，不敢提出反中共威權的高度理想，只敢叫喊反馬英九賣臺的胡說八道，剩下的些許星星之火還能延燒多久？

所以，馬英九先在記者會上宣示中華民國將永續存在，再請胡錦濤正視這個已經歷時六十年的現實，可以共創雙贏，但不會在他的任內被統一。這不但是向來主張「革新保臺」的馬英九一廂情願，也是可以預見的事實！因爲胡錦濤擬訂的以人民幣統一臺灣的戰略目標，必須按步就班，先把「東盟」（東協加六）搞好，才能發行「亞元」，估計時序當在二〇一五至二〇一六年，即使馬英九能在下屆總統改選中贏得連任，也已任滿，他只要撐過二〇一六年五月二十日交卸總統職務，就不會是中華民國的最後一任總統！他也就不會做亡國之君啦！

除非應了《推背圖》中「兩羽四足」的預言，習近平請出馬英九做「特首」，那就嘿……嘿……嘿……

2009/07/27 臺灣公論報

勿教「胡、馬」會陰山！

——兩人會談時機未到，對馬不利

甫行當選的下一任中國國民黨主席馬英九，尚未就職，就已經開始面對黨主席職責上所有的挑戰，從衛生署長葉金川辭職參選花蓮縣長的黨內初選，引起爭論；到何時安排與大陸的中國共產黨總書記胡錦濤會面，在在都成了焦點新聞，熱門話題！尤其是身任中華民國總統的馬英九即使在就任中國國民黨主席之後，仍然是全職的中華民國總統，這個職位是他受到全國七百多萬選民投下支持付託信任選票的表徵，是他當選中國國民黨主席得票數的三十五倍！而民調顯示有超過百分之五十的民意反對馬英九兼任中國國民黨主席，最重要的因素，就是對這位自稱：「臺灣製造、香港出貨」的湖南籍「新臺灣人」會不會在取得完全執政之後，運用掌握的絕對權力，出賣臺灣？

現在討論馬英九與胡錦濤會面的話題，應該只是臺灣媒體打鐵趁熱的炒作，兩相比較，如果兩人在即將來臨的下次「國共論壇」會談；或跳脫這個平臺，另擇時地，舉行特會，即使馬英九無心賣台，情勢也對他不利，因為：

一、馬英九是民選總統，執政才一年半，內部政壇與選民對兩岸政策意見紛紜，甚難整合，以「ＥＣＦＡ」為例，就舉步維艱！與胡會談，無論談什麼問題，在內部的認知與利益分配未能統合之前，都不能作任何實質的表態，否則就難逃「賣臺」罵名！

胡錦濤已是第二屆任期，是一黨專政體制的實質領袖，他推行多年的「三和政策」，已經成為

「國策」，無論他在雙方會談中說什麼，做什麼，都不必擔心會有內部雜音干擾，沒有後顧之憂！

二、全球性金融海嘯，臺灣是受創者，大陸是獲利者，臺灣的經濟復甦依賴大陸之處甚多，在雙方「經濟戰」中，臺灣處於弱勢，如雙方會談，胡錦濤依循「人民幣統一臺灣」大戰略的指導原則，牽馬就槽，馬英九就會被置於進退維谷的窘境！

三、馬英九的本屆總統任期到二〇一二年五月二十日，而胡錦濤的職務也在二〇一二年兩會時交卸，因此，就馬英九而言，在二〇一一年十月十日中華民國立國百年國慶之後，中國國民黨提名總統候選人之前，與胡錦濤會談是較為有利的時機！對胡錦濤而言，「臺灣問題」已不是必須最優先處理的問題，因為在內部，還有新疆、西藏兩處更難處理的問題，在他與馬英九會談之前，如果有時間先行將新疆及西藏這兩個可能引起動亂，甚至戰火的危機消除掉，則在他的任內開啓兩岸和平才是不世之功，在中華民族的歷史上，聲譽必將超越毛、鄧！但對馬英九而言，在兩岸實力差距拉大，內部掣肘不絕的情況下，與胡錦濤會談，除了成就胡的歷史地位外，必遭附驥罵名！

我認為馬英九必須冷靜思考，確立「不以胡錦濤為兩岸對話對手」的原則，將兩岸領導人對話的時機，設定在二〇一四年之後，屆時至少中共接班者尚在內顧集權的排胡鬥爭之中，才有主客易位的優勢！

2009/07/30 臺灣公論報

第二章　言論自由篇

言人所不敢言

導言　陸之駿

第一次見到阮大哥，我馬上想起二十幾年前我在《前進週刊》校對看到過「阮大方」的大名。印象中，阮大哥當時的文章，彷彿與轟動一時的「江南案」有關。那是一九八〇年代中期，美麗島事件後、民進黨創黨前，當時反國民黨的「烏合之眾」，左、右、統、獨沒有日後那麼分明。那時，雖也有過黨外編聯會內部的統獨分裂、新潮流批康的「雞兔同籠」、統派內部的左（林華洲）右（王曉波）論戰、左翼「老左派」與「民間學派」論戰、學運中台大幫與校際聯盟主導權競爭……等反對運動的內部矛盾，但整體而言，在「江南案」的時代轉捩點之後，大致匯流到民進黨創黨的洪流——但我更要強調的是：在民進黨一元化的過程中，統派（如費希平、雷渝齊、林正杰）、左派（如王義雄等），幾乎都先後離開，背負著「外省人」身分的許多知識分子，更是如此。

協助江南發表《蔣經國傳》、並揭發了整個「江南案」，使台灣歷史因而改寫的阮大方，幾乎就是台灣民主運動過程中被「去外省化」的一個典型。身為國民黨的高幹子弟，阮大方因為寫了一系列有關「琉球群島主權」的文章，造成《經濟日報》被停刊四天（這幾篇兼及釣魚台主權的文章，並點燃一九七〇年代的保釣運動的戰火——這是另一故事，在此按下不表），後來去了美國，名列黑名單，成為海外知名的批判國民黨作家。

更有趣的是，阮大方卻因「江南案」得以返台——在劉宜良被槍殺後幾天內，經阮大方和李乃義的奔走，美國聯邦調查局介入了「江南案」，此時，李乃義卻突然發現阮大方失了蹤，原以為與江南一同名列「死亡名單」的阮大方亦遭毒手，事後才知道，國民黨派專人以「母病速歸」為由，將阮大方騙回台灣禁足。

「江南案」事隔二十幾年，阮大方和李乃義在我的小店「驢打滾」，邊吃著阮大哥讚不絕口的豌豆黃，邊聊著當年「江南案」的破案，幾乎賭上性命的驚險過程，阮大哥卻邊說這豌豆黃跟他媽媽做的口味很像、邊述說當年返台後，國民黨當局不准他和政治人物接觸、不准寫文章，並派人廿四小時監視，而他卻趁著到西門町買鞋時脫逃的故事。我看他輕鬆的說著，不經意瞄到他已白的鬢髮，突然想到，如果過去二十幾年中，台灣的民主運動多了這麼一群自由主義的外省知識分子的參與，或許會有比現在狹隘的省籍視野，有著更開闊的意境——但不管怎麼說，歷史是不能假設的；時代的錯亂，卻絲毫不影響阮大哥在我心目中堅持挑戰強權的英勇形象。

2010/07/13

請不要再消費「江南命案」

——給施明德、黃煌雄等上一堂尊重異議自由課

時隔廿五年，「江南命案」又再一次無端被提起作為「政爭」工具。

起因是文建會所屬景美人權文化園區，在去年人權日展出六位藝術家的作品，其中設在「汪希苓軟禁區」（這是官式名稱，民進黨叫它「汪希苓特區」）空地上的作品，是游文富創作的《牆外》，內含一本有關汪希苓的書《忠與過》，書的封底背頁介紹汪希苓，文中有「汪希苓制裁江南」字句，展出後，被施明德之妻陳嘉君看到，當場以破壞手段表達抗議，遭園區報警逮捕。事後施明德又陪同陳嘉君再到現場，為表達對妻子的支持，也動手再度對這件地置藝術品加以破壞！繼而到監察院檢舉，指責園區主任王壽來等公務員（表揚汪希苓制裁江南），由監察委員黃煌雄、沈美真查案。作出對園區主任王壽來、副處長朱瑞皓提案糾舉的決議，責他們違反公務員服務法第一條「忠心努力」及第五條「謹慎勤勉」，函送文建會，要求對他們依規定處以「不適任立即調離現職」的處分！

王、朱二人自辯這次園區舉辦文化活動，旨在推動人權觀念與文化結合吸引民眾前往參觀，不使園區因乏人參觀而形同虛設，他們事先擬訂計劃，報會核准，並按計劃邀請評審委員開會商訂辦展事宜，其中雖有一位委員對在「汪希苓軟禁區」辦展提出要注意的意見，但評委會仍通過了展出的決議！園區根據決議，依法招標，游文富的標案經評審會審查通過得標，園區依決標圖樣驗收，

園區工作人員依規定辦事，並未對參展作品在評審委員的評審意見之外表達個人意見。且在公開展出之前，即曾邀請上級單位及相關人士，先行入內參觀指導，監察委員黃煌雄等在展前三天，就看到了游文富的作品，並未指出有任何不當之處，何以在施明德夫妻抗議、提出檢舉後，卻對承辦公務員提出糾舉案，給他們「不適任應立即調離現職」的處分，認爲不能接受！

他們的主管文建會主委盛治仁在瞭解實情後，爲維護公務員執行公務的尊嚴，同意行文監察院依法聲復！媒體報導聲復案後，陳嘉君復撰文指責文建會、園區「不認罪」！黃煌雄也撰文否認糾舉此案是對公務員作思想檢查！

我對涉及此事的諸人，除黃煌雄因同一時期在「世界新專」（現已升格為世新大學）執教曾經交談外，其他各位，皆不相識，但作爲「江南命案真相調查委員會」成員一份子，我必須對真正關心江南案的朋友們表達謝意，也必須對根本不瞭解江南是爲爭取言論自由而遭殺身之禍者，提出呼籲：請不要再消費江南命案！因爲江南與我們在《論壇報》寫政論的筆友們，都是服膺真正的言論自由者，有必定尊重異議者發表自由的精神！美國南北戰爭時，北軍將領告訴士兵爲何而戰的信念是：美國爲爭取自由，打勝了獨立戰爭，絕不能以自己享有的自由權力，去剝奪、限制他人的自由，因此不能容忍南方政府在美國的土地上實施黑奴制度，北軍要爲黑奴爭自由，必須一戰！

此事起於陳嘉君，她認爲游文富的作品《牆外》有贊同汪希苓「制裁」江南之意，當場動手破壞，已經侵犯了游的創作自由，這種主觀的、盛怒之下的衝動行爲，尚可理解。其夫施明德事後陪同她再到現場，這位爲爭取民主自由奮鬥數十年的指標性人物，不但沒有展現民主風度，表示雖不同意游文富的看法，但尊重游文富的創作自由，向游文富道歉，反而走進展覽區，踐踏展出的藝術品；不但向同爲民進黨出身的黃煌雄監委檢舉園區違失，更且揚言如在「二二八」之前不拆除，就將如何如何！更進一步以自己享有的自由權力剝奪游文富的表達自由！如此淺陋而粗暴的表現，反映他過去爭自由反威權的行爲，豈不是與中共毛澤東反蔣，是爲了「偏要出第二個太陽給你看」的心態如出一轍！

二十多年來，我從未感覺到施明德、黃煌雄等相關人士對「江南命案」如此關心過！例如，當率隊赴美刺殺江南的現場指揮官、竹聯幫份子陳啓禮死後，中天電視播出陳文茜訪問另兩位同案共犯陳虎門與吳敦，他們公開表示對犯案並不後悔，並且說如果再來一次，仍然會做案！這是對江南案何等嚴重的二次傷害？並未見施明德出面主持公道！再者，施氏夫婦既歸咎於游文富、王壽來，爲何不指責《忠與過》一書的作者及出版商？

支持與聲援施明德、黃煌雄的媒體與言論，指責盛治仁不敢調動王壽來，因爲王壽來是馬英九的同學，真是不通！要知道文建會編制中十三職等的工作機會不少，如果盛治仁拍馬屁、甚或鄉愿，大可趁機會把王壽來平調一個「好」單位，不提聲復案，就不必自蹈聲復不通過可能被彈劾去職的危機！盛治仁在處理此事時，展現了有擔當的氣魄，有原則的堅持，及與部屬共艱危的用心，在在都是政務官應有的風骨，卻在國內政界官場上，多年來亟爲少見！反觀黃煌雄、沈美真二人，身爲整治官箴的監察委員，在接受施明德夫婦檢舉時，不以與施的舊誼避嫌，迴避查案在前；提出糾舉案遭當事人不服聲復，仍不知展現風度，要求院方另派委員主其事，雖說於法有據，也難堵攸攸之口！更置自身於困局，如果通過聲復案，即使能撤銷糾舉，亦無異自承糾舉案之提出，必有瑕疵！如果不通過聲復案，依法須提案彈劾盛治仁等三人，需要十三位監委連署，經院會通過成案，如不成案，情何以堪？如果成案，是否會釀成藍、綠因而對決的政爭？造成社會不安？

我看到對此事的評論，有「美麗島事件」比「江南命案」在國內政治民主化的影響上大得多之說，不知有何意義？國內反對蔣家威權統治，爭取政治民主化、言論自由化的各種活動，無論在體制內或體制外，早在「自由中國」案之前，即已萌芽，前輩先賢、識與不識、國內國外彼此呼應，前仆後繼，每一個人，每一件事都是堆砌國內政治民主化、言論自由希望工程的一磈磚，眾志成城，都是爲相同的目標貢獻努力，當這些人在爲信念奮鬥之際，並沒有大小之分！在解除戒嚴、開放黨禁報禁之後，在總統直選之後，在政黨輪替之後，國內的政治真的民主化了嗎？言論真的自由了嗎？以施明德、黃煌雄等這些滿嘴民主自由的人物，可以以自我的認定、手握的權力去剝奪、限設游文富的創作自由一事來看，我們的社會仍處在另一種威權的統治之下，距人民應享「沒有恐懼的自由」真正民主自由的境地，還有遙遠的路要走！至少要等施明德、黃煌雄這一類人修完尊重不同意見者的自由、捍衛異議者的言論自由課程時，才能算是跨進了「民主、自由、法治、人權」的社會門檻！這也是江南生前追求的目標，沒有認知江南的理念者，請不要再消費「江南命案」！

2010/04/03完稿

2010/04/12 臺灣公論報

壓制表達不同意見的自由，才是眞正的白色恐怖

《中國時報》於四月十八日刊出「台灣民間真相與和解促進會執行秘書」葉虹靈長文：〈景美園區快補破網〉一文，我認爲全文論點有違該會「真相與和解」促進之宗旨！對於「白色恐怖」之根本含意也瞭解不足，將此一事件歸咎於園區承辦公務員，更不適當！請貴報不要「壓制我表達不同意見的自由」，刊出這篇投書，使貴報讀者有瞭解異議的自由！

「白色恐怖」最令人痛恨的根源，就是「壓制表達不同意見的自由」！此所以從「自由中國」的雷震案起，到「江南」案時，其間爲爭取「表達不同意見的自由」而遭蔣家威權迫害者，不知凡幾！江南、施明德並皆列名其間，而執行「白色恐怖」的官員如汪希苓，更是多如牛毛！如今距江南被刺不過二十五年，「白色恐怖」時代的被害人與加害人雙方當事者，還有許多人活著，對於身歷之事，立場不同，說法互異，基於言論自由的精神應該悍衛不同意見者表達的自由，才能徹底根除「白色恐怖」！

「景美園區事件」起於陳嘉君在人權日當天在現場因認爲游文富創作的置地藝術品《牆外》有表彰汪希苓的含意，就動手破壞！這位並沒有經歷過「白色恐怖」的施太太，在盛怒之下，採用了與「白色恐怖」同樣以暴力手段「壓制表達不同意見的自由」的態度，憐其無知，猶有可說！但施明德在事後陪她重回現場，又親自動手，再加破壞，已經給社會做了最壞的示範，更且揚言：如園區不在二二八紀念日之前拆除，將如何如何，既視法紀爲無物，也不尊重園區與藝術家的展出合

約，所有作爲言行，與當年執行「白色恐怖」的幫凶何異？

監察院之所以介入調查此事，是因爲施明德的陳情檢舉，查案委員竟是他在民進黨的同志黃煌雄、沈美真，又令人看到了「白色恐怖」時代黨同伐異的手段！黃、沈不知避嫌，作出了糾舉承辦公務員的定案！遭到文建會不服提案聲復，陳虹靈文中幫監察院指責公務員諸多違失，根本不瞭解現在的公務員不可能獨斷專行，企劃案先通過委員會審查，報主管單位批准，再依法招標，由評審會審查後開標，承辦公務員依得標企劃圖樣發包、監工、驗收、展出，只做事務工作，無權表述個人主觀意見！試看評委如漢寶德、許博允、吳乃德等等，都是社會知名人士，在藝文界各有其受尊重的地位，據報，游文富的標案，曾獲一位評委給予九十分的高評價，承辦公務員能改麼？

公務員是常任文官，不須爲工作職責以外的事負責，無論瞭不瞭解、同不同意展品的內含，既無發言權，就無失責過！陳虹靈文中指責：

「這種招標文件如何產生，如何通過公務體系層層關卡，作品爲何可通過驗收，公務員是否具備專業素養與清晰的人權理念等問題，均是監察院調查的關鍵。若更深究這些規劃與執行產生誤差的原因，當在於園區規劃運作未能充分善用專業資源。景美園區雖設有長期規劃諮詢委員會，由公務部門與民間團體、學者專家共同組成。但針對『開園』這等重要的年度活動，在僅有的一次全體委員會討論上，以兩小時的會議時間要進行園區營運管理業務、修繕工程業務與世界人權日活動（又分八大主題）三大項目的報告與討論。在討論時間不足、活動細節未明等狀況下，仍有委員表達擔憂與提醒。園區卻在執意執行釀成紛擾後，至今仍堅稱這是委員會的共識，並稱『這和多位委員的認知有明顯落差』，亦是監察院直指『主管人員未善盡公務員職務上應行注意之義務』的重點所在。」

陳文爲何不問監委爲什麼不複查評委爲何不慎重其事，多開幾次全體委員會？如何通過審查？是多數決？是一言堂？如「主管人員善盡了公務員職務上應行注意之義務」是否有權改變評審會的決議，就可以不會被「糾舉」呢？

我不是爲與陳打筆仗而寫此文，作爲一個言論自由追求者，我認爲我愈不同意「有表揚汪希苓意涵」的文字、意象、談話等等的任何表達方式，我更應該尊重他們表達的自由！這才是根除「白色恐怖」最有力的態度！

我呼籲施明德、陳嘉君向游文富、王壽來、朱瑞皓道個歉！也希望黃煌雄、沈美真主動撤回「糾舉案」！如此，才能符合追求「真相與和解促進」的宗旨與精神！

2010/04/07完稿

2010/04/15 臺灣公論報

監察院將如何處理聲復案，考驗憲政體制能否落實

政府各級公務部門都在注視監察院如何處理文建會提出的聲復案，因爲傳言查案監委黃煌雄、沈美真在約談文建會主委盛治仁時，曾要求他主動撤回聲復案；理由竟是監察院歷來對公務機關、公務員審查定案，無論是彈劾、糾舉、糾正，從未有任何機關單位向該院提出聲復案，這是有史以來第一次！

黃、沈二位身爲維護憲政體制的「御史」，卻在履行職責義務時、十分鄉愿的以「並無前例」爲由，要求盛治仁違法撤回聲復案，如盛治仁扛不住壓力，果真撤回，必將引起是否違憲的爭議！因爲撤回之舉，不但也是監院史上第一次，更將形成阻卻公務部門今後向監察院提案聲復的先例，使體制上制衡監委濫權的機能喪失功效，將使監委無所忌憚，公務員動輒得咎，申訴無門。

聲復制度之功能，旨在防止監委濫權，因爲查案委員只有二位，通過糾正、糾舉案只須五位連署，門檻不高，監委之間互通聲氣，即可成案，由於糾正、糾舉案不須送公懲會懲處，涉案之公務部門都不願多事，以致迄無聲復前例！因爲公務部門提案聲復，如果未獲通過，查案委員必須對提案聲復機關主管提出彈劾案，須有十三位委員連署，提交院會審查通過成案，被彈劾者移送公懲會懲處，如係政務官只能辭職！反之，如彈劾案不成立，糾正、糾舉案的聲復就獲得了平反！

盛治仁爲文建會所屬的景美人權文化園區主任王壽來等被糾舉提案聲復，不但甘冒被彈劾的風險，展現政務官的風骨，並且履踐了監察體制賦予的職權，當然引起公務員與政界的關注，都在等

著看盛治仁是否能堅持到底，希望這次聲復案，能爲憲政體制寫下新頁！

2010/04/14 臺灣公論報

附【2010/06/09聯合報】報導

監察院處理首椿糾舉「聲復」案，監委黃煌雄、沈美真認爲文建會「處理不當」，昨天改提彈劾案，召開彈劾委員會；沒想到彈劾案遭十三位委員「打槍」，一面倒地指彈劾程序疑義不少，罕見地撤回彈劾案，連表決都沒表決。

這項彈劾案被撤回，除了這是史上第一次糾舉「聲復案」，也創下彈劾案未表決就遭撤回的記錄。彈劾委員會要求提案人黃煌雄、沈美真在下次彈劾委員會上，將聲復不當理由寫進彈劾案文，並將糾舉內容交代清楚。

黃、沈所提糾舉案，是因文建會去年在景美人權文化園區舉辦人權系列特展，民進黨前主席施明德妻子陳嘉君抗議藝術家游文富的公共藝術裝置《牆外》放在「汪希苓特區」，等同歌頌汪希苓，並至監察院向黃、沈陳情。黃、沈兩人自動調查後，提出糾舉案，要求文建會處分，將文資總處籌備主任王壽來等調離現職；監委認爲王壽來等失職，明知展示地點的敏感性，卻未審慎規畫辦理。

糾舉案送至文建會，文建會主委盛治仁經多次向王壽來、副組長朱瑞皓查證、深談，認爲糾舉與事實有出入，提出「聲復」救濟。由於監察法對聲復案未有詳細規定，聲復案送監院後，黃煌雄於四月三日約詢盛治仁，昨天改提彈劾案。

彈劾委員會共有十三位監委，多數監委質疑，聲復案是為糾舉救濟，為何聲復仍由黃、沈兩人處理？而不是另組委員會？部分委員也認爲，這是監察院首件聲復案，應做成案例，作未來參考。

監委定案遭聲復應有迴避制度！

——從文建會聲復景美人權園區被糾舉案說起

文建會日前行文監察院，就該會所轄景美人權文化園區官員王壽來等二人，被該院提案糾舉，提出聲復。依監察院現行的規定，原查案委員在審查聲復書之後，如果不同意，就必須對提出聲復的單位主管及被糾舉官員提案彈劾，在十三位監委連署後，成立彈劾案，移送司法院公懲會懲處，處分重則撤職，輕則申誡。依慣例，被彈劾者若是政務官，一定去職！如同意聲復，卻並不撤銷糾舉紀錄，只是被糾舉人無須立即調離現職而已！因爲「糾舉」「是不必送公懲會的彈劾」，只是因其不適任而必須調離現職！因此，一般主管在下屬被監院糾舉，即使明知不當，因爲是平調，沒有其他處分，也多鄉愿的勸受糾舉者接受，另行設法安排補償！

這次文建委主委盛治仁爲維護所屬執行公務的尊嚴，爭取公道，毅然爲部下受不當的糾舉提出聲復，甘冒聲復不過可能被彈劾去職的風險，展現了國內政界少見的政務官風骨，值得讚揚！

此事已經成爲政壇的焦點話題之一，凸顯了監委行使監察權的問題：監委行使職權，沒有制衡機制，也沒有迴避機制，使查案委員享有「獨裁」大權！

以本案爲例：查案委員黃煌雄、沈美真在本案發生之前，曾到現場參觀，對於案中被糾舉的裝置藝術品《牆外》並沒有表達任何不滿、指責、抗議的言行，卻剛好在輪値時，接獲施明德及其妻陳嘉君檢舉案，查案後，作出對承辦公務員「糾舉」，認爲他們不適任，應立即調離現職，監察委員有聞風言事，自動調查之權！黃、沈二人在事前到場參觀，並未當場告知承辦公務員有任何不妥，在施、陳提案檢舉時，就職場道德而言，應該自行申請迴避，更何況監委與施明德曾同為民進黨從政同志，更應有避嫌的警覺，以維護監察委員的清譽，但監察院並無相當的機制，可以限制監委查案的適格性，只能寄望於監委的自愛！再者，當受監委彈劾、糾舉、糾正成案的當事人對處分不服，提出聲復時，審查聲復案的又是原查案及提案委員，完全沒有制衡及迴避機制，對當事人的權益不但沒有保障，更要擔負聲復不成，主管官員可能連帶被彈劾的風險！如果聲復獲得同意，糾舉紀錄並不撤銷，只是當事人仍可留任原職；如果彈劾案沒有成立，提案委員也無責任，依然是「御史大人」！合理麼？

2010/04/10完稿

2010/04/18 臺灣公論報

監委如違法違憲由誰監察？
——從黃煌雄、沈美真要求文建會撤回聲復案說起

報載監察委員黃煌雄、沈美真於四月七日約談文建會主委盛治仁，就文建會爲該會所屬景美人權文化園區主任王壽來、副處長朱瑞皓遭監院糾舉；該會不服，向監院提出聲復案行使審查權！

報導指出：雙方談話約兩小時，黃煌雄、沈美真要求盛治仁「重新考慮」聲復案。理由之一竟是監察院有史以來，對公務員、公務單位施行監察權，一經定案，從未見有任何聲復案被提出，這是第一次！

他們在對外發表談話時，對於文建會不服糾舉，兩位監委以重話回擊。黃煌雄批評，文建會讓爭議向上延燒，給人黨國幽靈浮現之感。沈美真更質疑，有官員認同白色恐怖的做法。

他們枉爲監察委員，竟然不顧法令對被監察院定案的公務員、公務單位權益保障的聲復制度；監察委員有接受聲復依規定辦理的義務，想用「和稀泥」的手法，逼聲復單位撤回聲復案！可能是黃、沈二人自知這次糾舉案的通過，確有瑕疵！如果接受聲復，審查通過，被糾舉人就不必調職，等於自承過錯！如不通過，必須提案彈劾，送院會決議，需獲得十三位監委的連署，才能成案，如彈劾不成，何以自處？

但是如果盛治仁在這次談話之後，真的撤回聲復案，就坐實了他在決定提出聲復案時，考慮不周，輕率從事，或則被監委「嚇倒」！畏首畏尾，根本沒有大臣風範，今後如何能使文建會所屬員

工心服口服，就不配做政務官！

王壽來曾接受媒體訪問，批評監委巡察時沒意見，直到施明德夫婦抗議，態度才轉變。沈美真痛批：「亂講，我非常生氣。」她特別拿出巡察紀錄，證實監委當場提出意見，認爲汪希苓特展不妥適。雙方截然相反的說法，必然有一方說謊，如果沈美真真的提出可以被確認的「巡察紀錄，證實監委當場提出意見，認爲汪希苓特展不妥適。」作爲證據，則王壽來就是說謊的一方，所得的處分，應該不只是「調離現職」的糾舉，而應該與被黃煌雄彈劾的郭冠英一樣，因「欺瞞亂言、不機智果敢」彈劾王壽來，送公懲會議處！反之，王壽來一如盛治仁在聲復案所說：「受糾舉人已善盡應注意之義務，若懲處，將使公務員怯於任事。」不應被糾舉！說謊的一方，在真相明確後，不但有人格道德上的問題，也可能涉及刑責，應該邀集巡察當天在場人士作證，並請沈美真公佈巡察紀錄以昭公信！

此案涉及三個嚴肅的議題：一是言論自由的觀念與認識，此案因施明德、陳嘉君用暴力破壞游文富的創作，侵犯並剝奪了他的發表自由而起，但不在本文討論範圍之內，另文再談！其二是公務員受懲後的申訴權的保障機制之欠缺，造成公務員「少做少錯，不做不錯」的主因！其三就是涉及憲政體制的監察院、監察委員在現行的體制下，設若監委在行使職權的過程中有違憲、違法、越權、循私的行爲，誰來監察？如何退場？

2010/04/15完稿

2010/04/21 臺灣公論報

「中國豬」與「台巴子」之爭

——談言論自由的過與不及

這幾天的熱門話題是：民進黨籍的立委，以管碧玲爲主，在立法院質詢行政院長劉兆玄，指責有新聞局駐外官員，用「范蘭欽」作筆名，在網路上發表文章，用字遣句辱及台灣，並且強調此文稱台灣人爲「台巴子」，是不可忍，要求行政院嚴辦！因此，被點名涉嫌的我國駐加拿大多倫多的新聞處官員應召返台向主管機關說明情況，後續發展如何，猶待觀察，暫且不談！我所關切的是：今日復見文章賈禍，言論自由云乎哉?!

在民進黨的前身黨外時代，爲了反抗白色恐怖，爭取言論自由，在如雨後春筍般的黨外雜誌中，刊載了許許多多時任公務員而支持開放言論的作者宏文，他們當然用的是筆名，在當年國民黨威權統治之下，主管出版的新聞局，也只是用出版法來查扣雜誌，並沒有對任何用筆名的公務員，作出任何行政處分，更不見當時「官派」的立法委員質詢行政院，要對他們動輒開刀，民進黨成立之後，其中有不少人入黨，可以談談往事，說說言論自由的社會價值，建立不易！今天，民進黨的立委卻在立法院中狺狺於不合己意的文章，要求行政院嚴懲作者，是不是綠色恐怖猶甚於白色恐怖呢？

當深綠人士高喊中國豬滾回去的時候，當榮民被稱爲老芋的時候，甚至莊國榮罵馬英九小歪歪的時候，又見過甚麼人被處分了？當阿扁執政八年期間，多少公務員在鼓吹建立台灣國，也沒有人依叛國罪起訴，無他，言論嘛！言論自由寧可過濫，不可不及！過濫自有社會公評與司法救濟可以平衡；不足，就很容易又再被威權掌控！今日的言論自由，如果被民進黨人踐踏，除了仰天長嘆，夫復何言？

還有，被管碧玲誤認為極大侮辱的「台巴子」一詞，是大陸沿海城市民間對臺胞的通稱，原詞是「台霸子」，霸子有大哥的意思，後來因各地方言發音不同誤傳，成了「台巴子」！卻並非辱詞。管大媽向來反中，不求甚解，所以誤會了！

2009/03/08 臺灣蘋果日報

再談「中國豬」與「台巴子」

主旨：言論自由的泛濫問題，可以經由立法權約束規範，可以交由司法權救濟裁判，但絕對不可以讓行政權干涉管轄。（阮巴子曰）

我在《蘋果日報》發表了〈中國豬與台巴子〉一文，在網路上引起極大的反應！我閱讀了千餘條網上文字，在撰寫此文時，才發現我的電腦中毒了，被迫停筆送修，遲至今日才能續寫！向網友們再說幾句，解釋清楚！謝謝。

言論權可以經由立法加以約束規範

前文主旨在反對管碧玲以立法委員的權力，向行政院施壓，要求懲處郭冠英，因此郭冠英是文章賈禍，殆無疑問！這種另一形式的文字獄起於理當為民喉舌的國會民意代表，豈不矛盾？管碧玲有權對「范蘭欽」的文章表示異議，不但可以寫文章加以駁斥，更可以積極作為，在立法院提出法案，立法禁止省籍偏見、種族歧視的法律，明文規定正面表列如：台巴子、呆胞、中國豬、外省狗、山地人、大陸妹、阿米哥、老芋啊……等等文字稱謂，皆屬法所不許，以期徹底解決文字、言論涉及族群與省籍的偏見、歧視問題！才是正確的處理方式！

泛濫不當的言論可以交由司法救濟裁判

「范蘭欽」的言論在引起爭論後，已經承認自己就是「范蘭欽」的郭冠英，據說已經被人向司法機關告發，成為被告，這也是正確的做法！

限於篇幅，我不能在此詳論這兩種正確性的道理與法源，將邀請和我看法見解相同的朋友們共同具名，發表專論！

族群歧視與省籍偏見是中華文化的傳統

中國人大概從戰國時代起，就養成了省籍偏見與族群歧視的文化，當時因各國交相攻伐，當然會相互輕侮，傳承後代，大焉者南蠻北夷、東倭西戎，小焉者則不勝例舉：如東北豁子、山東侉子、河北槓子、湖北九頭鳥、湖南驢子、河南騾子、四川耗子（老鼠）、江西老表……等等，這些稱謂，大致上三分寫實，七分戲謔。

前經濟部長趙耀東先生是我的杭州先賢，他常自稱「趙鐵頭」，鐵頭就是「外省人」對杭州人的謔稱！至於「中國豬」一詞，始於鴉片戰爭前後，因為前清規定男人後腦留髮辮，而且中國人當時也不太重視個人衛生，所以包括日本在內的列強辱稱華人為「中國豬」，不過請注意：當時台灣尚未割讓給日本，仍是大清國的領土，「中國豬」這個百分之一百的辱詞，是包括「臺灣同胞」在內的！現在的臺灣人不明所以，濫用此詞，卻不知辱及先人，可憐亦復可恥！

為人高級，非種族省籍之別，更不能用貧富界定

郭冠英是我的朋友，但他的「高級外省人」一詞，雖語帶反諷，我並不認同！李敖說郭是窮小子，不高級，他李敖有錢才高級，坦白說：他李敖口袋裡幾個敲著叮噹響的銅板，比王又曾多麼？為人高級純是個人修為，無關省籍、種族、膚色、宗教！即使高尚一詞、當世之人，能當得起的，

幾稀矣！

關於「台巴子」的解讀，各有說法，我不想爭辯，但請到臺北市復興南路近忠孝東路口處，有一家知名的火鍋店招牌掛著「川巴子」三個大字；另外，在大陸皖南有一處「游擊隊烈士墓園」掛頭牌的支隊長（約為上校—少將編階）名郭巴子！「巴子」並非辱詞，由此可證！

在此宣布效法「趙鐵頭」；以後如撰寫評論臺獨的文章，我就用「阮巴子」作筆名！如何？

2009/03/12 大媒體網站

天理何存?!悼江南兄遇刺殞身

（一九八四年）十月十五日江南兄遇刺不幸的消息，使我徹夜不眠。千頭萬緒，實在想不通冷血的殺手，為何要取他性命？此事一日不能澄清，作為一個朋友，實在不甘心！

我在臺灣做記者時，雖已常聞江南之名，印象並不深刻，來美之後，讀到一九七五年元月號《七十年代》月刊，有他抨擊臺灣政壇特權的一篇文章，其中一段涉及我與家兄，事屬傳聞，乃撰文更正，這是我與江南兄發生淵源之始。其後常在各報章雜誌上讀到他的文章，也交結了一些相互往來的朋友，對他有了較深的印象。

《加州論壇報》創刊之後，由間中的朋友介紹，我承董事會決議，與江南兄接洽他重寫《蔣經國傳》在本報刊登事宜，我們開始交往。「蔣傳」開始連載，我們二人皆成眾矢之的，承受來自各方的壓力，經常在長途電話中互相砥礪，以威武不屈為誡！

相交二年，我們只見了三次面：第一次是在去年夏天，他為「蔣傳」連載事，專程來洛，雖然只是匆匆一晤，但他處事有條不紊，談吐豪爽不俗，給我很深的好感。第二次是今年初，我應約到舊金山去專訪趙紫陽，江南兄抽出一天的時間陪我，忙完了正事，他駕車上山，帶我去觀賞金山大橋全景，此時，夕照餘暉，映著粼粼波光，真是氣象萬千！我不覺讚嘆，他說：「中國的山水，比此地好看多了！」深深地表露了他的故國之思！最後一面是他到洛杉磯來參加《加州論壇報》二週年的餐會，我們接席而談，評事論人，十分痛快，想不到這次聚首，竟成永訣！

江南兄之死，不但震動了美國華人社會，港、台兩地，乃至中國大陸、識與不識，也都十分重視，對他究竟為何遭此毒手，言人人殊，而不免把《蔣經國傳》一書的寫作視為原因。此說頗可存疑，因為《蔣經國傳》的寫作與發表，始於十年前，他且曾去函向王昇、蔣緯國、張其昀、楚崧秋等蔣經國周邊的人索取資料，雖則「多避重就輕，搪塞了事」（見蔣傳序），卻並沒有對他作不利的行動，而「蔣傳」首版問世，距今已有八年，重寫的「蔣傳」在內容方面，且更正了首版許多謬誤，並肯定蔣經國後期對臺灣經建的貢獻！若此時為此事殺江南，豈非更加刺激「蔣傳」的銷路？我把這個想法，在慰問的電話中告訴崔蓉芝（劉妻），她也說：「是沒有道理！」

江南兄好朋友，廣交遊，常急人之急，又長於表達，在他口中筆底，常有不傳之秘、難得聽聞的內幕！近來，他致力寫《龍雲傳》，曾遠赴昆明搜集資料，十月七日在電話中告訴我說：「找到了許多好東西，有時間詳細談。」言下相當興奮！而在不久前，他又連續撰寫有關吳國楨的事，這些，都是敏感的問題，是否因而賈禍，則不得而知了。

以一個文人，竟遭策劃周詳的暗殺，本就是沒有天理的事，不但江南兄死不瞑目，朋友們不得真相，也不能甘心！

1984/10/18 論壇報

春來江水綠如藍，能不憶江南？

——籲請李總統下令徹查江南命案

三月二十日《臺灣時報》第一版頭題報導：「美國江南事件委會致函李總統，要求另設小組調查槍殺案真相」。內文指出：江南事件委員會認爲：「江南命案在舊金山地方法院審訊告一段落，被告董桂森在庭上供出一個新的幕後指使人名，在臺坐監的陳啓禮等人也表達了重審的要求，在江南案於臺灣已完成司法審判二年多以後，因爲發現了一些新而富有法律意義的證言，因而宜由新任總統下令組成一個委員會，就江南案展開新的調查。」

呼籲重新調查命案真相

江南事件委員會係於江南命案發生後，由江南（劉宜良）治喪委員會改組而成，由柏克萊加大教授王靈智擔任主任委員，委員皆係江南生前友好，我也是其中之一，但十分慚愧，前後僅僅參加了兩次集會，對該委員會三年多來爲江南事件追查真相所作的各項努力，均無貢獻。讀了上述報導，我覺得作爲唯一在臺灣的委員，我有義務與責任提出呼籲，請李總統重視該委員會的要求，下令組織一個由社會公信人士爲成員的調查小組，調查江南命案的真相。

江南遇害於一九八四年十月十五日，距今已三年五個多月，雖然涉案人自汪希苓以下，皆已繫獄，但對殺害江南的動機，各說各話，並無一個可以爲公眾採信的理由，有司於審訊期間，未曾深究，認真追查，僅依各被告口供作判決依據，是以難杜攸攸之口，三年多來，本案的陰影影響仍然籠罩著國家與社會，成爲政治開放的無形絆腳石！

董桂森在美國法庭上發表的聲明，與當年案外關係人張安樂指陳，都說江南命案的幕後指使人是蔣孝武，而蔣孝武是我國現任駐新加坡商務副代表，具有代表國家的身分，爲了江南命案，外電爭相報導他有教唆殺人的嫌疑，此於國家的形象損害之大，不言可喻，爲了蔣孝武的清白，爲了澄清江南命案的真相，爲了國家的形象，都有必要如江南事件委員會指出的要求：「任命一個具有社會公信力人士的委員會，重新調查江南命案的真相！」

《蔣經國傳》不是唯一理由

江南命案發生後，涉案人的供詞，指江南撰述《蔣經國傳》一書，成爲賈禍之因。事實上，江南寫《蔣經國傳》，始於一九七二年，他以此爲攻讀博士學位的題材，擬寫作學術論文，當時曾致函國內政要張其昀、王昇等十餘人索取資料，可見他寫《蔣經國傳》，是國內政壇已知之事實，若謂要「教訓」江南，何以要等十多年後才動手。

更何況《蔣經國傳》第一次出版於一九七四年；江南因故改行經商，並把搜集到的資料重新整理，放棄了博士論文的寫作，改爲寫傳，於一九七二年起發表於香港出版的刊物《南北極》連載，一九七四年四月，蔣介石總統去世，《南北極》抓住機會，將尚未連載完畢的《蔣經國傳》發行單行本，而其中內容，甚至江南本人事後亦表示甚不滿意，何論國府政壇情特等保守人士？爲何當時又不曾對江南採取行動呢？可見，這次江南被殺，撰述《蔣經國傳》應該不是唯一的，或是主要的原因。

自國府遷臺以後，臺灣地區的資訊管道，乃至內部言論被嚴格控制，成爲一言堂。但是在海外，三、四十年來討論批評國民黨、國民政府乃至蔣氏父子的書刊著作，猶如百花爭放，稗官野史如唐人寫的《金陵春夢》，對蔣家的侮辱可謂不忍卒讀。另如曹聚仁著的《蔣經國論》，也比江南著《蔣經國傳》中的批判要嚴厲許多，而曹聚仁與蔣的關係，比之江南僅具名義上的師生之份，更爲深厚，汪希苓等所供責其叛逆，是說不通的。因爲江南生前與蔣家往來，可考者不過兩次，即江南兩度訪問浙江奉化蔣家故里，將每次拍攝的許多照片、影片，托人轉送給蔣家而已，這都是在一九七四年《蔣經國傳》南北極版發行之後的事，蔣家不但收受了這些照片、影片，並且也禮貌的酬謝了江南的善意，相信蔣孝武也應該看過這些照片與底片，又何以事隔經年以後，反因他修訂改寫《蔣經國傳》而取他性命？並且時機選在《蔣經國傳》在《論壇報》連載已畢，即將發行單行本之前，豈不是在爲《蔣經國傳》作免費宣傳廣告麼？

《蔣經國傳》至今仍爲政府禁書之列，但在江南命案發生後，國內即出現盜版，在各種政治性集會的場合大量出售，嚴重的侵害了江南遺孀崔蓉芝女士的權益。如今，江南死了，蔣經國也死了，請新聞局考慮，可否准許《蔣經國傳》公開在國內發行，一則可以讓國內同胞普遍的讀到這本影響國運的書，瞭解它的內容究竟寫了什麼？怎會掀如此軒然大波！再則也可以使江南生前希望「總有一天，這本書會在臺灣發行」的心願實踐！

江南渴望中國和平統一

國內的新聞媒體，在江南命案發生後，把江南描繪形容成爲一個極端親共的左派、左傾者。

事實不然，江南給我的印象，與我對他的瞭解，是一個渴望中國和平統一的愛國者，他對中共的批評，有時甚於對國府的指責，還因此失去了他在中共駐舊金山總領館爲館員講解美國政治的兼差。本名劉宜良的江南，江蘇省靖江縣人，這是他以「江南」二字爲筆名的由來。靖江縣在國、共內戰期間，屬「紅白區」，即時而由中共佔領，時而由國軍光復的地方。他的父親反共，擔任國軍支持的清鄉隊長，結果在共軍進據時被殺。江南是時方才少年，其後隻身離家，走上海，隨軍來臺。他的母親在中共統治下被清算、鬥爭、餓死，身負如此家仇，江南會親共嗎？中共會信他嗎？江南爲美國的華文報刊寫作，中共對他作統戰有之，江南爲了寫作搜集資料而赴大陸也有之，若說他是左派，不但他本人不肯承認，真正的左派也不肯承認，因爲在意識型態上，江南是相當排斥共產主義，而生活又十分資本主義化的！

據江南自道：他在臺時曾入政工幹校就讀，這就是他與蔣經國總統師生關係的由來。他說：爲了前途，他拒絕分發到軍中任政戰官，因此以不參加畢業典禮的手段，達到退役的目的。由此可見江南個性之執著，絕非隨波逐流，人云亦云，左派云乎哉，真是欲加之罪，何患無詞！

江南好朋友，廣交遊，常急人之急，喜管閒事，又長於表達，在他口中筆底常有不傳之秘、難得聽聞的內幕，政海軼聞，名人掌故，由他娓娓道來，更增趣味。他又勤於寫信，國、共雙方政界、新聞界與文化界與他書信往來者，頗不乏人。他死後，國內新聞界爆出他是雙重間諜，甚至三重間諜之說，究係事實，還是爲了某種原因厚誣死者，也是應該調查清楚、澄清真相的重要事項。

三次見面晤談印象深刻

我與江南一共只見過三次面，第一次是爲了洽商《蔣經國傳》在《論壇報》連載事，於一九八三年夏天，他專程自舊金山到洛杉磯，我時任《論壇報》副社長，代表報社接他，雖是匆匆一晤，對他處事有條不紊，談吐豪爽不俗，深具好感。第二次是一九三三年初，我赴舊金山採訪中共總理趙紫陽，經他的指點安排，才能順利的把《論壇報》發起千人簽名抗議中共非法拘禁黃賢的抗議書與簽名單，交到趙紫陽手中，黃賢因此在被拘年餘後，才在趙紫陽返國月餘受到公審後獲釋。第三次是一九八四年二月十四日，他專程到洛杉磯參加《論壇報》的二週年聚會，我們接席而談，評時論政，十分痛快，想不到這次聚晤，竟是最後一面。

我們在舊金山見面的那一次，爲了要幫助我完成採訪任務，並遞交抗議書，江南抽了一天空陪著我各處奔走。事畢，他開車上山，帶我遠眺金山大橋的全景，此時，夕照餘暉，映著粼粼波光，真是氣象萬千，我不覺讚賞。他說：「中國的山水比此地好看多了！」深深表露了他的故國之思與愛國之深！

我們見面雖然只有三次，但是自初識後，幾乎保持至少每週一次的電話聯絡，大多是爲了《蔣經國傳》中的各種問題，有時也談天說地，他曾表示：待小兒子受完教育，就要退休回中國養老，「那時候，」他說：「中國已經現代化了！」可見江南對中共的現狀是不滿的！

江南常急人之急，交了許多朋友，卻好爲人借箸代籌，無形中也開罪於人，他在朋友中的口碑，譭譽不一，但對他不幸遇刺身亡，識與不識，莫不嘆息，無論如何，以一個文人，竟遭策劃周詳的暗殺，本就是沒有天理的事，直可使人神共憤，不但江南死不瞑目，朋友們不得真相，也不能甘心，所以治喪委員會在喪禮上致送的輓聯說：「誓將哀痛淚，淨洗江南碑」，喪禮過後，治喪委員會改組爲江南事件委員會，三年多來，不斷舉辦座談會、演講會和各種社會運動，並曾集結海內外有關評論文章出版，是江南遺孀崔蓉芝失去丈夫後最大的精神支持支量！

如今，崔蓉芝已經公開表示：她對置江南於死的陳啓禮、吳敦、董桂森等，不再抱恨，但絕不放棄追查槍殺的真相。相信任何人都能體會到這位寡婦的悲壯心情，予以援手的。

寄望江南命案水落石出

近日以來，國內已在爲孫立人、張學良翻案，追查事實的真相，李總統從善如流，立即命令國防部解除對孫立人的行動限制。而江南命案對國內政局近三年來的影響，十分深遠，也可以說，江南的血沒有白流，才會直接、間接的轉變了國內政治氣氛。但爲什麼要他流血？請告訴他，告訴崔蓉芝，告訴天下所有的人吧！

自蔣經國總統逝世，國內政治氣氛不變，李總統重視自由民主精神逐漸益顯，法治人權的趨向也已確定，國內過去四十年來政治禁忌所造成的冤、錯、假案，相信會在今後一一平反，嚴冬將盡春已來，在這個春來江水綠如藍的季節裡，作爲江南的朋友，想起江南，覺得更應該要使江南命案水落石出，真相大白。

1988/03/27 臺灣時報

《蔣經國傳》在《論壇報》連載的始末與影響

——我們本意在紀錄歷史，不料卻改寫了歷史

發生於三年前的江南命案，最近因為涉案人董桂森在美出庭受審；陳啓禮在台揚言發現新證據而要求再審，又成為眾所矚目的焦點。江南之死，三年多來人皆云是為了他在《論壇報》發表的《蔣經國傳》，眾口鑠金，似成定論，事實上疑點甚多，殊堪探討也。

敲開了封閉近四十年的枷鎖

江南著《蔣經國傳》在《論壇報》發表，當時我在該報服務，承辦洽稿、閱稿、校稿事務，自始參與其事。《論壇報》同仁為了是否應該刊登此一必定引起爭論的書稿，曾反覆討論，引起激辯，終於決定：基於紀錄歷史的意義，應該接受，所以。在《蔣經國傳》開始連載的第一天，由我執筆寫了一篇社論，題目就是：「盼為歷史留真跡」。不料，事情的發展，卻改寫了歷史，誠屬始料之不及。

三年多了，江南墓木已拱，我也改行習商，物換星移，不但涉及此案者，人人都受此案影響，或多或少的改變了生命的方向，更有甚者，國府在此案強力的衝擊下，敲開了許多封閉近四十年的枷鎖，在各種政策及作風上，均有了大幅度的修改與開放。日前，在一次新聞界老友歡迎《論壇報》舊同事返台的餐敘中，大家鼓勵我把《論壇報》刊載《蔣經國傳》的始末寫出來，撰成報導，以為江南命案真相大白於天下作一旁證。這是我早就應該作的份內之事，只是在江南命案發生之

後，案情的發展，不但使我這個當局者深爲迷惑，也沉重地打擊了我的心緒。心灰意懶之餘，甘願放棄我熱愛的新聞工作，奉慈命返台定居，謀食商場，過著混混沌沌爲五斗米折腰的日子。如今，又要觸及內心的深創鉅痛，傍徨猶豫，不能自已，失眠了兩個晚上。我知道，自此之後，如我一天不把這份工作做了，我將一天不得安寧。與其將來事過境遷，再寫明日黃花般的回憶，不如現在發表我所知道的事實，或可有補於世人對江南命案的瞭解，而告慰亡友！

我自知欠學，不善飾詞，此文面世，必將得罪權貴，考慮再三，決定交給不怕得罪人的《雷聲》發表。對其他友好索稿者，只得方命，還請海涵！

首次在美洲創辦的政論刊物

要談江南命案，《蔣經國傳》與《論壇報》之間的關係，必須首先簡介《論壇報》。

《論壇報》的前身是《加州日報》，《加州日報》的發起人是左大臧兄，他曾任臺北《大華晚報》記者，赴美深造，獲得新聞碩士學位，卻以從事電腦工作維生，但念念不忘要創辦一份報紙，終於在一九八一年得償宿願，邀集了三十位志同道合的朋友，集資美金四十萬元，在洛杉磯發行《加州日報》，是年八月四日正式出報。齊振一先生是大臧兄專程從臺北請去的總編輯，我則被臨時拉去參加試版，在我的建議下，開闢加州論壇版，以爲公眾論政的園地，是爲其後《論壇報》的先聲。

《加州日報》營運恰滿五個月，於一九八二年元月二日就因資金不足而被迫停刊，經過財產處理手續後，報社把結餘的資金退還股東，其中十三位加上我個人，湊了美金三萬七千餘元，再鼓餘勇，創辦《加州論壇報》，爲了節省開支，以週報形式問世，是第一份在美洲創辦的政論週刊。《加州論壇報》的同仁，對於中國內政方面的政治觀點，可說包含了左、中、右、獨，但是大家坦誠相處，以「不黨、不私、不盲、不賣」爲共同辦報的宗旨，努力以赴，至少，證諸刊載《蔣經國傳》一事，「不賣」是做到了。未料江南做不到，是否因此伏下禍因，相信將是一個永遠的謎！

任何人都有發表意見的機會

《加州論壇報》於一九八三年二月十四日慶祝創刊週年日，宣布更名爲《論壇報》，因爲：「本報以評論時事爲特色，旨在喚起華人對國是的關心，提供一個公開的園地，期使任何人對任何事都有發表意見的機會，其範圍固不限於加州一隅，報名論壇，固其宜也！」其時，《論壇報》只有三位專職人員，齊先生是總編輯，主編政，陳大安兄任總經理，管報政，我以副社長的名義打雜，還兼送報；董事長曾輝光兄，社長張南旋兄以及其餘諸君，均各有正業，除了按時撰稿，僅在每週三貼版時來幫忙，每週四晚上的社務會議，大家聚集一堂，檢討策劃，高談闊論，每至深夜。其後，國、共雙方，乃至台獨聞人、或是海內外學術、新聞界人士到洛杉磯訪問者，也多曾應邀列席，暢論國是，《論壇報》供應丁胖子小館的牛肉麵待客，也因而名聞遐邇！

我主動接洽刊載《蔣經國傳》

大約在一九八二年秋冬間，我自舊金山友人處得到消息，告訴我江南改寫《蔣經國傳》即將脫稿，中報老闆傅朝樞正在接洽連載與出版事宜。我將此事在社務會議上提出報告，大家討論後認爲：（一）本報連載的司馬桑敦（**王光逖先生**）遺著《張學良評傳》已近尾聲，正在考慮適合的長篇接替。（二）中報不但是本報競爭者，而且是中共津貼出版的報紙，且傅朝樞本人與蔣氏及其屬下恩怨頗深，由中報連載，恐將失實！（三）如能取得《蔣經國傳》的連載及出版權，必定有助於本報的發行。於是議決由我設法與江南接洽。

我與江南，在此之前雖從未謀面，卻有一段文字緣，彼此都知道其人其事。原來他在一九七五年元月份出版的《七十年代》雜誌上，撰文抨擊台灣的特權現象，把我列入新聞界特權，說我公然在警總記者會上批評警總，居然沒有被送到綠島去管訓，係受到家父服公職的庇護。此事發生在陳大慶將軍任警總總司令期內，陳將軍在聽了我的批評意見後，嚴重的處分了許多不法部下，可見他深明事理，又怎麼會捕我去綠島管訓？我讀後致函《七十年代》更正，編者李怡兄並將副本轉致江南，其時，他住華府，我在紐約，他曾來電致意，略談數語，這是我們之間第一次交往。

雙方達成協議的基本條件

我既受命承辦洽稿，遂透過友人先容，再以電話與江南聯絡，他對《論壇報》並不瞭解，第一個問題居然說：「你們敢登嗎？」我答以：《論壇報》曾舉辦「大家來談蔣介石」徵文，並出過「十一評中共」、「雙十論國府」專刊，如何？他聽了大笑，接受洽談。

經過數次在電話中討論後，江南決定親到洛城，與《論壇報》全體同仁會晤，時在一九八三年夏季。當時，他表示：傅朝樞願出高價，但要求刪改權，他不同意。我們說明：《論壇報》對任何稿件，除了錯字漏字，從不刪改，以尊重作者原意。在此點共識下，雙方達成協議。

事後，我們曾設法向中報的朋友探聽，證明江南所言不虛，只是金額有出入，因此，我們認爲江南並非貪財之輩，但可能誇大其詞。齊先生與我此後在閱讀他的原稿時，格外仔細，遇有類似傾向與可能的描繪，就用長途電話與他討論，如何修正。這是齊先生為了求真，對歷史負責的態度。

江南地下有知，豈能瞑目？

在江南來訪後，《論壇報》內部產生了應不應該刊登《蔣經國傳》不同的意見，幾乎在每次社務會議中，都作了相當的討論，也曾屢屢引起激辯；不過，全體同仁都能遵守對外保密的協議，消息不曾外洩。猶記在《蔣經國傳》刊出的前夕，時任外交部北美司長的章孝嚴赴美公幹，自華府返國，道出洛城，電約小聚，我們閒話家常，漫談國事；談話時，我始終在作內心掙扎，應不應該告訴他《論壇報》次日即將刊出《蔣經國傳》的消息，最後，我還是忍住不說。因為孝嚴兄是公務員，碰到這種事，又在返國前夕，如果知道了，必定會增加他處置上的困擾。

江南對《論壇報》刊載《蔣經國傳》一事，十分慎重，親筆寫了合約，且在合約中規定：保留中國；包括大陸與台灣的版權，他說：「我相信，這本書總有一天會在台灣出版的！」如今，他的預言應驗了，卻是在他不幸遇刺殞身之後，為台灣的一些投機者所盜印，在各種反執政黨的政治性集會場合中發售，每本新台幣貳佰陸拾元，大發利市。盜印者中，據悉有高票當選的中央民意代表，有在出版界以「儲存備胎」著名的九命怪貓，他們不但在掠奪孤兒寡婦的權益，也是在喝江南的血；真是無恥之尤，毫無人格，居然還敢厚顏的在國會中、雜誌上高談要求政府施行法治，可謂禽獸不如！更有甚者，江南一生的願望在中國統一，而他的遺著，卻成為台獨論者非法斂財的工具，用作鼓吹台獨的資金，江南若地下有知，豈能瞑目！

威迫利誘實不足為外人道！

《蔣經國傳》於《論壇報》第七十五期開始連載，時在一九八三年七月中旬，立即轟動，引起了各方面的注意，也引致各方面的壓力。由於《論壇報》的同仁都是自台赴美，每個人在台灣各有不同的交往，台灣的有關方面透過各種不同的關係，與各個同仁接觸，要求停止連載，或是轉售版權，價碼從美金三、五萬元開始，逐步昇高到二十萬元。由於《論壇報》財務狀況相當窘迫，幾乎每次社務會議中都會爲了應該堅守原則，還是應作「戰略轉進」（接受條件，另辦新報）而發生激辯，最終採取無記名投票辦法，決定拒絕接受任何條件，卻已伏下同仁間後來分裂的種因！

當然，江南與我二人，不但首當其衝，而且是眾矢之的，許多針對我們個人的條件，也從不同的管道提出來。這段時間，對我而言，猶如一場惡夢，我好交朋友，相識又多，爲了此事，電話與訪客可說每日盈門，也分不清究竟誰是負有任務而來；誰在趁機向有關方面表態立功？誰是真正的出於關心與愛護？反正威迫利誘之詞，人情冷暖之間，都看遍了，個中滋味，實不足爲外人道也！

我在台的家人，也受到牽累。一向忠黨愛國的母親臥病已久，爲了我懸心不已，深怕我罹不測之災；久服公職亦已退休的父親，更受人情包圍，頻頻來電查詢；家兄大正服務於《中華日報》，正常升遷的管道就此絕緣，迄今還受到委屈，使我負疚良深。

捲入江南命案漩渦之中，幾遭滅頂

這段期間，我既出於收入不足，爲了兒子升學的費用煩惱，又要承受各方壓力，可謂心力交瘁，幸得內子全力支持，才熬過來，不致逾越。我於一九八四年八月起，應楊敦平兄之邀，到世華電視台任副總經理，一則是爲增加收入，再則也是希望在《蔣經國傳》出版前，不要再受到各方的壓力。不料江南命案發生，我還是捲在漩渦之中，幾遭滅頂！

在此，我要作一嚴正聲明：在《論壇報》刊載《蔣經國傳》期間，時任新聞局長的宋楚瑜先生，自始至終，沒有出面與《論壇報》同仁；包括我本人在內，作任何接觸、談判或加施壓力！

宋先生與我同爲預備軍官十三期憲兵學校同學，這一期的同學，迄今尚有不定期的餐敘聚會，互有往還。不過他側身仕林，居廟堂之中，我則頑劣不馴，遊於湖海之上。《論壇報》創刊後，我曾以記者身分，應新聞局之邀返國訪問；不過訪問結束後，我並沒有循例作歌功頌德的報導，卻寫了一系列呼籲政治開放的文章，如黨禁、報禁、選舉、裁撤警總、國會改選、破除迷信等，據說他因此遭受批評甚至責備，我一直甚感歉然。但這是一九八二年間的事，與《蔣經國傳》無關。自《論壇報》連載《蔣經國傳》之後，我再見到宋先生，已是江南命案發生之後，也是我奉慈命回國定居，改行從商以後了。

嚇得傅朝樞飛到紐約去避難

江南於一九八四年十月十五日上午七時許在自宅車庫中遇刺，我在午前十一時左右，即獲得其妻崔蓉芝來電通知。當時傳說紛紜，卻都指國府派人在美行兇，而且繪影繪聲說「行刑隊」將大開殺戒，在他們手中有一份名單，共十二人，包括傅朝樞、許信良，我也竟然陪榜，另說只有四人，即江南、傅、許及另一位台籍人士，又說他們目標本爲傅朝樞，因爲找不到老傅，才臨時選上江南，嚇得老傅當晚搭夜航班機溜之乎也，到紐約去避難。美西地區的華人籠罩在一片恐怖中，平時對政府不滿的批評者，更是人人自危，有些人居然趕緊表態，或是力辯江南案與政府無關，或是寫些不痛不癢的馬屁文章，以求自保，文醜百態，思之可笑！

江南的喪禮於十月二十一日舉行，距他遇刺死亡，爲時僅一週，他生前交遊廣闊，台、港、大陸及歐美都有朋友，但事出意外，且舉喪匆促，各地友好，少有能及時趕到的，不過花圈、輓聯佈滿靈堂，爲屈死者哀。我在喪禮上應邀致詞，呼籲文人朋友們，不要被江南之死而嚇住，要繼續拿起筆桿，因爲只有筆桿壓倒槍桿，中國才有真正民主自由的一天。不料江南案調查過程中，抖出了他曾應允以二萬美元的代價，修改《蔣經國傳》最後三章的內容，使我深受打擊，從此擱筆，將近三年的時間，少有寫作了。

江南案迄今解不開的謎團

在《論壇報》連載《蔣經國傳》至第十五章：台灣——歷史的起點，第十六章：蔣主任時，江南曾與我聯絡，通知我得自香港的消息說：在香港有人準備盜印，把每期連載的內容重排打版，一俟《論壇報》刊完全文，盜印者就可搶先出售。報社同仁遂決定連載到第二十二章：副部長、部長止。江南則要求把最後三章：蔣經國時代、繼位、漸隱的原稿寄還，讓他增訂新的資料。我們不疑有他，寄還給他。俟他寄回後，我們雖發覺修改甚多，去電聯絡並加討論，不過大體上還是接受了他的修改稿，由我親赴香港，交給印刷廠印書。而他就在《蔣經國傳》單行本即將上市時被殺。

《蔣經國傳》原係江南舊作，本是他攻讀博士學位的論文，於一九七二年擬妥寫作計劃，向「中國國際基金會」申請補助時受阻，他改行從商後，放棄了寫論文的計劃。其後，以所搜集的資料，改爲寫傳，在香港出版的《南北極》刊物上發表連載，一九七四年四月五日，蔣介石去世，《南北極》未等終篇，抓緊機會就發行了單行本，對這本原著，江南自己深感不滿，而其內容，比之《論壇報》所刊的改正本，對蔣經國本人，對國府而言，都更爲不利；更何況當時他曾爲寫作致函王昇、蔣緯國、張其昀、楚崧秋等人索取資料，這些人雖「多避重就輕，搪塞了事」（見《蔣經國傳》序），卻並沒有對他作不利的舉動。至於爲何要在付了他一萬七千美元，修改最後三章，肯定蔣氏在台貢獻之後殺他？這是江南案迄今解不開的謎團。

因《吳國楨傳》慘遭橫禍？

江南在《蔣經國傳》脫稿後，應龍繩文之請，著手執筆寫《龍雲傳》，龍雲是雲南霸主，與蔣介石之間的恩恩怨怨，可說「罄竹難書」，尤其是大陸撤守前夕雙方的交往，以迄龍雲投共，是中國近代史上的關鍵事件之一，其間有多少事不足爲外人道者，江南既成上篇，又親赴昆明搜集資料，是否因此賈禍？

江南死前不久，往訪吳國楨，吳國楨曾任台灣省主席，是夫人系的大將，與蔣經國發生權力鬥爭，致遭流放美國，江南與他暢談了十多個小時，並應承譯著《吳國楨傳》。心直口快的他，對此得意之事，到處宣揚，甚至主動來電告訴我，又在《論壇報》發表了一篇訪吳記。關於吳、蔣之間的許多秘辛，江南又揚言：「收穫甚豐！」這是否也是他慘遭橫死的原因呢？

江南命案調查迄今，涉案人汪希苓、陳啓禮、吳敦、董桂森等均在獄中，而他們殺人行兇的動機，卻未見有司認真追查，僅以《蔣經國傳》作爲理所當然的原因，江南之死，真是應了一句俗話：「怎麼死的都不知道！」

汪希苓沒有殺江南的理由

江南命案偵破後，扯出了蔣孝武涉嫌幕後指使的說法，董桂森日前在美國法庭發表的聲明中，也作如是說。如今立法院的部份立委要求展開調查，希望能使江南命案中的謎團得以完全解開。

最不可解的是爲什麼汪希苓要用陳啓禮去殺江南？汪希苓出身官邸，曾任駐美武官，出掌情報局亦非三兩天，以他對美國的瞭解，應知買凶殺人並非難事，而且情報局中訓練有素的高手，也不乏人，何以要臨時吸收陳啓禮，派他去執行這項任務？而汪、陳相識，不過見面三數次，根本談不上相互的瞭解與信任，若一味指責汪希苓愚笨無能，未免太小看了他！相信其中必有迄今秘而不宣的原因！

如果按照這個道理來分析：汪希苓命陳啓禮殺江南不是接受政府的命令，不是官方任務的辯詞，或可採信。不是官方任務，就是私人行爲，這就發生了汪希苓爲什麼要殺江南的疑問？汪、江本係華府舊識，不相往還，並無十分嚴重的私人恩怨，而且分別亦已十餘年，汪希苓沒有必須殺江南的明顯理由，是可以肯定的。剩下來的可能，就是受人之託，託他的人，或是他的友好，或是其身分地位使汪希苓無法也不能推辭者。此人是誰，除了汪希苓肯說出來，而其本人又肯承認，否則不可能有旁人知道，陳啓禮、董桂森說這個人是蔣孝武，在事理上，有其可能，但在證據上，卻又無法證實。

幾種說服力不高的說法

蔣孝武原在國內叱吒風雲，爲了江南命案，被外放到新加坡任副代表，究竟他是始作俑者，還是受害者，只有他心中明白了。

江南命案發生後，美國華人社會議論紛紛，對汪希苓殺江南的原因，多所揣測，綜合分析，可以歸類如下：

其一是爲了《蔣經國傳》，這是官式辯詞，汪、陳、吳等在法庭的辯詞，爲人云亦云的讀者所接受，多從此說，這些人爭相搶購《蔣經國傳》，希望在書中找出端倪。

其二是爲了汪、江在華府曾經結怨，汪希苓藉《蔣經國傳》殺江洩憤，此說起於台灣新聞界駐華府的老記者，但證據力薄弱，採信者不多。

其三是爲了《龍雲傳》，有謂大陸撤守前夕，張群在昆明被扣，蔣介石隨後亦到昆明，都曾受龍雲侮辱，接受相當委屈的條件始得獲釋，轉來台灣。江南赴昆明搜集資料，關於這段歷史事實，有了相當完整的文件資料，如經揭露，對蔣介石的形象，將產生非常不好的影響，因此殺江南以儆效尤。

江南與蔣家並非毫無淵源

其四是爲了《吳國楨傳》，吳國楨是夫人系的大將，出入官邸，蓋有年矣，且捲入夫人系、太子系的母子奪權鬥爭，終至見逐。當時吳國楨抵美後，除了公開演講批評蔣家父子外，外傳並有著述，詳述國府、國民黨的政治秘辛。蔣夫人爲此專程自臺赴美，以二十五萬美元代價，及准許吳國楨之子離臺赴美的條件，取得版權及原稿，才暫時壓下了一場可能傷及國府的政治風暴。據說，蔣介石為此曾責怪夫人，頗為不諒，引起了第一家庭的長期失和。《吳國楨傳》是由吳親自執筆，用英文撰寫，江南往訪，應承譯著考證，如果問世，必將再度引發國府的政治風暴，且將嚴重的傷害到蔣夫人的形象。

其五是其時蔣經國接班人的問題，已成熱門話題，而蔣孝武是被談論最多的一個，海外輿論對蔣孝武接班的趨勢，多持反對與不滿的看法。《蔣經國傳》的發表，對國民黨及政府一向神化蔣家的努力，自是一大打擊，蔣經國乃至蔣夫人的形象受損，對蔣孝武而言，自非其所樂見。

其實，江南與蔣家並非毫無淵源：在他第一次到大陸訪問時，曾赴奉化溪口蔣家故里，拍了許多照片，並託人把照片送給蔣經國、蔣緯國。第二次，他又在溪口拍了一套紀錄影片，送給蔣家，蔣孝武是應該看過這些照片與影片的，可見江南與蔣家之間，有著交通的管道，那又為什麼在付了他一萬七十美元之後，再取他性命呢？

江南命案值得玩味的另一章

江南命案發生後，影響廣泛，特別是已在美國的竹聯兄弟，這些人中，早期赴美的，可說多半已改邪歸正，各安生業，如「黃鳥」陳志一經營農場即是一例，竹聯兄弟先赴美者既已安定，為了照顧後來者，募集了一筆基金，借貸給後來者創業，據「白狼」張安樂告訴我：借款創業者必須捐一成利潤給基金，以充實並增加基金，白狼本人在「小臺北」開設的餐廳，也是向基金借貸本錢的。據悉：竹聯兄弟開設的商店不少，所以基金的運用也很靈活。

陳啓禮殺江南案發後，白狼雖在事先未被告知，卻不計前嫌，挺身而出，拿著兩卷錄音帶作營救陳啓禮的武器。陳志一、向拔京都是爲了江湖道義奮不顧身的到處奔走，結果料不到中了聯邦調查局的誘人入罪，竟然被控以販毒罪，明眼人豈有看不出個中究竟之理！

竹聯兄弟在美國最久的已有近二十年者，未聞有什麼劣跡，近年來亦不過搞搞賭場抽頭而已，不料總盟主「鴨霸」陳啓禮出巡，在各地眾家兄弟爭相歡迎之後，卻鬧出天翻地覆的大事，還使竹聯蒙上販毒的不白之冤，竹聯兄弟除了「打脫牙齒和血吞」外，只能無語問蒼天了。

美國聯邦調查局爲什麼會在江南命案發生後，大肆掃蕩竹聯，甚至祭出對付黑手黨的反黑法令來，是不是與台灣的「一清專案」遙相呼應，也是江南命案中值得玩味的外一章！

應找出江南被殺的真正原因

江南在《蔣經國傳》最後三章中，對蔣經國接掌台灣政局後的作爲，作了相當肯定的評價，相信他未曾料到他的死亡，才是真正促使蔣經國走向民主與開放的主要原因之一！今天距江南之死，已經三年又五個月，生前渴望中國能統一的江南。如果看到今天海峽兩岸的走向，應該會覺得高興！

江南的遺孀崔蓉芝說：「江南好名、好朋友，他的死，死得千古留名，倒也成全了他！」可是，作爲一個朋友，絕不甘心他的死成爲一個千古不白的冤謎，希望政府在邁開新步，走向真正民主之際，能決心徹查江南命案，找出江南被殺的真正原因，告慰於死者，而還生者以清白！

民國七十七年四月四日　臺北雷聲週刊

「江南案」眞相難明成沉冤！

——錯綜複雜影響深遠，方方面面難窺全貌

讀了貴刊《新新聞週刊》第一〇七九期封面故事：「陳虎門和盤托出江南案」報導，以及臺端（**盧伯華**）具名撰寫之〈爲江南案眞相留下歷史見證〉，作爲與該案直接有關聯的一份子，對貴刊追求該案眞相的努力，表示感佩。但對陳虎門個人說詞眞相，不敢苟同，所以就個人親身經歷其事及見聞，向貴刊投書，切盼貴刊一本創刊宗旨，給讀者瞭解江南案眞相另一面的機會，惠予刊登。

一、陳虎門指控是汪敬煦：「在情治人員搜到啓禮保險櫃裡的述職報告筆記本之後，汪他們馬上通知美國FBI駐日本的官員，告訴FBI殺劉宜良的兇手我們抓到了……」FBI才知道殺劉宜良的是竹聯幫陳啓禮等人。此說不確，因爲：

A・陳啓禮在臺北因「一清掃黑」被捕，是十一月十二日晚間。

B・陳虎門並說：「早在啓禮等人執行任務回台不久，汪希苓命令我將江南案的始末，寫一份報告……」

根據陳虎門的說法，兩者都發生在十月二十日之後。而我在十月二十日深夜，在舊金山中國城假日大飯店內，由李乃義陪同，向三名美國FBI探員說明竹聯幫眾殺了江南，詳情如下：

十月十五日上午十一時許，崔蓉芝電告江南被殺，要我小心注意安全。十月十六日傍晚，楊文瑜（**也是竹聯幫兄弟**）來找我，神情緊張，告訴我：他與陳啓禮、吳敦、董桂森等同住，十六日，

這些人一反常態，買了市面上可以買到的各種報紙，而且只看「江南案」相關報導，熱烈討論。他擔心我的安全，所以來警告我注意。十月十七日，我將楊文瑜送往紐約，給他一份臨時工作，並托朋友照顧。十月二十日午後，我到舊金山，住中國城假日大飯店。李乃義來約我共進晚餐，我在席間把楊文瑜告訴我的情況轉述，他認爲應該向承辦該案的員警作情況說明。聯絡未果，才轉而電告FBI，過了晚間十一時，FBI三名幹員到我的客房，談到凌晨四時許才辭去。

我們的談話有二個重點：

A・我向他們解說竹聯幫及陳啓禮其人，由於國情不同，情況複雜，費時頗久。

B・他們告訴我已取得俞姓華人租車信用卡資料，並通知洛杉磯FBI派員找俞瞭解。

這兩點證明：美國FBI至遲在十月二十日夜間，就已知道竹聯幫涉案，而非十一月二日陳啓禮在台被捕後，由汪敬煦處得知。

此事，我先後向貴刊董事長周天瑞、竹聯幫元老敘述，並非秘密。

二、陳虎門一再強調蔣經國不知情，果真？則：

A・李登輝怎能有蔣找了十二位大老開會要大家分擔責任的紀錄？

B・汪希苓又怎能有蔣指示他「要注意外界的反應」的紀錄？

C・殺江南有可能不是蔣經國的意思，也可能只是汪希苓揣摩上意，假借聖諭，挾怨循私的行動。蔣經國的威權，即使在「江南案」之後，亦只是逐步放手，豈有近臣膽敢擅專之理？

三、陳虎門在口述中，一再強調汪敬煦是「匪諜」，依照他自己所述的情報局「制裁」標準，怎麼不對汪敬煦就近「制裁」而去殺江南呢？

陳虎門談話中，一再指稱江南是三面間諜，請瞭解：

第一面：江南不是中華民國軍情局編制內、外列名的人員，從未受過情報員的訓練，也從未領過軍情局的薪支福利。所以他不是中華民國的情報人員！

第二面：中共自「江南案」發到現在，自始至今沒有任何官方單位採取任何官式行動，對江南有任何優遇，不符中共慣例。依例，江南如係中共情報人員，在國外遇害，必定歸葬八寶山，並且公佈生平事蹟。而江南在崔蓉芝及遺屬費盡心力奔走之後，才能葬在黃山，孤墳一座而已，怎麼會是中共的間諜？

第三面：美國的ＦＢＩ早年因防共反共，對前往中國大陸的美國公民，無論何人都會作例行的「友善」拜訪。江南也不例外。而江南個性好交朋友，又好奇，平日也嘗與美國ＦＢＩ人員來往，卻並未有自ＦＢＩ手中收取任何好處的紀錄，能算得上是間諜麼？

所謂的江南七封情報信，內容早已問世，大家都讀過，有哪一封稱得上是情報？他老兄只是在「騙稿費」，幫老長官夏曉華過關。因爲夏曉華給了他「改版費」，他答應了夏曉華寫信，若說硬是要派他一個頭銜，就是「夏曉華同志運用的線民」！值得勞師動眾派陳啓禮遠赴美國去殺他？

我對江南之死，有著「我不殺伯仁，伯仁因我而死」的內疚，因爲他所撰的《蔣經國傳》完稿後，當時《中報》負責人傅朝樞出價美金三萬元，要向他買斷版權，但要求附有刪改權。我獲悉此訊，基於同業競爭的因素，與江南聯絡，提出：「不作一字刪改，尊重原著，版費分成，不付稿費」的條件，取得《蔣經國傳》在我服務的《論壇報》連載。《論壇報》的全體同仁，齊心合力，團結一致，抗拒了來自各方面排山倒海的壓力，依序刊出各章節，卻不料江南在刊出最後四章前被殺。雖然今日已經明確知道，江南之死，主因不在《蔣經國傳》，但《蔣經國傳》的發表，卻是肇因。如果當日我不出面去爭取，傅朝樞買到版權，劉宜良（江南）數著美鈔，就不致日後血濺五步，死於非命了。也由此可見江南愛惜原創、並不貪財的真實一面，這一面是陳虎門看不到的。

時過二十多年，要釐清「江南案」的真相，因爲其中牽涉之廣，隱藏之深，影響之大，都不是一篇文章、一方之言可以概括。「江南案」的真相，陳虎門和我都只知道拼圖的一角，十分希望今日仍在世的相關人士，各就所知，各說各話，最好能由如貴刊這種有影響力的媒體，有計劃的慢慢發掘整理，趨於完整。

在《論壇報》刊出《蔣經國傳》第一章的報紙首頁，由我執筆，寫下社論：「願爲歷史留真跡」。今日伏案，卻是爲了爭取「江南案」的真相，江南之名，必將隨蔣經國俱存，這是江南當年爲了撰寫博士論文決定以蔣經國爲題材時，所始料未及的吧！

2007/11/22 新新聞週刊

我在「江南案」中的關連

——我不殺伯仁、伯仁因我而死?!

我參加《加州論壇報》工作，是我在報界服務最愉快的一段時光，這家在美國加州洛杉磯出版的華文週報，是由十四位有志一同的朋友們共同投資創辦的。時維一九八一年，起因是左大臧兄發起創辦《加州日報》，自臺北專程請來在報界有齊老大之稱的齊振一先生任總編輯，我雖未正式參加，僅業餘爲該報撰稿，因爲發表〈撤裁警總，此其時矣〉一文，使該報成爲國府「注意」的報紙，可惜該報因資金不足，未幾停刊！

大臧兄在結算退還剩餘股金時，齊振一、左大臧、方廷諄、李硯莊、陳大安、陳德時、絲建東、范湘濤、曾輝光、張南旋（張默）、黃南華、劉冰、劉成田等十三人集議，決定以剩餘資金三萬七千多美元開辦週報，我也加入，投入實際工作的專責人員是總編輯齊老大，陳大安任總經理，負責英文及當地要聞二個版面，李硯莊、黃南華跑廣告，我是副社長，張南旋任社長，副刊編輯是金大姊（司馬桑敦王光逖夫人）。由於該報除社論由齊老大每週指定人選撰寫，代表本報立場外，開放版面，接受投稿，一時之間，在美華人的左、中、右、獨文章，在各個版面上百花齊放，甚至大打筆仗，也因此廣受歡迎，打開了銷路，以三張十二個版面的週刊，居然可以賣到美金五角一份，而且甚少餘報！到了一九八三年開始連載江南重寫的《蔣經國傳》，更是「洛城紙貴」，訂戶遠達南非約翰尼斯堡與印尼雅加達！事實上，當時在台灣有十九份訂戶，中共對該報很重視，各處訂戶總數超過七十份，而報社同仁，皆成了中共中央統戰對象！

江南重寫「蔣傳」，中報的傅朝樞出價美金三萬，收購版權，條件是有刪改權！我獲悉此事，立即以電話聯絡江南遊說：「文章字字是心血，怎麼可以同意他人刪改，而且以傅的作風，很可能高價轉售！」我以保證一字不改，不計稿酬、但版權費由作者取百分之八十為條件爭取他同意在《論壇報》以連載方式發表。江南為此，專程到洛杉磯與報社全體同仁見面，大家相聚甚歡。他離去前，不但同意把「蔣傳」交給我們發表，並且主動說：「你們也很窮！版費就三、七分吧！」證明他不是貪財之人！一九八四年他遇害後，國府宣傳單位責他貪財，收了夏曉華轉交的一萬七千美金「改版費」，中報竟隨聲附和，不為他作一詞之辯，使我更看不起傅朝樞！因為我瞭解江南對夏曉華的感恩圖報之心，使他不能拒絕，讓夏無法交差！如果只想要錢，則一年多前，把「蔣傳」賣給傅朝樞就有三萬美金了！

《蔣經國傳》開始連載，我以「願為歷史留真跡」為題，撰寫社論闡明立場，歡迎國府與蔣家對內容文字有任何謬誤來函更正，但接到的都是來自各方面要求停止刊出的「關切」電話！所有來電話的人，都是對我「曉以大義」，都沒有一句對內容文字責其錯誤的談話，更堅定了我及同仁的續刊決心！直到「國民黨派人」送來二十萬美金，要求收購報社及連載合約，來人先到我家中找我洽談，我當場拒絕，他遂要求提請股東大會討論，全體十四位股東決定以不記名投票表決方式處理，投票結果一人出差缺席，二票棄權、二票贊成出售、九票反對決議「不賣」！投贊成票的二位，因為此後幾乎不參加報社活動而被「認定」了！

江南遇刺當天，我接受《美洲中國時報》卜大中兄電話訪問，直接指出這是國民黨遂行的政治暗殺！次日，該報以報界前輩陸鏗先生的「不是財殺、不是情殺」說，配上經過該報總編輯周天瑞兄爲我潤色過的談話，放在第一版，作了「假頭條」，這是壓垮駱駝背上的最後一根稻草，成爲該報被迫停刊的導火線；之前，該報因爲用一版頭條的版面，處理中共代表隊在洛杉磯奧運爲華人奪得第一面金牌的新聞；以及刊出孫慶餘抨擊美國總統雷根的專欄而被國民黨主管文宣的黨官曹聖芬向蔣經國告狀！這次曹在中常會上手持該報，當面對《美洲中時》的老闆余紀忠先生嚴詞苛責：「這就是本黨中常委在美國辦的報紙？」余先生因此決心停辦《美洲中時》，以保護在臺的中時報系。

江南案發生後，我奉慈命回到臺灣，余先生約我到他家中早餐，關心我在國內的工作，約我參加一本月刊的籌備工作，但我坦誠報告，情治人員在跟監我，我「長了尾巴」，不能再爲他添麻煩！這是我第四次失去追隨余先生的機緣，有負前輩厚望，思之有愧！

「江南案」發，我是第一個向美國聯邦調查局（ＦＢＩ）提供臺灣「竹聯幫」可能涉案線索的人，另有專文〈我只看到江南案冰山一角〉詳述始末，不再重覆！

江南的喪禮於十月廿一日在舊金山舉行，我應邀致詞，痛失好友，想到歷史上愛國文人往往文章賈禍，以身殉道，悲忿不能自已，疾呼朋友們不要被槍桿子打倒，繼續用筆桿子對抗不公、不義，追求真理！這一點，時隔二十多年，自問沒有愧對故友，我仍在寫「惹官嫌」的政論！

2010/06/21

辦報豈應看風頭！

——駁斥《世界日報》的社論

在美國發行的中文報紙《世界日報》，於三月二十日（星期六）發表了一篇社論，題曰：「不要看錯了風頭」。對於這篇社論，其立意、論點我們均不能苟同；事關中文報業在美國華人社會的形象與前途，作爲獻身新聞事業的一份子，職責所在，不敢保持緘默，願予駁斥，以正視聽。

如眾所周知，一份報紙的社論，代表了這份報紙的立場與風格，《世界日報》發表的這篇社論，已充份表露了該報偏頗的立場，與風頭主義的風格。爲分別說明如後：

先談立場問題。海外華人的祖國，很不幸地，卅多年來均在分裂態勢中，國共雙方隔海對峙，而使兩個執政黨均有了壓制新聞自由的藉口，以致中文報業在中國國境之內，已不能負起現代報紙的使命，不再是社會的公器，而淪爲政權的傳聲筒、政爭的統戰宣傳工具。因此，在中共統治下的中國大陸，根本沒有正式的民營報紙，在國民黨管轄的台灣雖然有，但不能真正獨立自主，形同虛設。後者雖較前者進步，而報紙不能代表民意輿論，不能成爲明日信史的結果，相差不過五十步而已。因此，在海外，尤其是在新聞事業享有充份自由的美國辦中文報紙，更應該義不容辭的承擔起現代中文報紙應有的責任，把所辦的報紙，貢獻爲社會的公器。對國共兩黨在中國境內的施政舉措，以國家民族的前途、海內外同胞的利益、這一代中國人的歷史責任爲基準，作真實的報導，理性的批判，使讀者能明辨是非，分別黑白，判斷善惡。這樣的立場，就是公正中立的立場。當然，這裡所稱的中立，是相對的指出有別於親國民黨的右傾，與親共產黨的左傾爲標示的，而中立的「天地」之大，恐怕大大出於左傾與右傾的官報、半官方報紙的意料之外。這塊方寸之地，存在於每一位有良知、有理性、愛同胞、愛國家的海內外華人心中。因此，在海外辦一份立場中立，不掛羊頭賣狗肉，不僞飾假裝的中文報紙，是絕對可能的，更是應該的。

再談風格問題，《世界日報》以代表報社的社論，而大聲疾呼叫別人不要看錯了風頭，已經明明白白的說出了該報是風頭主義的報紙，只是該報自認看對了風頭而已！何謂風頭主義？用淺顯的俚語說，就是見風轉舵！換句話說，今日右邊風頭強勁，就右傾，明日左邊風頭壯大，就左傾。不論一家報紙是左傾，還是右傾，就已經失去了辦報的基本意義，以風頭主義來辦報，這份報紙的風格，即使能迎合讀者趣味，以廉價作傾銷，再接受幕後主子的特惠與補貼，也就與不堪入目的黃色春宮刊物同樣低下，何貴乎哉？其賤一也。

生爲一個現代中國人，而有志於新聞事業，想辦一份立場公正，言論公平，園地公開的報紙，真難。想辦一份有水準，有風格，有理想的報紙，尤難。在中文語系大環境的中國境內，根本不可能。在外文語系大環境的海外，又須與來自國共兩黨雄財厚貲輔助下的傳聲筒競爭，雖可能而實不易。但本報仝人，不敢妄自菲薄，決心排除萬難，爭取有良知、有理性、愛同胞、愛國家的讀者支持，來達成我們的理想與任務。

1982/03/28 論壇報

《遠東時報》停刊的臺前幕後

——請華文報讀者全力維護言論自由

在舊金山發行的《遠東時報》，五月二十五日宣布停刊，距其創刊，為期一年又七個月。這項突如其來的事，頗使華人社會感到震驚，大家為了想瞭解詳情，各書局代售的該報立即被搶購一空。

根據該報登載的停刊理由，說是奉該報在台灣的董事會命令。二十三日，該報員工正上班工作時，接獲台灣董事會的命令，立即決定刊登啓事，即日停刊。這份在美國西海岸，銷售量僅次於《世界日報》的華文報紙，就此與讀者告別。

《遠東時報》是在高雄發行的《台灣時報》的關係企業。《台灣時報》上月召開董事會，原任董事長吳基福退休，經過激烈的幕後協調，選出王玉發為新任董事長。

吳基福是知名的眼科醫生，曾在英國求學，對民主的議會政治，十分推崇。在高雄政壇具有一定的地位。他係國民黨黨員，又擔任不須改選的立法委員，但與國民黨當權派的見解，往往格格不入。雖然，當吳基福在美創刊《遠東時報》之時，外傳他志在立法院副院長的寶座，用此為登龍工具，但他倡言希望為海外華人多多報導鄉情，瞭解國內真正的情況；自《遠東時報》發行以來，尤其是該報報導陳文成案的態度，這一點，該報是做到了。

王玉發是前高雄市市長王玉雲的弟弟，王玉雲與吳基福在高雄政壇是死敵。王受到國民黨中央當權派的青睞，大力提拔而青雲直上，這次由王玉發接替吳基福，雙方的支持者曾有激烈的爭執，尤其《遠東時報》的前途，更爲大家關心，經過協調，新任同意繼續支持《遠東時報》，才達成協議。

《遠東時報》自籌備、創刊、發行到停刊，歷時兩年多，其間備極艱辛。原因是創辦人吳基福主持的《台灣時報》是言論較爲開放，新聞報導大膽的報紙，雖然程度上、深度上與黨外大老吳三連主持的《自立晚報》無法比擬，他以黨員辦報，而能經常刊登陶百川、柏楊、李敖等大觸當道之忌的文章，即足令人側目。在台灣南部，《台灣時報》的發行量允稱第一，所以他計劃繼王惕吾之後來美辦報。當然他不如王惕吾一樣順利，尤其吳基福聘請籌劃創辦《遠東時報》的總編輯是俞國基。

俞國基是一位資深的新聞從業人員，曾任《台灣時報》總編輯，後來因故離開，應傅朝樞之請，到台中任《台灣日報》總編輯，傅朝樞把該報高價賣給軍方，舉家赴港，創辦中報。俞國基在傅與當局協議保障之下，亦全家來美，爲傅朝樞在舊金山籌辦中報。但籌備工作拖延甚久，吳基福又力邀俞助陣，俞國基乃幫吳開始籌備《遠東時報》，此事當然不爲國民黨所喜，對吳基福的辦報計劃，更爲不利，這是一九八〇年初的事。

《遠東時報》在美籌備的工作不難，也不多，很快就可以出報，但萬事俱備，只欠東風，《台灣時報》轉投資到國外辦，必須經過新聞局的批准，才能申請結匯，派遣人員。透過各種關係，新聞局官式許可雖然發出，國民黨中央黨部文工會的公文卻未過關，仍然不成。當時文工會主委是楚崧秋，楚為此曾在八〇年初來舊金山，與有關的人士會晤，表示支持。但是到了五月，政治情況變化，他自知離職在即，本意要留交後任處理，但一個偶然的意外，促使他下決心放起身炮，在離職前一天批准了《遠東時報》在美創刊的申請。

可惜這一炮放晚了，炮彈——批准公文還未出中央黨部的大門，就被次日到職的新任主委周應龍截留，透過他的岳父組織工作會主委梁孝煌，將全案交到王昇手上，轉呈主席蔣經國，公文一通天，麻煩就大了。吳基福又出國不在台灣，只得由《台灣時報》副董事長、國大代表劉介宙出面設法，經過近二個月的努力，才獲得有條件的批准——投資額一百五十萬元，分次結匯——非但與王惕吾來美投資創辦《世界日報》的優遇不能並論，也造成了《遠東時報》財務上受制於人的先天缺陷，直到停刊為止。

1982/05/30 論壇報

給胡耀邦上一課，新聞不是文宣工作！

——兼評他「關於黨的新聞工作」講話

一、前言

中國共產黨中央總書記胡耀邦，於八五年二月八日，在北京舉行的該黨中央書記處會議中發言，就「關於黨的新聞工作」作了一次重要的講話。講詞全文，卻遲至四月十四日出版的《人民日報》（我讀到的是美洲版）刊出。在此之前，海外華文報紙，已經對這項「胡說」作了相當程度的報導與評審，因爲各報的立場與角度不同，均只是斷章取義，各擷所需，或是捧場如儀，歌德一番，或是反對到底，猛烈抨擊，使得未獲窺全貌而關心此事者，弄不清此事的真實性。《人民日報》基於爲黨喉舌的工作責任，不惜篇幅，以近兩個版面的位置刊出全文，我在詳讀再三之後，才恍然於使海外華文報業掀起爭論的胡耀邦講話，是因爲他對新聞的知識性不夠，所以把「關於黨的文宣工作」說成了「關於黨的新聞工作」。不過，在共產國家中，特別是中共，只要一日不允許真正獨立的新聞企業與從業人員存在，就一日不會有真正的「新聞工作」，又怎能怪共產黨人，包括胡耀邦在內，總是錯把馮京作馬涼，誤以爲文宣工作就是新聞工作呢？

二、新聞不是文宣

我是曾經接受新聞專業訓練，在華文報紙工作了二十多年的從業人員，自信對新聞工作的認識，要比胡耀邦更爲瞭解；所以斗膽要給他上一課，讓他瞭解什麼是新聞？什麼是文宣？尤其他今日身居廟堂，手掌大權，中國將來能不能有新聞自由，與他對新聞工作的瞭解的程度，大有關係。所以，我才不得不「好爲人師」，希望他弄清楚新聞工作不是文宣工作，加諸於文宣工作的限制，不應妨害到新聞自由！

新聞工作與文宣工作，都是利用大眾傳播工具的工作，在工作流程上，有許多相似、相仿乃至雷同之處，但在基本原則上，卻是涇渭分明，不容混淆的。大體說來，新聞工作的基本原則，是以公眾利益爲依歸，報導、解釋、評論、傳播事實給公眾，只要不違背追求真相的立場，新聞工作者，應有絕對的自由，通過獨立的思考、判斷、查訪，以增進公眾對事實真相「知的權利爲目的」，使公眾在充份瞭解事實真相的條件下，選擇正確的方向，恰當的途徑，爲建立更加美好的世界而努力。至於文宣工作，是爲某一特定對象的利益爲依歸，包括政府、政黨、團體、企業乃至個人的特定目標從事宣傳，文宣工作者，承受特定對象的命令，並不擁有發掘事實真相的自由，僅爲喉舌工具而已！

舉一個最淺顯的例子，來說明其間的分別：胡耀邦是中共的總書記，作爲中共喉舌的《人民日報》，只能秉承中共的決策，將胡耀邦講詞的全文刊登出來，用作宣傳胡耀邦對「黨的新聞工作」的指示。但《論壇報》是一個爲新聞而工作的單位，就可以通過獨立的思考，來報導、解釋、評論及傳播胡耀邦的講話。

再舉一個明顯的對比例子來說明：美國的《華盛頓郵報》，是獨立的新聞機構，該報的二位記者，當年可以不顧一切，爲了發掘「水門事件」的真相，在擁有充份自由的狀況下，終於爲公眾提供了充份的資訊，導致總統尼克森因違背公眾利益而被迫辭職。《人民日報》是中共的文宣單位，在歷年以來，只能跟著黨的決策走，中共黨史上的多少次權力鬥爭，政治運動，《人民日報》並不負發掘事實真相供公眾參考的責任，而每次都是秉承中共當權者的意志，為當權者作宣傳。可見，《華盛頓郵報》是在幹新聞，而《人民日報》是在搞文宣，再也清楚不過了！

三、新聞不能「八二」開

如果胡耀邦不同意他的這項講話，是「關於黨的文宣工作」，而堅持是「黨的新聞工作」，那麼其中有許多地方，是新聞業者不能苟同而必須加以批判的，例如：在講詞第一段新聞工作的性質問題中，他明白指出：「我想可以說黨的新聞事業是黨的喉舌，同時也是人民自己的喉舌，這樣一句話，當然不可能概括黨的新聞事業的全部內容和作用。比如它還是黨聯繫人民群眾的一種紐帶和橋樑，又是在人民中間、在黨內外和國內外傳遞資訊的一種工具……等等。」他又說：「因此，黨的新聞事業是黨的喉舌，這不但能站得住腳的，而且是不能動搖的。」

事實上，他的說法，不但不能站得住腳，而且是可以動搖的，因為中國大陸有十億人口，而中國共產黨的黨員僅佔極少數，約四千萬人左右，黨的利益和人民的利益，並非絕對一致，甚至於中共黨部往往也會承認若干黨員違反人民利益。因此黨的喉舌就不一定是人民的喉舌。例如，當年批鄧，《人民日報》、《解放軍報》、《紅旗》雜誌的言論，是不是人民的意見？「四・五」事件發生時，黨的喉舌傳播單位，痛責這是反革命行為，與各民辦地下刊物形成對立，究竟誰在代表人民說話？現在看來，豈不很明白麼？

在講詞第二段新聞工作的任務問題中，他說：「總之，我們說黨的新聞事業要作爲黨的喉舌，並不是說我們的新聞工作者只能照抄照轉中央已經說過的話。而是說，只要合乎中央的路線和政策，新聞工作者就有自由按照自己對客觀事物的正確理解，進行新聞報導和發表意見的廣闊天地，就可以而且必須充份發揮自己的積極性、主動性、創造性。」但是一個真正的新聞工作者的任務，並不是要合乎「黨中央的路線和政策」，誠如胡耀邦自己承認：「在另一方面，我們的黨和政府也會辦一些錯事，這或者是由於沒有經驗，或者是由於黨和政府裡混進了一些壞人。」所以，一個真正的新聞工作者的任務，就是要在這個時候，勇敢的站出來，批判錯誤，揭發壞人，如同《華盛頓郵報》揭發尼克森欺騙公眾一樣。如果說，這種揭發的行爲，因爲不符合中央的路線和政策，就沒有自由，新聞工作又怎麼幹得下去呢？

在講詞第三段辦好新聞的基本要求問題中，他說：「報紙上，大體應當是八分講成績、講光明、搞表揚，二分講缺點、講陰暗面、搞批評。這樣，既有利於促進整黨，又合乎今天我們社會的實際。」胡耀邦完全不知報紙爲社會公器的心態，才會作如此胡說！辦好報紙的基本要求，就是要把天下事、國家事、社區事，事事的真相，傳播給讀者知道，讓讀者在充份瞭解事實真相之後，自己作判斷。怎麼可以規定八分講光明面，二分講陰暗面呢？更何況，人類的活動，並不是依據報社編輯的發稿需求來進行的，報紙的報導，只能有什麼事，就刊登什麼事，即使刊登陰暗面的報導，「可以整整覆蓋四個版面」，也不應顧慮「搞成一幅徹頭徹尾的陰暗畫面」，而硬是將它規定只佔報紙篇幅的二成。

當前，在具有新聞自由的國家中，報紙報導陰暗面的篇幅，遠遠超過了光明面的報導，但是，這種情形，仍然阻擋不了沒有新聞自由的國家居民嚮往之心。所以，一個國家，只要政治制度是民主的、法治的、自由的，總體來講，還是比政治制度不民主、不法治、不自由來得光明，儘管後者可以控制報紙報導光明面達八成乃至更多的篇幅。

四、對資本主義新聞界的批判

胡耀邦在講話中，除了慣例的頌揚社會主義外，並批判了資本主義的新聞事業。他提出的批判，有對也有錯。說明如後：

在講詞第一章中，他說：「西方資本主義國家，代表官方立場的報紙一般不大受歡迎，所以辦報往往都以『非官方色彩』的『民辦』面目出現。其實有的所謂『民辦』，就是報團辦的，而報團後邊是財團。」這是不對的，在北美洲、在西歐，甚至於日本、香港都有許許多多不屬於財團經營的報紙，《論壇報》就是其中之一，它們不代表統治階級，不代表剝削階級，也不代表被統治階級與被剝削階級，只是在爲公眾利益服務，爲幹新聞而辦報。

他繼續說：「實際上，就是在實行資產階級民主的國家，不同的聲音一般也不能充分發表出來，因爲除了少數進步力量比較強大的國家以外，資本主義國家的勞動人民以至力量比較小的資產階級反對派，都很難擁有大量發行的報紙和出版機關，更不必說廣播電台、電視台等等了。」這一點，雖然是事實，但他並沒有說明這些國家，在經濟制度上，是資本主義國家，在政治制度上，卻並不能列入真正的民主國家！所以，在這些國家之中，傳播機構與工具，除了極少數，與中共轄下並無不同，均是為當權者擔任文宣工作，而不是在從事真正的新聞工作！

在講詞第三章中，他說：「至於資本主義國家的新聞報導，我們新聞界有些人覺得人家似乎比我們更加真實，更加敢於暴露，我看不能這樣說，比如我國政局空前穩定，但是西方報紙、電台卻經常要捕風捉影地造點謠，說什麼中國政局如何『不穩』啦，什麼『保守派』要推翻『務實派』啦，什麼軍隊不聽中央的啦，等等。這難道也是真實的？有時它們在顯著地位發表一條不真實的消息，事後沒法隱瞞了，卻只在一個極不顯眼的地方發一個極小的更正。至於評論裡所散佈的偏見和謊言，那就連更正也沒有。這就是他們的所謂公正。我們的新聞工作中的大量的嚴肅的自我批評，在西方的新聞界是根本不存在的。說是敢於暴露，這也要看什麼題目。西方國家同樣是嚴格保密的，誰要是洩露了，同樣要追究責任。所以，認為西方新聞比我們有更大的『真實性』，這並不符合事實。」

這段講話中，有三點值得討論：

第一點是關於政局、派系的問題，一個國家的政局是否穩定，並不是由黨當權派說了算，而是由各種政治、社會、經濟活動呈現出來的訊息，讓不當權的人來感受它是否穩定。一般的觀察中共當前的政局，用「空前穩定」來形容，或不過分。但在中共黨內各階層黨員中，由於政見、背景、履歷、關係的不同，有保守派、務實派、文革派……等派系的存在，也不庸諱言。在大團體內有小團體，在政黨之內有派系，本來就是極為正常的事，如今務實派的鄧、趙、胡當權，別派的幹部想要取而代之，也是不可避免的事實。胡耀邦指責西方報紙、電台對這類報導為捕風捉影，毋乃過甚其詞？因爲西方記者在報導上，至少不會作空穴來風，無中生有的欺騙之事啊！

第二點是胡耀邦指責它們在顯著地位發表一條不真實消息，事後更正的不當手法，是當今全球大眾傳播媒體——不論是資本主義還是共產主義國家中——爲惡劣而要不得的通病，深爲有志有識的新聞從業人員所詬病。這種只知遮掩一時，自壞信用的作法，使新聞工作人員的形象，遭到無可彌補的破壞，胡耀邦的批評，是值得新聞同業反省的。

第三點是他所說的洩密問題，西方國家遇到洩密事件，當然也追究責任，但不是報導新聞的責任，僅限於洩密給新聞界的公職人員的責任！新聞工作人員且受到法律的保障，可以不透露新聞來源。但共產國家卻追究新聞工作人員的消息來源與報導的責任，這就是區別新聞工作人員是否擁有新聞自由的分界了！

五、講話背景的分析

胡耀邦於二月八日發表了這篇講話，其時，正當前《人民日報》總編輯胡績偉巡迴全國，到處採擷各方意見，著手擬訂新聞法之時，一說一做，二胡合奏，傳出了中共在走向開放的政略路程上，又要奏一曲政策性的慢板，因爲務實派的經濟政策，帶動了中國社會的活力，造成許多衝擊，鬆動了中共三十多年來嚴密控制的基礎。人民在物質生活獲得初步改善之後，終於明白，即使是十億人口要吃飯，也不一定要「人人均貧」，才能立國，不但對於物質的需求慾望愈來愈高，對於精神上的解放，也表現了強烈的意願。各大城市中出現了許多小報，其中雖然有詔淫誨盜的毒草，卻也有許多是合乎人性需求的刊物，而受到很大的歡迎，銷路往往超過了爲共黨作喉舌的大報，鄧力群在胡耀邦講話中還補充說：「有些地方大報辦小報，小報養大報！」可見其情況的嚴重。

胡耀邦的講話，胡績偉籌擬新聞法，都是中共爲了防止人民獲得非官方資訊材料而做的工作，這在以前卅年中，中共是不會有此需要的，可見中共在改變，人民在進步。但是關不住的滿園春色，是不是會因中共當局所採的防微杜漸手法，如由胡耀邦發表談話而重覆秋霜呢？這是關心中國政治現代化、新聞自由化問題者最爲注意的事。

六、結論

胡耀邦把文宣工作當新聞工作，在共產黨的「人民民主專政」體制之下，是理所當然的，因爲這種專制的，自認爲人民代言人的體制，根本就否定了新聞是以公眾利益爲依歸，報紙是社會公器的定義，而認定「新聞是爲政治服務」、「政治是爲共產黨服務」，只是沒有明說「共產黨是爲當權派服務」而已。所以，當胡耀邦的談話傳出後，海外華文報紙認爲胡耀邦在反對新聞自由，請問，在不允許不受政治力量控制的報紙生存的地方，又怎能奢談新聞自由呢？

1985/02/10 論壇報

攔得溪聲日夜喧，突破禁忌要勇氣

——《自立晚報》派遣記者前往大陸採訪感

《自立晚報》的二位記者，取道日本，轉赴大陸，作了開路先鋒，引起了軒然大波，政府有關單位宣稱將依法懲處。

《自立晚報》在政府檢討「三不」政策，籌議開放居民赴大陸探親前夕，派記者到大陸採訪，就理論上說，是爲了滿足讀者知的需求，這是一個新聞從業人員應盡的義務。就實際而言，台海兩岸近四十年的阻隔，故國河山已成陌生的異域，既然政府有開放探親的革新措施，如何將目前大陸的實況，作有系統的報導，使公眾有一個概括的基本瞭解，也有其需要。就法令而言，並無任何一條法律規定新聞記者不准到大陸採訪，依法無明文規定者不罰的精神，也不應對《自立晚報》與這兩位記者處以懲罰。

《自立晚報》派記者赴大陸採訪，各報爲了競爭，多以香港特派員從事同樣的工作，而在香港發稿，以致日來對大陸現況的報導，充斥各報版面，打破了四十年來的禁忌，相信今後「匪情報導」會有一陣子是報面上的熱門新聞，對於言論開放，有其正面的功能。而讀者能讀到這些第一手的採訪報導，對大陸現狀的認識，必將更爲深入而真實，於今後中國歷史發展，也有其影響，政府實不該不應其微，不見其遼也。

《自立晚報》事件，與國內報業發展密不可分，一言以蔽。可用宋詩：「萬山不許一溪奔，攔得溪聲日夜喧。」來形容。回顧國內自有報禁以來，新聞界與社會有識之士，爲開放言論自由的呼聲，如一道清流，未曾間斷，在重重限制的政策之下，迂迴曲折的衝擊著路障，奮鬥不懈，就在報禁行將開放之前，竟有人不以爲然地極力抨擊《自立晚報》，可見追求言論自由的阻力，仍然是相當龐大，究竟哪一天，才能使這股清流能「到得邨前山腳盡，堂堂溪水出前村」呢？

1987/11/20 論壇報

綠色執政用富貴威淫媒體

——中時、聯合，TVBS還有明天嗎？

執政的民進黨，刻正利用二次金改，可以操控金融的邊際效益，對於競爭激烈，極需資金的全國性媒體，透過銀行貸款的收放，週轉融資的多寡，挾持收編媒體的言論、報導，乃至人事，使之綠化，各大媒體爲求生存，在今日求「財」若渴的大環境中，不得不在不同程度上用不一而足的方式表態，故意放棄或忽視監督政府的職責，在功利主義的社會中，媒體的正義，立足點竟在可使鬼推磨的金錢上，富貴能淫，使媒體搖身變爲執政黨及政府的傳聲筒，使得以爭取言論自由起家的民進黨，在執政之後，用比國民黨威權時代採取高壓手段箝制輿論的手法，更爲直接亦不露痕跡。

黨政軍退出媒體的另一陰謀

這些沒有社會責任心，視媒體基本守則爲無物的媒體，綠化愈深，愈明顯，就賺錢愈多，民進黨執政七年，他們賺到滿盤滿缽，深恐二〇〇八年大選翻盤，失去靠山，所以一昧的支持民進黨及其候選人，完全放棄媒體在選戰中應該中立的專業原則，因此電視新聞、評論、叩應，報章雜誌的報導、分析、專欄，民進黨的候選人及其政見，成了正面的、長時間的、大篇幅的焦點，而在野的國民黨，因爲沒有分配資源及在財務上協助媒體的能力，就動輒得咎，不但在政策上、人事佈局方面，難獲肯定，甚至候選人言行，也被綠化的媒體喝倒采，醜化成跳樑小丑，乃至東施效顰、邯鄲學步，這種不公正、不公平的媒體影響，使得二〇〇八的總統改選，雙方候選人的競爭，在媒體的支持度上，就有相當大的落差，成為在野黨候選人嚴苛的考驗！

民進黨操弄媒體比國民黨還陰

民進黨在國民黨威權統治時期，因為爭取言論自由，從其前身黨外時代開始，就有許多可歌可泣的事例，高雄美麗島事件，臺北鄭南榕自焚，黨外雜誌被禁、被封、被沒收，更是常事，黨外先賢前仆後繼，坐文字獄，辦雜誌破產的例子，不勝枚舉，終於掀起言論自由的大潮，衝破威權統治，在寫《蔣經國傳》、《吳國楨自傳》的海外作家江南（劉宜良）被情報局暗殺後，迫使蔣經國宣布解除戒嚴，言論自由造就了今日的民進黨，值此解除戒嚴二十週年的今天，民進黨成了執政黨，卻用富貴與金錢的軟性策略來箝制言論自由，完全不顧言論自由是台灣民主政治深化與進步的推動力，只顧及一黨的執政利益，較諸國民黨威權時代的高壓政策更為卑鄙，因為高壓會引起反彈，而銀彈攻勢卻能使為求生存的媒體自動棄甲！

王又曾被抄家滅族，肇因綠化東森

試看東森媒體集團的創辦人王令麟，在其父王又曾爆出力霸掏空案時，放過了他，在他標得北市小巨蛋時，放過了他，卻在兩黨初選總統候選人之後，翻出舊帳，予以拘押，真實的原因是東森電視在選戰中的選邊態度不明確，王令麟的觀望，成了懷璧之罪，在他被捕之後，他的好友，陳水扁的心腹馬永成，曾約晤東森高層，確定了東森媒體的內部高階人事大幅改組，曾任連戰內閣新聞局長的趙怡等重要幹部，在形勢比人強的無奈下，將集體捲鋪蓋走人，可見，在東森電視綠化之後，王令麟即可能被起訴，移送後交保，重獲自由是預料中事，但東森今後在資金來源方面，也會多了幾個管道！

不愁資金的媒體，如三立，老闆是高雄建商，在謝長廷當選高雄市長之後，開發案一個接一個，成爲高雄銀行界頗受歡迎的客戶，三立大話新聞的主持人鄭弘儀，更從一位負債的新聞記者，賺到「富豪」的稱號，羨煞同業！又如非凡，本是重商輕政的電視台，卻在台視股權爭奪戰中，異軍突起，擊敗了《自由時報》，加入賠錢的台視，調度資金來支撐當然有其必要，錢從哪裡來，在全面綠化的金控庫中搬動，想不綠化，哼！

金錢逼誘，改變媒體的正義感

而在此役敗北的《自由時報》創辦人林榮三，腦袋上貼了一張三重幫的標誌，尤清、蘇貞昌二人先後掌臺北縣，三重幫，尤其是林榮三的開發事業版圖，成爲北縣奇蹟之一。林榮三制訂《自由時報》爲擴張影響力可以長期贈閱的發行政策，打敗了《中國時報》與《聯合報》，資金何來？背後的金庫不問可知了！《中國時報》的報份，在市場上屈居第三，卻帶領了全國最大的媒體集團，旗下有中天電視、中國電視、時報雜誌等等，家大業大，所需的資金也大，創辦人余紀忠先生，如地下有知，看到有子跨灶，應該十分欣慰，不過想到當年國民黨卡住外匯，迫他關掉《美洲中國時報》的往事，也就體會其子余建興的心頭之痛，不忍痛責他中時的言論、報導也染了綠色！

與中時競爭了五十年的《聯合報》，爲了節約資金，保住自主，不惜關掉《民生報》，改做捷運報，卻仍然不免淡淡的沾上了綠色的粉底，造成日報與晚報呈現二種面貌，卻沒有一種是當年創辦人王惕吾先生期許的風格；畢竟，週轉資金要靠銀行，而銀行的領導是綠色的啊！

民進黨透過可以掌控的銀行來箝制媒體，對於《蘋果日報》、TVBS、年代這類既有資金後台，又有媒體責任的新聞同業，既無奈、又氣憤，三不五時的在政策上加以困擾，卻造成了反效果，黎智英、李濤拒綠化而甘染藍，理由是支持監督政府，監督政府是深化台灣民主的大道理，黨名民主進步的執政黨，實在也無可奈何！

中時、聯合難敵自由深綠的雄風

為了民主進步，為了不讓新聞局掌控媒體，民進黨當年為了爭取言論自由，引進國外的NCC制度，並在執政之初推出施行，這個良好的制度，卻因成員不聽執政黨及政府的話，堅持照章行事，獨立行使職權，行政院竟然為此把NCC的五位委員移送司法單位，大開民主倒車，成為國際笑話，行政院長張俊雄，應該為此負責。

行政院法辦NCC五委員的警訊

言論自由是今日台灣的一大驕傲，相較於中共統治的大陸，今日仍然實施報導言論一元化，台灣的言論自由，成為台灣存在於中共統治之外的一種價值，一種不容抹殺的價值，試看香港回歸七年，言論自由被視為倒退，如果民進黨不認識到這一點，只為了一黨之利延續執政，而用富貴淫媒體，用金錢買輿論，使媒體綠化，言論一元之後，台灣價值就會少了最有價值的一面，更何況，拜科技發達之賜，媒體不再是唯一的言論管道，民進黨哪有可能用金錢全數收購？至少，我服務的《臺灣公論報》，就絕不可能被金錢誘惑而放棄媒體監督政府的責任！

2007/07/27 臺灣公論報

四篇專欄點燃保釣火種

——臺北《經濟日報》遭停刊四天的真相

《經濟日報》是《聯合報》投資的第二份日報，在當時報禁未開之際，《聯合報》在政治與資金力量雙重優越條件下，於民國五十六年四月份，收購了被執政黨當局逼到行將倒閉的《臺灣公論報》，改名發行的，我則因為與時任《聯合報》採訪主任的于衡相處不睦，自願申請調職到《經濟日報》。因為于衡完全沒有我認為做新聞記者的風骨，經常為得罪權貴的報導能否刊登與他爭吵，所以在我調職的前夕，他居然在辦公大廳吼叫：「調走了，永遠別想回來！」

《經濟日報》創刊，是國內第一家專業小眾媒體，大虧，報社內部出現停辦的壓力，正在此際，民國五十六年九月我因反對美國把琉球交給日本管轄，而到處找資料，撰寫了六篇十分有內容、圖文兼備的專欄稿，特別強調釣魚台（日本稱之為尖閣）列島不屬於琉球，應歸屬臺灣！不料才刊出四篇，就大禍臨頭，被蔣介石親口下令停刊。原來美國在向聯合國提出終止琉球託管、交給日本管轄之前，即曾向蔣氏先行照會，當時維持對美關係友好，是最高「國策」！因此，負責宣傳的執政黨第四組（後改文工會）為此正式行文各個新聞媒體，不要報導及評論此事。

這封公文事後在社長閤奉璋的抽屜中找到，他根本沒有拆閱，當然也沒有通知編輯部！我的專稿見報首日，編政組日記上還評為「獨家」敘獎！（2009/05/23有朋友告訴我：他最近用電腦付費方式，進入聯合報系資料庫搜尋這幾篇專欄，發現全部被刪掉了。）卻不知已被執政黨第四組盯上，到了第四天，在執政黨中常會上，就向蔣介石告狀，據說蔣非常不悅，當場口諭：叫他不要辦了！

《經濟日報》停刊了四天！結果是：社長沒有被公開處分，但職權明顯減少！總編輯丁文治先生去職，其後到菲律賓一家僑報工作。我此後沒有再見到丁公，對他抱愧懷疚，一直難以釋懷！採訪主任王彥彭先生被記過，但他涵養極好，始終含笑以對！我則被調動採訪路線跑「工商新聞」，雖未明說，我自知是不准我再寫政治性的新聞稿了！

我跑工商新聞的採訪對象，就是公司行號，在當時由於報禁，全國只有三十一家報社，各報都被政府以節省進口新聞用紙爲由限制發行張數，真是「篇幅寶貴」！所以全國三十一家報社，從來沒有一家刊登公司行號的動態報導，我是全國記者中唯一的一個專責採訪公司行號的「新聞記者」！我也瞭解到這是王惕老與報社高層長官保全我的善意，用以向執政黨第四組作交代，表示我也受到處分了！由於父親任《中央日報》社長時，因抗議蔣介石爲宋美齡說該報刊登她的相片不好看而指責《中央日報》憤而辭職，理由是「不作家臣」！使掌控文工會的陶希聖、馬星野、曹聖芬等一班拍馬屁的御用文人十分難堪；我在《聯合報》採訪新聞時，又開罪了陶希聖，所以我本認爲我極可能要爲專稿負責被開除，但王惕老據理力爭，我才能被放在「冰箱」裡避風頭！這是我內心首度對追求言論自由產生需求感，此後這種使命感與日俱增，終於因有機會到美國工作而得以全力以赴！

2010/07/13

第三章　臧否時政

為歷史留見證

導言

國士無雙何物仕！

魏徵先生

有次在大雪紛飛的北海道「小樽」街上，一家叫「北一硝子」的地酒賣坊中，看到一瓶名為「國士無雙」的日本酒，大為心動之下立即行動買了回來，送給家裡經常有高朋一坐「手談」國粹的楊尚強兄做鎮店之寶。因為「國士無雙」是十三張麻將中一副大牌，十三張牌都獨一無二，摸到任何一張麻將都是大胡！

但是「國士無雙」對中國人而言另有一解，就是「國士」，而且「無雙」！當代國人中有誰能當如此無雙國士？在我心目中，就是我的法學教授，廿六歲就留法歸國，在中央政校開創法律系，上課時窗門都被學生擠爆的阮毅成先生！也就是《非仕之談》一書作者阮大方學長的尊翁。

阮毅成先生以其精湛的法學素養，在蔣介石任國民黨總裁時擔任當時黨報《中央日報》社長達三年多，地位之崇、份量之重、「仕」途之光明遠大可想而知！但在一次中常會中，只因《中央日報》刊登一張蔣夫人在機場歡送美國駐華大使，旗袍因風飄起一個小角，總裁一句「中央日報社長以後看新聞照片時小心點」，阮社長立即起身抗言「中央日報社長很忙，新聞照片的事不是社長該看的」！總裁訓斥「沒有要你講話，你坐下」！阮社長坐下後，立即以中委會便箋紙寫一辭呈遞交張厲生秘書長，張秘書長以為阮先生讀書人鬧脾氣，立即婉言退回辭呈，但阮先生回辦公室後立即命小姐打字正式辭呈，掛冠不「仕」！

在官場上，這原可看作是小事一段的，被總裁訓斥兩句算什麼呢？有人甚至還求之而不可得呢！但對頭角崢嶸、風骨凜然的國士阮先生而言，士不可辱！就像新聞記者一樣，應該是「富貴不能淫、貧賤不能移、威武不能屈」的，總裁縱有天大「威權」，士可不仕，你奈我何?!這是阮先生的公子阮大方的「士」之傳統、家學淵源。

除了家學以外，阮大方的受業淵源就是中國有史以來惟一剛正不阿，真正實踐了富貴不能淫、貧賤不能移、威武不能屈的一代報人，世新大學創辦人成舍我先生！而且，學生時代的阮大方，還由父親親自帶領，前往國學大師黃季剛（侃）弟子閔孝吉的學生李新基老師家中正式叩頭拜師鑽研國學，因此大方兄在家學淵源、師門風骨的雙重影響下，不但國學基礎文字造詣方面在國內新聞界罕見其匹，而且注定走上「書上的新聞記者」之路！

「書上的新聞記者」就是：永遠是冷眼旁觀的反對派！永遠批評當權執政者！永遠不會放下「月旦人物、臧否時政」的一枝筆！當年在美國辦《加州論壇報》連載江南著《蔣經國傳》時如此，回國後出任《公論報》社長時對中華民國政府和當權者亦復如此，更難能可貴者，對正在「崛起」，氣燄薰天，始終將新聞人視同洪水猛獸亂黨的中共當局亦復如此，以致於四川汶川大地震他雖熱心冒險前往災區擔任救災志工，卻仍因文字言論批評使中共非常「感冒」，以致在審批入出境臺胞證上頻使刻意留難的小手段。

細讀大方兄臧否時政篇中文章，從〈捲起千堆雪、雪盡馬蹄輕？〉到〈沉迷在選票迷思〉中，以至於〈大安區補選不要一黨獨霸〉，處處可見他是「家事、國事、天下事、事事關心」，「藍軍、綠軍、橘衫軍、軍軍批評」，不分青紅藍白，只問是非對錯，而且對任何議題都本著「我完全反對你的說法，但我誓死擁護你有那樣說的權利」！對於一個天天都「無薪休假」，既無任所、亦無冠冕的終身職新聞記者而言，還有什麼可以挑剔他的？

書名《非仕之談》，主要的意思似乎是：「不是說官話的評論」，「不是作官者說的話」，但也可以把「非」當作及物動詞，解作「批評當官的人之論」。但是無論如何解讀，對於一個具有士之傳統和國士風骨的新聞記者而言，就算總統或行政院長也只不過是「民意如流水」下「鐵打的衙門流水的官」，說大人則藐之，何物仕也?!

2010/07/13

毋忘「七、七」
——中國人生活在日本侵華的災禍中

一九三七年（中華民國二十六年）七月七日，日本帝國在華北的駐屯軍夜襲河北省宛平城，該城守將吉星文率部奮起反擊，是為中國全民抵抗日本侵略之始。這一天，是中國歷史上十分重要的日子，是中國人民振起民族魂、凝聚團結力的日子，也是導致中國迄今仍然分裂、動亂、落後的日子。這是一個每一位炎黃子孫、世世代代都應該牢記不忘的日子；因為從這一天開始，茲後八年，千千萬萬的同胞，遭到日本人的屠殺，他們的鮮血，染紅了中國每一吋山河，淹沒了錦繡大地。自有人類史以來，沒有任何一次戰爭，殺害的無辜人民，比日本侵略中國多，也沒有任何強盜，掠奪財富比日本佔領中國多。「七、七」是每一個中國人都應該永誌不忘的日子，就如中國人應該記住八十多年前的甲午之戰、五十年前的「九、一八」事件一樣。一部中國近代史，也就是一部日本侵華史，作為一個中國人，怎麼能不知道，忘記了自己的歷史呢？

在中國人民為了抵抗侵略，作出鉅大的犧牲之後，忝列戰勝國家之一，卻因為「以德報怨」的不當政策決定，喪失了向侵略者索取賠償的權利，使得經過侵略戰爭浩劫的中國，在民窮財盡之餘，再度引發內戰，導致分裂，也使中國人民因「七、七」事變帶來的浩劫，迄未終止，仍在繼續！

國、共雙方為了爭奪日本侵略者交還的控制權，從抗戰勝利的剎那間，到目前為止，一面在大力宣傳各自對抗日戰爭中的貢獻與領導權，一面又同樣採取了媚日政策，各自拉攏日本的財閥、政客，繼續幫助日本實施另一形式對中國的侵略，搜刮、掠奪中國人民勞動生產而辛苦積聚的財富。是以，距「七、七」事變發生不過四十六年的今天，在台灣、在大陸、在海外，中國人談「七、七」國恥者少，而談「中、日親善」者多！談日本積欠中國侵略戰債者少，而談平衡中、日貿易逆差者多！談論日本發動「七、七」侵略戰中，阻礙中國建設進步應負的責任者少，而談如何學習日本戰後復興「奇蹟」者多！卻不知，如果不是中國「以德報怨」，免除了日本戰爭賠償的沉重負擔，日本「奇蹟」是否可能若今日一般令人側目呢？

戰後中國國民黨與中國共產黨，均爲了爭取日本政府的承認，放棄了在「中、日和約」中要求賠償，出賣了中國人應得的權利。也均爲了博得日本朝野的支持，任由日本在釣魚台霸佔領土，拱讓了國家的主權……自「馬關條約」以後，中國的執政者——滿清政府、北洋政府、國民政府、中共政府，對於日本，無論在軍事、外交、經濟各方面，從來沒有取得真正的平等地位，歷屆政府的表現，不是「崇日」，就是「媚日」；各種喪權辱國的表現，甚至不夠資格稱爲「親日」，豢養了日本人的優越感；去年，日本政府竄改歷史教科書的無恥行爲，就是這種潛意識，這種優越感在作祟！作爲一個中國人，無論居住在中國、在美國，在天之涯，在海之角，雖然無力改變，但請記住「七、七」，記住「馬關條約」，記住「九、一八」，記住近百年來日本侵略中國的史實。因爲，每一個中國人，仍然生活在日本侵略中國所造成的災禍之中。

1983/07/08 論壇報

十月光輝趨黯淡，中華子民哀其國！

金秋十月，近六十年來，是全球華人歡欣鼓舞、光輝燦爛傳統的希望之月，因爲依照日期排列，十月份，幾乎含括了影響華人、乃至世界的紀念及節日，依序列出：

十月一日：

由中國共產黨締造，並且在憲法中明文規定「堅持中國共產黨領導」的中華人民共和國，於一九四九年在北京天安門，由第一代領導毛澤東振臂高呼，宣布成立，結束了該黨與當時執政的中國國民黨在大陸地區的內戰，並有效統治迄今。

十月十日：

由革命黨人於一九一一年在武昌起義，迅即推翻滿清帝國，結束華人數千年封建帝制，建立中華民國，領導人孫文先生，在民國十二年（一九二三年）逝世後，被尊稱國父。由他力主的民主政治制度，也載明於中華民國憲法。但由於各種複雜主客觀原因，孫文創立的中國國民黨，在行憲之初，就在內戰中被中國共產黨打敗，失去了大陸統治權，於民國三十八年將政府遷到臺灣，這是中華民國歷經八年對日抗戰終獲勝利，自日本統治者手中奪回的戰利品。中華民國政府在抵抗中共的「古寧頭」、「八二三砲戰」等進攻獲勝，迄今也有效的統治著臺灣以及澎湖、金馬等地區，並且遂行民主政治，領導人總統已由全體居民直接投票選出，這是相對與不同於中共堅持專制政權，最可貴的資產！

十月十五日：

由臺灣移居美國，本名劉宜良，筆名江南的作家，因爲長期抨擊國民黨蔣經國的威權統治，爭取言論自由，遭到蔣家特務頭子汪希苓於一九八五年十月十五日派遣犯罪集團竹聯幫頭目率領槍手，將其暗殺於美國舊金山私寓，引起公憤，導致蔣家政權傳承中斷，並促進蔣經國走向解除戒嚴，開始真正的還政於民。

江南之死，對中華民國產生兩極影響，好的一面是因此案引起國際關注，國人覺醒，國內的民主政治進度因而加速，在蔣死後，威權不再，爲國內的民主化注入催化劑！壞的一面是江南之死，國民黨政權及掌控的媒體，爲了保蔣，把江南汙衊成三面間諜、無恥文人，造成政府有錯硬拗，殺人兇手是英雄的反面教材，社會風氣因而丕變，國內社會上是非不清、黑白不分、強辯狡詰之風大盛，世風日下，道德淪喪，不復中國傳統就事論事的德行。

江南遇害，是爲華人爭取言論自由而死，距今已廿二年，非但其真相尚未大白，亦未見政府公佈、正式道歉，且已漸被遺忘，對他一生從事爭取的言論自由，也遭到許多政客踐踏，無俚頭的攻訐和自辯的藉口，江南地下有知，怎能瞑目。我建議政府應該重視此事，導正亂象，並明訂十月十五日爲言論自由日，以紀念江南及與他一樣爲華人爭取言論自由而被壓迫、遭犧牲的前賢！

十月廿四日：

中華民國與共同參加二次世界大戰的美利堅合眾國、英吉利君主立憲國、法蘭西共和國，以及蘇維埃人民共和國爲追求維護世界和平，共同創設聯合國組織，於一九四八年十月廿四日成立，是該組織的創始會員國。中華民國的在聯合國的代表權，雖於一九七一年被中華人民共和國取代。但在聯合國憲章中明載中華民國是創始會員國，是歷史事實，並未改變！

十月廿五日：

是臺灣光復節。臺灣原是滿清帝國的領土，於一八九四年甲午戰爭敗於日本的侵略，被迫與日訂立「馬關條約」，將臺灣割讓給日本，成為日本的戰利品。二次世界大戰，日本戰敗，中華民國以戰勝國地位取回臺灣，於一九四五年派員自日本殖民統治政權手中收回對臺灣統治權，並於一九四六年明訂每年十月廿五日為臺灣光復節。《臺灣公論報》創辦人李萬居先生，也於一九四七年這一天開報發行，是當時唯一一份完全由民間自主的報紙。

臺灣地位論說，說法紛紜、莫衷一是，但有一點是無論何說都不能否定的事實，即日本帝國當年挾甲午戰爭的勝利，視臺灣為戰利品，奪得統治權。中華民國於一九四五年，也是以二戰勝利國身分，視臺灣為戰利品，取回統治權。所謂臺灣地位未定論者，是不可能否定這一歷史事實的。

十月卅一日：

這一天是蔣介石的誕辰紀念日，他自出掌國民黨黃埔軍校，培訓國民黨軍事幹部，取得軍權，又先後率軍東征、北伐，領導對日抗戰後，實施憲政，當選總統，卻在國共內戰中輸掉了大陸統治權。率中華民國政府撤遷臺灣，於一九七五年四月五日逝世。其子蔣經國繼位，直到一九八八年一月十三日逝世，父子一直是統治中華民國的強人，也是全球反共華人的精神領袖，因此十月三十一日的「蔣公誕辰」成了「行之有年」的慶典節日之一，也為十月慶典的活動劃下句點。這個紀念日直到民國九十五年，才被取消。

除了上列的日子外，在台灣海峽兩岸的國、共執政當局，都在慶典日之後，安排相當的政治性活動，如中共的全國人民代表大會、政協會議，歷年都在十月中旬舉行，國府方面，以前的國民代表大會，國是會談，陽明山會談等，也多在這段時間內召開。各種會議的議題，當然事關國計民生，乃至建國方針，所以每年十月份，成爲華人社區的政治熱季，關心國事者，固然專注於議題、論述，升斗小民也瞭解這些會議的決議，會影響到物價民生、大型建設，當然也會給予應有的注意，如果有一個「有利於吾國」、「萬民企盼」的政策出爐定案，不論官方執政者的施政信用再差，還是會給老百姓點燃希望，構築新夢；現在，又到了今年的十月，讓我們看看臺灣海峽兩岸的執政者，能不能繼承往昔的光輝，讓十月燦爛？

十月一日：

中共今年慶祝第五十八屆國慶，自實施改革開放以來，一本年年擴大舉辦的慣例，今年因爲經濟成長再創新高，又逢明年將舉辦北京奧運，熱鬧可期。

但在熱鬧的背後裡面，中共面臨三個大問題：

一、貧富差距不斷擴大，造成的鄉間衝突不斷，動輒百人、千人的聚集遊行，甚至反抗鎮壓的情況愈演愈烈，上訪上告的情況，是否會在今年、明年乃至未來這些年的十月國慶至二會期間，造成另一次風潮的可能，無從估計。由於自均貧路線改道讓一部份人富起來的改革，利弊互呈的現象，經過二十多年的檢驗，已被證實，一般老百姓依然一窮二白，尤其是大西北與各邊陲地區，老貧區未蒙其利。得利的人，都是黨員、幹部與「有關係」的人，即使是富起來的東南沿海地區，也是如此，民怨累積，愈接近「六十大慶」，愈深厚。中共執政者能不能解決這個問題，已經逐漸在醞釀新的路線之爭，也帶動下臺的江澤民系統，掣肘根基不深的胡錦濤系統，總理溫家寶的不再續任之說，成了伏筆。

二、中央政策不能貫徹，「上有政策，下有對策」是自中共立國以來各地方「首長」各自爲政的方針，由於幅員遼闊，而資源不足，中央政令出了北京，就會被地方首長，事實上的諸侯，故意曲解，只要「政治正確」，就可以技術自主，中共中央根本無可奈何，所以胡錦濤的三和政策，在北京都門之內，也因爲利之所在，不受理會，何況到了各省、縣、市，大陸各地官員，奪利成風，一切向錢看，這是今日大陸呈現經濟發展的原動力，也將成爲中共崩散的隱憂，中共中央對此一現象當然清楚明白，除了隱忍，維持表面榮景外，無計可施，只能拖下去了！

三、是因爲經濟繁榮等因素，人民的自主觀念愈來愈強，自由與法制的要求也愈來愈高，在素質上，一般人民對所謂的民主，觀感模糊，莫知所云，但是對切身事物，覺得政府管得太多，而司法單位對執法能力的欠缺，也備受指責，在極權獨裁時期被視爲刁民的行爲，現在十分普遍，人民對政府的不滿度，隨著財富的增加而增加，中共執政者又面對兩難之局！

因此，中共在慶祝「十、一」國慶，與召開十七大的議題課程中，都有相關方面的準備，尤其是胡、江之爭，會不會演變爲路線鬥爭，當胡錦濤以掌權者身分，不斷揪鬥江系大將的貪腐大案，切斷對江系金援時，甚至江系的華聯董座吉小安，爲了開闢金援路線，被迫強奪台商新光集團北京新光天地以求取現，結果因爲手法粗糙，引起公憤，煮熟鴨子又飛了，卻看出了江系臨危掙扎的搏命情急，雙方在「十、一」及二會其間的鬥爭，當然激烈，已爲十月的光輝減了顏色！

爲十月光輝減色的，不止是中共。在台灣的中華民國也不好過。去年的十月十日國慶，鬧出反陳水扁總統貪腐紅衫軍圍城大遊行，以致今年雙十節，政府決定慶祝節目是前所未見的軍事表演，動員約四千軍人，又怕軍人「政變」，居然不准入駐臺北市，集中在林口、桃園待命，這種心虛作態的表現，充分顯示執政者自知不得民心的懼畏，而且過去七年來人民期盼國慶文告，總統談話，都沒有看到對建設國家、安定社會、富裕民生的宣示。尤其是去年紅衫軍發動的反貪腐示威，執政者用置之不理的態度對應，使全國人民墜入失望的深淵之中，雙十光輝，今年又陷入陳水扁說出「中華民國是啥米碗糕」，且在府院動員到處豎立「入聯公投」宣傳牌樓的氣氛中，海外僑胞近年返台慶賀的人已逐年減少，看來今年的光輝不僅趨淡，而且轉暗，近於消失。

十月十五應訂為言論自由日

過了雙十，往年的十月中旬，是台海兩岸政治大戲——各種政治性大型會議舉行的時候，也是十月之所以光輝，之所以熱鬧的主因，在例行公事的慶典活動之後，兩岸各種政治人物在會中的較勁、鬥爭、奪權，才是主戲。這齣主戲，在台灣廢了國大以後，早就掩鼓息鑼，而中共的二會，人民代表大會與政協，仍是每年照演，但今年因爲經濟的快速成長，與爲迎接明年北京奧運的大前提下，執政者力持和平，除了江澤民的殘餘勢力想藉此機會撈些剩飯外，大體上只會有被壓制的隱憂，而不可能有強強滾的議論，對國家今後發展的大計也只能按既定方針辦，熱鬧可期，光輝難現！

至於被暗殺的江南今年十月十五日是廿二週年忌日，他在地下應該看到，當年指他親共，而指揮暗殺他的汪希苓，現在常在上海，與中共特務稱兄道弟、把酒言歡，居有屋、出有車、食有魚。生活富裕，精神愉快。而他生前並沒有見過奉命帶隊去殺他、成了「鋤奸英雄」的竹聯幫頭目陳啓禮，現在是中華民國政府的通緝犯，逃亡到柬埔寨，目前爲癌症所苦，並且奄奄一息，不知何時就會去見他。陳啓禮屆時會不會向江南道歉？我們不可能知道，但我們清楚知道當年闖入江南家中，對一個手無寸鐵、毫無防備的文人開槍射擊的「竹聯鬼見愁」吳敦，現在是影視界大亨，在電視上接受訪問談到擊斃江南的刹那，至少臉上和語氣都沒有悔意、遺憾，而是十分得意的英雄神情！

可以告慰江南的是；現在台灣不但可以寫蔣家父子、評李登輝、罵陳水扁，雖然，有不知珍惜言論自由可貴的文痞在濫用言論自由，但絕對比中共治下沒有言論自由可貴多了。我建議訂十月十五日爲華人言論自由日，是不希望中共統治下的大陸，也要再犧牲一個「江南」，才會開放言論自由！

陳水扁哭鬧要糖搶制高點

由現任中華民國總統推動的「以台灣名義加入聯合國公投」活動，在政府——包括總統府、行政院、執政黨大把花用在中華民國全體國民的繳稅錢，分別在國內外如火如荼的展開，反對者指責他在爲明年總統改選幫民進黨騙選票，企圖延續民進黨的執政，從而不再追究他在任內涉及貪府弊案的官司罪責。支持者則力挺他爲「台灣獨立建國」所貢獻的努力。由於聯合國今年十月廿四日是成立六十二年週年，已訂於十月五日至十六日召開每年的年度大會，陳水扁抓準了時間，用民間草根野台戲演出的鑼鼓喧鬧聲，吸引國際間的注意，打破國際外交的慣例，就事論事，在宣傳手法上的創意，達到了「要糖吃的小孩在哭」的目的，但在哭的小孩會不會有糖吃，是另外一回事，可以肯定的是，「以台灣名義加入聯合國」這塊糖，根據聯合國的憲章規定，「台灣」必須是一個國家才能吃到；而「台灣」要成爲一個國家，取「中華民國」的國號而代之，在現實的政治環境中，何其複雜與困難，在可見的未來，根本不可能，陳水扁藉入聯的主題，打消跛鴨的疑慮，搶佔制高點，掌控民進黨的立委與總統大選，把「入聯」議題，在十月份加火大炒，熱熱鬧鬧，由於底牌是：「終歸失敗」，所以並不會給十月增添光輝！

在台灣光復了六十二年之後，在紀念台灣光復節的十月二十五日前夕，台灣的三立電視台「大話新聞」談話節目，已經在製作單位全盛製作及主持人鄭弘儀的策劃導引下，不斷的播出日本軍國主義殖民政權在台灣的建設與貢獻。日本民間同時也成立了一個人數極少的「後藤新平會」做呼應。這批日寇的餘孽走狗，完全搞不清楚殖民政權建設殖民地，旨在掠奪殖民地的資源，供養宗主國。日本地狹人稠，資源不足，在佔領台灣期間，米、糖等等物資，都由台灣運去，運輸需要建鐵路、開港口，這是爲了供應日本物資所需，不得不爲的建設！

如同十九世紀任何一個帝國殖民主義一樣，他們用強大的軍事力量，佔領殖民地，剝削當地人民、奪取當地資源，在當時，歐洲各大小國家，莫不以非洲及亞洲，甚至澳洲、紐西蘭爲殖民對象。在亞洲，則只有西化較早的日本帝國主義，而台灣是日本帝國主義在侵略中國滿清、打勝甲午戰爭所奪得的戰利品，也是日本境外最大的殖民地。

台灣在日據時代，居民是次等國民，所受到的壓迫、剝削、誅殺與一切不平等的對待，不但載在史冊，而且因為時不遠，今日由台灣耆宿可以口述回憶指證歷歷，鄭弘儀等為什麼不找他們談日本人的惡劣事跡，不找台灣史的學者專家，數一數日本據台五十年，奪去了多少物資供養日本，而喋喋於日本人在台建立了鐵路、港口、電力、通訊等等，這是任何一個統治者為了貫徹統治權能量，擴大掌控所必須做的事。二次世界大戰結束後，歐洲各國紛紛撤出各自的殖民地，有些甚至經過百年建設，設施都留在當地，如馬來西亞、新加坡之於英國，迄今可曾聽過兩國人民頌揚、感謝英國的建設？

英國對殖民地的統治，遠較日本帝國主義寬厚，他們統治殖民地，除總督及一級主管外，中、低階層公務員，皆培訓當地居民擔任。但日據時代的台灣，台灣居民只能做最底層之員警，如李登輝的父親李金龍之流。鄭弘儀等宣揚日治，能否舉出日據時代，日本為台灣培養過任何一位中高級文官參政，如香港的曾蔭權、陳方安生，新加坡的李光耀等？但是這些人，可曾對英國統治表達懷念麼？沒有，因為他們十分清楚，英國在殖民地的一切作為，是為了宗主國的利益，而不是為了建設殖民地。

如果，在十月廿五日台灣光復節，鄭弘儀這些「倭奴」傳聲筒，繼續渲染於日本在台的治績，台灣似乎應該再度讓日本來統治，才能合其意，不需要光復，喪心病狂，不知國恥者，莫此為甚！

談到十月卅一日的蔣介石誕辰，其實說來話長，只能就他與台灣有關的部分略做表述。

首先要說明，現在的陳水扁、杜正勝一夥人在搞「去中化」就提出「反蔣」作代表，這是完全錯誤的，我認爲如果劃分族群，反蔣應該是「外省人」的專利，因爲：

一、他領導的國民黨政府與六百萬大軍，把大陸全都丟掉了。不但害外省人離鄉背井、飄洋過海到台灣來，也害得大家的「父老兄弟姊妹們」，被「萬惡的共匪」清算鬥爭，在水深火熱中過日子，等待他去「解救」，他卻老死台灣，沒有帶大家打回大陸去！

二、他在台灣發生「二二八」事變時，困於國共內戰的戰事失利，根本未加注意，隨由陳儀、柯遠芬等軍人處理。害得不但他自己被栽贓是「元兇」，根本搞不清楚狀況的馬英九鞠躬道歉，全部在台灣的外省人，也因爲當時他沒有重視，親自指揮處理，釀成這一悲劇，而遭到今日族群離間的壓力與排斥。

三、他在大陸挫敗，深受眾叛親離之害，到了台灣，爲了鞏固統治權，施行白色恐怖殘酷手段，專門整治跟他自大陸來台的幹部百姓，不但殺一儆百，更且寧可錯殺一百，絕不錯放一個，蔣介石與其子蔣經國，在這方面，對外省人來說，罪孽深重，無可推託！但是，他在台灣，對台灣人是有貢獻的。首先是他批准發行新台幣，把台灣的金融與戰亂中的大陸貨幣切割，奠立了台灣的發展基石。新台幣是持金本位的貨幣，黃金是蔣介石從大陸帶來的！其次是他施行對台灣土地改革政策，「三七五減租」、「耕者有其田」是使台灣佃農翻身的德政，今日民進黨內農家子弟如游錫堃等高呼去蔣反蔣，飲水不知思源，可謂忘恩負義。

其三，也是最重要的普及教育，並且推行考試公平原則的聯考制度。這是三級貧戶陳水扁可以就讀台大法律系的主因。日據時代，限制台民受教育的殖民政策，僅此一點，就可以證明蔣介石在台灣，並沒有過客心態，他的內心雖然要反攻大陸，打回南京，但是台灣是中華民國的一省，必須培養台灣的人才，也是事實。

再說最重要的，是蔣介石爲了有別於共產中國的專制，在台灣施行地方自治，由地方民代到地方首長的選舉制度，是在蔣介石執政時期建立的。六十年來的台籍政治人物，泰半出自地方選舉，而蔣介石爲了妝點民主門面，有限度容忍國民黨黨外的政治人物，做異議的政治活動，與在各級學校教科書中編排民主思想課程，才培養了台灣人民的初步民主理念，才有今日民主溫床的架構。台灣今日的民主其實是從蔣介石爲爭取美援與西方民主國家認同的無奈中擠出來的，非若是，何來李登輝的民選總統，李登輝竟厚顏自稱民主之父，可謂無恥之尤！

今年十月卅一日，又是「蔣公誕辰」，這個紀念日已被政府取消了，而且今年還發生「去蔣」風潮，蔣介石的是非功過，實難認定，但去不得，卻可肯定。因爲他活了八十八歲，統治中華民國前後近半世紀，影響迄今猶存。他的生日可以不再慶祝，不過爲不再光輝的十月再添暗章，但是在台灣，誰又能真正脫離他遺留的影響呢？因耕者有其田而獲得土地的農民？因漢賊不兩立而退出聯合國的台灣人？不都活在蔣介石的政策影響之下麼？把蔣介石銅像推倒，乃至大卸八塊，都是愚蠢且無聊的舉動，蔣介石，不管你喜不喜歡他，他至少在你心中啊！

2007/10/26 臺灣公論報

呼籲國共再度聯手抗日

——兩岸應在釣魚臺海域聯合軍演申主權

最近有三件事，看似無關，卻可連接：

一、我國的一艘海釣船在釣魚臺海域，被日本軍艦攔截，日寇重施蘆溝橋伎倆，派軍強行登船扣押人、船，幸虧我國海巡署巡防艦陸續趕到，雖然極力周全，但歷史重演，仍是火力不如日寇，以致船長遭強行綁走！以罰款之名，行勒索之實！即使輿論譁然，政府追奉「蔣公遺訓」：「和平未到最後關頭，絕不放棄和平」，所以在日寇盤據釣魚臺之後，劃海為牢，設定「執法線」，作為向日寇表達「和平」的工具，這次釣魚船被日寇攔截、船長被日寇綁架，「罪名」就是「越界侵入日本領海」！我行年七十才知道日本已不只是我國的近鄰，而是緊鄰！

二、我國海軍的海龍號潛艇停靠在基地港中，艦長在塔臺上，被十四級巨浪捲入海中，不幸溺斃。潛艇艦長是海軍軍官精英中的精英，「出師未捷身先死、常使英雄淚滿襟」，但奈其何！因為我們的國軍，久已沒有實戰經驗，一年一度的實彈演習，後來又轉化為兵棋推演，所以我國的二艘潛艇雖然得來不易，卻是長期停靠在基地港，浮在水面！因為這個基地港在臺灣西海岸的左營，出港就是臺灣海峽，潛艇的活動，當然會引起注意，活動的範圍，又受限於韓戰時代美軍劃定的所謂「臺海中線」，所以行不得也！如果，依現實情境臺海走向和平合作的前景，政府應把潛艇基地改設在東岸的蘇澳港，出海就進入了日本單方面宣示的「日本領海」，不但可以給潛艇官兵實地演訓的機會，也執行了「順便」護漁的任務，履踐國軍爲民前鋒的使命！

三、臺海兩岸的領導階層，正在用正確的態度，締建兩岸和平合作的架構，我國政府在馬英九總統上任後，就秉持他的兩岸政策，規劃如何構築兩岸軍事互信機制，獲得中共善意的回應，此一機制，將成爲兩岸軍方嚴肅思考的課題，並且大有可能在二〇一二年馬、胡二人本屆任期之內，談判、簽約！

以上三件事，表面上並無必定的關連，但是深談，就可以環環相扣，連接起來，主題就是「保釣抗日」！三十多年前風起雲湧的保釣運動，起因於美帝霸權，爲了甩掉被聯合國託管的琉球群島這個沉重的經濟包袱，擅自把琉球群島交給當時經濟發展蓬勃的日本，既無視於琉球居民自決的要求，更不重視釣魚臺列島是自古隸屬臺灣宜蘭的歷史事實，就在議定書上作了絕對錯誤的決定，把釣魚臺列島劃入琉球群島，列入交給日本管轄的範圍，引起我國社會強烈不滿，爆發激烈抗議活動，概稱爲「保釣」，全球華人並皆投入，當時我國爲了對抗中共隔海攻擊，不能開罪美、日，政府在國內打壓「保釣」，中共乘機在海外大搞統戰，宣稱將爲保釣不惜與日本算老帳，許多自臺灣出國留學的精英份子，因而轉向，是臺灣海外智識份子分裂爲左、右兩派的起始，但中共事後爲了與日本建交，竟將釣魚臺爭議擱置，兩個隔海對峙的政權，爲了爭取、討好共同敵人，均置國人民意於不顧，輕棄國土！後來傳出釣魚臺海域深海海底蘊藏豐富的石油資源，中共才又表態宣示主權。

據悉十年前，日本首次經濟泡沫危機浮現，向中共求援，要求中共穩住人民幣價位，不可升値，讓日本有喘息空間，當時中共有識之士建議總理朱鎔基以談判釣魚臺列島主權爲交換條件，朱鎔基不用，錯失良機！其後，日寇在釣魚臺建燈塔，現在還駐軍那宇國島，對兩岸漁船進入海域，即行扣押綁人。兩岸政府在「保釣」上，都虧欠國人！事隔卅多年，我國已經不再托庇於美國，而美國自去年遭受金融海嘯的衝擊，國勢是二戰之後最弱的時候，現任總統歐巴馬致力於國內經濟的重振事務，對於亞洲第一盟邦日本也無暇顧及。日本自身正在遂行政治改革，「永久的執政黨」自民黨終於失去政權，由民主黨的鳩山取代，正值改弦更張之際，而臺灣海峽兩岸政府規劃的軍事互信機制，內容的規範、文字的推敲，併皆可以在參謀擘劃的紙上作業中完善，但如何落實到執干戈、衛社稷的將士身上？最好的辦法，就是舉行聯合軍事演習，演習場就選定釣魚臺海域，又可以明白宣示主權，戳破小日本竊佔我國領土迷夢！

國共聯手二度抗日，馬英九、胡錦濤史冊留芳！

2009/10/01 海峽評論

收押陳水扁的法治與政治意義

——懲治貪腐與特權，是國家進步象徵

台灣出版的《中國時報》日前引用「大陸網路與權威人士」的消息來源，報導了北京最近先後兩次規模均達千餘人的示威抗議活動，一次的目標，是前中共國務總理李鵬之子，另一次是國營公司，抗議的群眾指控他們利用特權，坑騙民眾的金錢，得逞之後，就不再置理。由於《中國時報》已獲准在大陸地區行銷，所以該報對這則應該是「大新聞」的報導，只用了極小的篇幅，以免觸動中共政府對傳媒輿論的敏感神經，遭致處分！這是中共在國家全面發展、進步中遲滯進度的絆腳石：控制言論自由的態度，迄未放鬆。但是促進國家進步、追求社會公義的動力，就是開放的、自由的言論；且看前菲律賓總統馬可仕、前南韓大統領全斗煥、盧泰愚，乃致於甫於今年五月二十日卸任的總統陳水扁被控在任內貪汙、洗錢等等弊案，都是由媒體揭發，在輿論撻伐之下，才能攤在陽光之下，依法偵辦。

媒體揭發陳水扁家族特權貪瀆

陳水扁的貪汙「國務機要費」案，是在他總統任內，就由證人李惠芬透過台灣「TVBS」電視台報導揭發後，輿論譁然；社會群情激憤，高檢署反黑金中心檢察官陳瑞仁依法偵辦，將陳水扁及其妻吳淑珍二人以涉及貪汙罪嫌的共同正犯身分，移送臺北地方法院提起公訴，並說明時任總統的陳水扁，因受憲法第五十二條豁免權保障，須俟其卸任再行追訴。這是中國人五千年來司法官第

一次將現任元首因涉嫌違法，繩之以法的實例，實現了「王子犯法，與民同罪」的法家學說理想，爲建立法治國家的進程，豎起了里程碑！

打破刑不上士大夫的封建思想

陳水扁於今年五月二十日卸任後，失去了憲法保護傘，隨即被臺北地院追訴「國務機要費」貪汙案。八月，又被立法委員揭開他的子媳在瑞士銀行有二千一百萬美元存款的洗錢案，在媒體不斷的追蹤報導下，逼使最高檢察署所屬的特偵組八位檢察官全力以赴，又先後查出了國科會竹科局龍潭購地收賄案、私吞機密外交經費案等等的相關個案，陳水扁於十一月十一日下午四時許，被傳訊偵辦他涉及五項弊案的特偵組，以案情重大，有串供並堙滅證據之虞，移送臺北地方法院申請予以羈押禁見之強制處分，由地院三位法官組成的法庭，在特偵組四位檢察官蒞庭陳述指控後，庭訊歷十一小時結束，陳水扁被裁定收押禁見，解送臺北看守所執行。此舉落實了「王子犯法與庶民同罪」的理想，值得史家大書特書。陳水扁是第一個因爲「做了法律不允許的事」而被司法機關依法逮捕收押的前任國家元首，象徵了中國人爲了爭取民主法治立國的百年奮鬥，終於跨出了一大步。就政治意義而言，也彰顯了台灣是引領大陸政治改革明燈的地位！

法律之前人人平等的落實

中國傳統的封建政治，獨大行政權，也就是統治權，司法成爲方便統治權掌控一切服務的工具，所謂刑不上仕大夫的觀念，就是最好的說明。而追求司法的公正、公平、公義也是中國知識分子千年來努力奮鬥的目標：「王子犯法，與民同罪」的呼聲，歷久不衰，直到陳水扁被法警押進臺北看守所，換上囚服、入住一點八坪（約六平方米）的囚房，終於落實！這是歷史新頁，意含萬千，值得深談。

依法論法，因爲陳水扁本人是台大法律系畢業，曾擔任執業律師、立法委員等與法律相關的職務，對於司法程序的熟稔程度，有非常深厚的認識，所以特偵組在偵辦與他相關的各個個案，的確十分小心嚴謹，迄今爲止，真是做到了證據到那裡辦到那裡的踏實程度，甚至爲此案出動檢察官遠赴瑞士、新加坡等沒有邦交的國家，尋求司法合作，搜集相關證據，作爲偵辦的依據，立下檢察官偵辦案件的典範，由於證據充份，包括了來自各國相關單位提供的、持續不斷增加的新增可疑犯罪行爲與證據，與牽涉愈來愈多的涉嫌共犯，特偵組在第五次傳訊陳水扁召開偵查庭後，終於由八位檢察官會議全票決議通過：向臺北地方法院申請羈押陳水扁，理由就是爲了防止他與可能涉案而尚未到案的嫌犯串證並湮滅證據。

經過臺北地方法院三位值班法官召開的審訊羈押合議庭後，裁定收押陳水扁，於十一月十二日上午八時許，發交臺北看守所執行戒護。如上所述；羈押陳水扁的法律程序，爲了避免引起不必要的爭議，相關司法人員可說步步爲營，小心謹慎的落實每一個環節，是司法單位落實法治、尊重被告人權少見的案例。其間環節：自反黑金中心檢察官陳瑞仁於陳水扁仍在總統任內就一秉毋枉毋縱的態度，帶隊到總統府及總統官邸分別偵訊陳水扁、吳淑珍夫婦開始，直到特偵組申請臺北地院裁定羈押陳水扁止，可說每一筆都在爲司法史寫新頁！

中共當局應對「陳案」發省思

中共在革命時代，就以反對當時統治全中國的國民黨政府貪腐為號召，組成「人民解放軍」，因為目標明確，贏得民心歸向，才能在國共內戰中以少勝多，以弱勝強，把國民黨主控的中華民國政府逐出大陸，遷到台灣。明年即將慶祝建國六十年的中華人民共和國政府，自實施改革開放政策以來，致力於發展經濟，強盛國力，在今年爆發的全球性金融海嘯的衝擊中，已經呈現了經濟大國的氣勢，不但取代日本，成為美國最大的債主國，也是全球各國外匯存底與儲蓄率皆列第一的雙龍頭，更是全世界仰望遏阻這一波經濟衰退的中流砥柱。可是，在全世界的政府清廉度的調查報告排行榜中，仍然與各個未開發國家、落後國家為伍，不受恭維！政府官員及其家族成員，利用特權，鋪設結構性的貪腐網絡，惡名昭彰，不但拉大了社會的貧富差距，也造成了民怨，日前在北京發生的這兩起千人示威，不過是小小的警訊。

還記得國民黨在內戰敗退之前的歷次民眾大示威麼？可曾看到二〇〇六年九月陳水扁被揭發貪汙國務機要費而引起的「百萬紅衫軍」集結臺北街頭的示威麼？星星之火可以燎原，值此必須面對能否領袖全球、稱雄世界的時機，而有必須在國內安置上億人口面臨生活壓力之際，如果中共輕忽了法治的改革、肅貪的重要，任由不肖的官員奸商在火中取栗，把公帑吞入私囊，像陳水扁一樣，利用特權與開放金融向國際接軌的管道，將不法所得匯到海外洗錢，導致的各種問題，絕對遠甚於陳水扁對於台灣的損害。他山之石、可以攻錯，中共當局對在台灣發生的「陳水扁貪瀆」案，應該有所省思，如何才能完善法治，厲行肅貪，才能不負當年為反貪汙而獻身人民革命的先烈！

2008/11/12 臺灣公論報

還原蔣經國肅貪的二、三事

——評論歷史人物功過應澄清事實真相

今年是蔣經國的百年祭，中國國民黨幸好有馬英九在去年的總統大選中獲勝，重回蔣氏父子傳承的執政地位，所以決定擴大追思，尤其是推崇經國當年清廉儉樸、嚴懲貪腐的幾件事跡，以及當年對匪鬥爭環境險惡，肅清內部潛伏匪諜的案例，成爲宣導的重點，當年經國執掌情治的表現，使其父在內戰大敗之後，眾叛親離之際，頓悟只有兒子的忠誠最爲可靠，下定傳子決心，確立經國接班的原則，也使經國得以在職權範圍之內，以肅諜懲貪爲手段，同時也進行權力鬥爭，對當時黨內並存的政學系、夫人系、CC系、黃埔系、軍統等等遂行奪權收編，其間因此而招罪被貶者不在少數，因而被拖累的各業人士，亦復不少！

馬英九總統在紀念會上追思經國，同時要凸顯懲貪決心，舉經國懲辦親表弟時任人事行政局局長的王正誼案爲例，是馬英九當時太年輕了，不知道事實真相；真相是王正誼知道內閣行將改組，向蔣經國表示想換一個部長職位，沒有得到經國立即的同意，他仗著是王太夫人（蔣介石生母）家族後人的關係，藉機直接向蔣介石開口，老蔣就轉告小蔣安排，未幾，王就在局長辦公室被捕，理由是承包營造內湖中央民代大湖新村房舍的廠商檢舉，指王索賄美金三十萬元，調查局遂派員在上班時間到王的辦公室搜索，搜索前先將王正誼請出局長辦公室問話，同時進行搜索，宣稱在王的檔案櫃第一格抽屜中搜到包好尚未啓封的贓款！雖然王矢口否認，仍被判刑，但坐牢時間不長，結局是王正誼被高牆圈禁，終老寓所！

此事，當年是政壇注目的焦點，經此一役，政界人物心知肚明，是老蔣向所屬宣布：交棒給小蔣的決心已定，即使犧牲王正誼也在所不惜！好讓看得懂的人，對太子派只能輸誠！不信邪的夫人系、軍統接著也接到了「曉喻」；夫人系首戰失利，是宋美齡說動老蔣讓孔家第二代來台從政，主持財、經部門，被蔣經國峻拒，經國羽毛漸豐，就以肅貪懲腐的堂堂大旗，捲起震動全台的「金飯碗」案，當時夫人系的大將徐柏園身兼中央銀行總裁、財政部長、外貿會主委重責，不單掌握國家金權，也是夫人系的政治金脈，就此垮台。宋美齡對經國的態度也自此有了笑臉！

軍統人馬向來效忠的對象是戴笠，情報局長的人選，歷任都是「同志」，自成一系，經國在職責上有指揮權，卻絕不是被認同、被接受的領導，難以插手。當他某一天目睹時任情報局長的葉翔之，居然使用三輛座車車隊行經中山北路，就命令座車尾隨，跟到銅山街葉家，排門直入，看到了葉家的情況，寒暄告辭。結果是葉翔之當天深夜「辭職照准」，繼任者當然輸誠，情報局內對此事都很清楚，也有許多人樂於投效，這就是官場現實！

前監察院長王作榮在受訪時告訴年輕的記者，舉出匪諜就在你身邊的故事，另有內幕，王作榮指出：「匪諜是總司令的姨太太家人！」指的是空軍上將王叔銘，這頭聞名中外的王老虎是號稱空軍之母宋美齡的愛將，也是當時空軍弟兄的大家長，懷璧之罪，使他力捧的大鵬京劇團名伶徐露成爲攻堅目標，徐露家人的匪諜案，也是空軍指揮權的爭奪戰！而王作榮不談自己得罪蔣經國，未經法定程序處理，就被定位在「永不錄用」之列，似乎很有涵養。與他同遭經國下令永不錄用的還有李元簇、蔣彥士；這三人在經國逝世後的李登輝政權中，大獲重用，高居副總統、總統府秘書長、監察院長之職、都是李登輝在對國民黨內「經國重臣」奪權鬥爭各個戰役的謀士，宋楚瑜只不過是最前線的「白袍小將」揮舞砍刀的先鋒而已！

蔣經國痛恨貪汙腐敗是事實，他懲辦「盜豆案」時，不畏立、監委的龐大的政治影響力，在證據確鑿的情況下，把十多位監委、立委移送法辦，此案引致反小蔣接班的各路人馬集結，幾乎讓他輸掉政治前途，最後是時任司法行政部部長，也就是辦案單位調查局的頂頭上司鄭彥芬被迫辭職下臺，向兔死狐悲、群情激憤的立、監委表示讓步，才平息了政治風暴。但在此案後，國內仰賴的大眾物資進口管理，袪除了特權把持，逐步回歸商業機制，對民生、物價的方便與穩定，有一定的貢獻！

像這類純爲肅貪懲腐的案例，經國主導嚴辦的不勝枚舉，官場清廉，成爲一時風尙，迄未聽說有那個政務官有錢去求田問舍的，當時沒有公務員財產來源不明罪，也沒有公務員會持有不明來源的財產！包括經國本人，也是節約儉樸，絕無李登輝接位之後，從一無所有、略有負債的農復會技正，到可以坐擁豪宅，申報財產與他的寵臣愛將一樣，以千萬計的富家翁！

清廉肅貪是蔣經國主政期間穩定局勢、發展經濟受到人民愛戴的主因，也是今日仍然受到民眾懷念的主因！馬英九曾追隨經國，近身觀察，對如何肅貪懲腐應有心得，即使是時代不同，但總統的權責並無不同，如果學到經國仗劍伏魔的魄力，用在肅貪懲腐的政策上，絕對能贏得民眾的愛戴，勝過跟著在野黨的政治口水打轉。如果這次宣示的三個月內肅貪能夠眞的做到不分藍、綠，不論官階，追溯時間直達經國逝世之後開始清查，能在本屆任內，澄清吏治，根絕貪汙，則下屆是否連任，並不重要，遙想當後人舉辦百年祭的紀念音樂會上，必將比蔣經國更受推崇！因爲馬英九絕不可能會興起文字獄！更不可能有中文版《馬英九傳》的作者，在海外被拍馬屁的部下暗殺！

2009/05/02 臺灣公論報

法魔護邪將使貪墨者無所畏懼！

——鄧振球法官對陳水扁案二審判決的影響

曾被媒體稱為「人權」法官的鄧振球對陳水扁案二審以「從輕認定，從寬發落」的原則，作出了有利於被告的大減刑，不但檢、辯雙方各有不滿，並皆申言要打上訴官司；在政界民間，反扁挺扁的反應也是兩極，所有討論聚焦多在陳案被告的刑期，各言各是，我認為此案在三審定讞前，事態的變化可能難以預測。但鄧振球這次判決違反對位高權重、玩法自肥、虧負職守的高官顯要應該「從嚴認定，從重量刑」的民間期望，已經造成負影響，是不可忽視的！

貪官汙吏在前總統因貪瀆數以十億計的公款後，居然可以受到「從寬認定，從輕量刑」的宣判，無異獲得了「勇於貪汙的鼓勵」！因為司法者為追求公平，多將比例原則懸為圭臬，是則小官小貪、大官大貪，只要位階不至總統，金額不超過阿扁，即可望判刑不會超過二十年，入獄服刑超過三分之一刑期，即可申請假釋，數年之後就可以面團團作富家翁，在笑貧不笑娼的現實社會中，吃香喝辣、生活富足、安心享用從國庫貪來的鉅款；更何況打三審定讞的官司，有了貪汙所得，聘請擅長上訴更審的律師，打到更十八審，可能拖到「蒙主寵召」也不必入獄坐牢，何樂不為？

「千里求官只為財」是古人十年寒窗苦讀出仕的原動力，「一任清知府，十萬雪花銀」是做官的目的。古今中外的歷史，政府垮台，改朝換代，十之八九的主因就是官吏貪腐引起民憤所致，時至今日，民意覺醒，對於自己掏腰包繳交的稅金流向，都知道必須監督政府如何使用，防止浮濫盜用！更且一再由民意代表透過立法、修法程序，希望以嚴刑峻法遏阻公務員利用職權貪汙金錢，腐瀆職守，這是民主法治國家追求長治久安的基礎。尤其是經由人民票選而獲任的公職人員，是取得選民信任，對選民承諾肩負監督常任文官依法行政、爲選民看守國庫者，有違職守，貪瀆自肥，行同詐騙，更應該加重刑責，以儆效尤！鄧振球居法官之位，假人權之名，爲扁案被告作「從寬認定，從輕發落」之判決，又不能落實各被告間依比例原則之公平待遇，如林德訓之於馬永成，亦顯有瀆職之嫌！

在現代社會，法官是高級知識分子，是人民期盼公平正義的保護者，不但對所司職守司法之官有其官箴責任，對社會之安定與良性建設與發展之影響，也有身教言教的責任，大凡能爲司法界鑄新猷、放異彩、彰其名的「好法官」，都能切中時弊，就對社會安定、政治清明相關的重大訟案，作出可以爲後來者鑑的判決！鄧振球無視於過去二十年來，國內政界官場貪汙腐敗之風日熾，至陳水扁以民選總統身分，竟然爲國庫通家庫之鄙行，全家老小、親朋友好、親信佞臣形成集團，不但贓款外流而且犯後無悔，成爲國恥之尤的事實，假人權之名，對扁案被告減刑輕判，試問當年被矇騙誤信而投他一票的選民「人權」何在？陳水扁案一家全員涉案，是不爭之實，他們貪心之盛、弄權之甚、斂錢之術、玩法之邪，史無前例，震驚中外，全球注目！鄧振球明知他對扁案的二審作此判決，必將對社會造成絕大的影響，是衡情、是採證、是意識、是心魔……無論是什麼原因，請問法官「鄧大人」今後接到了「芝麻綠豆」官貪汙百拾萬元的案子，依照比例原則，你怎麼判？

2010/06/15 我的部落格

捲起千堆雪！雪盡馬蹄輕？

——中國國民黨中常委應重選還是廢除？

不沾鍋的馬英九以總統之尊，甘冒開民主倒車的指責，再度出任執政的中國國民黨主席，我於日前爲文指出馬英九要清理醬缸，指出改革必須合乎邏輯！果然，該黨考紀會在處理眾所注目的中常委賄選案時，只懲辦了兩名用宅配送禮的中常委當選人，充份表現出黨內和稀泥的醬缸文化，不僅引起了黨內外一片嘩然，也爲馬英九造就了第一個順勢推動黨務革新的機會，在他一句「樂觀其成」的明示後，引發就職不滿一週的中常委紛紛響應，自動辭職潮點燃了馬英九改革中國國民黨黨務的火炬！這波改革，馬英九如能因勢利導，在很短的時間內，一定會怒濤排壑，捲起千堆雪，但是，雪盡了，馬蹄會輕麼？

中國國民黨設置中央常務委員會的目的，在蔣總裁時代，是爲總裁交辦事項作規劃、完善、推動、督促、追蹤各相關黨政單位的執行進度，並驗收成果，是該黨實質上的權力核心，人數不多，「中常委」的職稱，在政壇上，地位崇高，甚至高出部會首長、立監委員！是中國國民黨的精英大老，是蔣總裁的肱股之士，所以每至中常會換屆，誰上誰下，不但是個人政治行情起伏的指標，也是所屬派系在政界影響力強弱的象徵！蔣經國接班，他的權威不如乃父，中常會成了派系協商的會場，也是政策討論的智庫；蔣經國事實上是協商結果的仲裁者，當時的中常委，也都是政學界一時之選，並皆謀國之臣，均負清譽，望重一方，社會地位與受尊敬的程度，甚至超過部會首長！

中國國民黨中央委員、中常委的選風敗壞，出現賄選，始於李登輝出任黨主席之後，他爲了消除蔣經國的遺緒，全盤掌控黨、政，以擴大民意基礎爲名，落實黨務本土化爲由，大量引進在兩蔣時代與黨務國政無緣的「黑金」商人，其後成爲經濟要犯者如王又曾、朱安雄、王玉雲……等等，都在李登輝時代躋身廟堂之中，他們爲了獲選黨代表、中央委員、中常委在黨中央提名保障名單之外的剩餘名額，就用商界慣用的「送禮」來攫取選票，此風一長，歷久成習，以迄於今！使中央委員、中常委的水準與聲望，因爲劣幣淘汰良幣而質變，失去了原來廣受社會尊敬的地位！

矢言改革黨務的馬英九，甫一回任黨主席，就面臨這次中常委的選風問題，更確切的說是中常委成員的素質問題！受到質疑的不但是他們在黨內的資歷、對黨的貢獻，更需要釐清的是這些人爲什麼肯爲了「中常委」這個無給職的頭銜拚到頭破血流？無他，當今的中國國民黨中常委已不復「德高望重」，卻隱含「商機無限」！不但在執政黨的常會中，可以事先瞭解重大財經政策的規劃，更可以隔海炫耀取特權，此所以「商界聞人」沈慶京在這次被禁其參選後，仍然由其弟出面競逐獲選的原因！沈家兄弟檔的現象，說明了馬英九看到了中國國民黨的沉痾已經進入最高層的中常會！即使馬英九挾總統之尊、新位之威，發動了黨史前所未有的中常委集體辭職全部重選的整頓改革，結果是「結構不改、成員不變」，依然是「外甥打燈籠」照舊！馬英九回任黨主席，旨在改革黨務，而最核心的中常會不支持他的改革，已經由這次換湯不換藥的「重選」表態，黨務改革究竟誰會改變誰？這該是馬英九考慮廢除中常會的時機了！

2008/08/14 臺灣公論報

誰會被改變?!
——觀察馬英九兼黨主席的改革可能性，中國國民黨有可能排除人治傳統制度化嗎？

馬英九於六月十日正式宣布回任中國國民黨主席，終於塵埃落定，平息了外界各種揣測、謠言；但是馬之所以不惜違反競選時「作全民總統，不兼任黨主席」承諾而面對千夫所指，究竟動機何在？爲了什麼？又成爲媒體炒作的焦點。最熱門的話題是：馬英九爲了將以中國國民黨主席身分，與中國共產黨總書記胡錦濤在未來舉行的國共論壇中，創造歷史性會談定基礎！因爲兩人都是執政黨的領導人，也都是國家元首，又在過去一年的隔空互動中，都表現了相當的善意配合，將兩岸關係共同推向和平、合作的大方向，改變了台灣海峽兩岸對峙緊張的傳統，因此，採取主動改變兩岸情勢已獲得超過半數民調支持的馬英九，爲了更進一步落實他的兩岸政策，試圖用執政黨主席的身分，走到前臺，在所謂的「適當時機」成熟之際，希望迴避「國對國」的敏感爭議，而用「黨對黨」的機制，舉行「馬胡會」，爲兩岸關係在雙方由國、共兩黨執政情勢之下，創造可長可久的機制。這是馬英九爲個人歷史定位下的「定石」！

這一推論，在親藍、挺綠立場不同的媒體及網路的反應兩極，統獨之爭又有了新的論爭焦點，卻都忽略了馬英九「革新保台」的本質，這是馬英九與他同一時代關心並參與政治活動者的共同信念，這個信念從「保釣運動」發軔，在「愛盟」成立之後，盛極一時，卻在李登輝出任中國國民黨主席之後，受到強力的打壓！李登輝不但內心自認為日本佬，主張釣魚台列島屬於日本而不准「保釣」；更且藍皮綠骨積極地在黨主席職位上，肆意摧折中國國民黨的許多優良傳統，不但大量起用兩蔣時代通不過考驗而冷藏的政治人物；如李元簇、王作榮、連戰、劉松藩、王金平等等，也打破蔣家嚴格執行的政商分際，引進黑金，如力霸王又曾、高雄朱安雄等等，都在貢獻大量資金給李作為權力鬥爭資源後，躋身政壇，這些捐款買官的紅頂商人，大大小小在各個黨政機構行走，貪腐橫生，他們弄權致富的機會源自老李，當然言聽計從，於是延續了黨內蔣總裁、蔣主席的人治傳統，雖然在實質上，兩蔣是威權統治的人治，大異於「阿輝伯」的利益控制，但「一言堂」不重視制度的方式則一。到了連戰接任黨主席，師法老李，尤其是在處理黨產問題上，更是青出於藍勝於藍，遂使兩蔣時代通國庫的黨庫，造就了兩位繼任黨主席的億萬身家！也使中國國民黨被目為盛滿了汙油的油鍋。

從政即出自蔣經國門牆的馬英九，雖被李登輝任用，也曾為此一度掛冠歸去，自命不沾鍋的馬英九這次不請自來要端鍋，為什麼？從他提出設立五位分工副主席的規劃來看，大有為中國國民黨建立制度化捨我其誰的氣慨！但就國民黨內現實的情況來看，不但私下奉李登輝本土化為圭臬的力量不小，佈局最深的連戰人馬更是深入基層，被稱為沒有群眾的王金平在立法院黨籍立委中，朋友眾多，是具有實力的龍頭老大！加上原來親民黨帶槍投靠的立委，已經表態反對，況且臨去啾啾的現任主席吳伯雄在過去二年也有佈局！是則馬英九的五位副主席團規劃，會不會從原設計的功能分工，淪為派系分配？實在令人擔心。想到日本吉田茂生前死後，影響執政的自民黨六十年，日本門閥政治迄今未已，臺灣也看到了縮影，僅只這次中國國民黨參選縣市長黨內提名的立委，竟無馬系代表，就可以看出馬英九在黨內人脈的單薄！而縣市長是總統大選、立委改選時各地方的靈魂人物，是馬英九如在二〇一二年競選連任時必須依賴的「大樁腳」，如果在他接任黨主席就展開整改推動制度化，傷到既得利益派系的筋脈，屆時抬轎的轎夫倦勤不出力，或則藉機拿蹻喬利益，都有可能。為了連任，馬英九會在下一任黨主席任內推動黨內制度化？還是會傳承「完全執政、完全負責」的獨裁，改變原意，仍然走上大權獨攬、延續人治的老路？國內民主政治會不會重回以黨領政的時代，還是會像馬英九去年競選時標榜的：政、黨分離，考驗著總統兼黨主席的馬英九！

我相信馬英九應該會通過不致成為第三位億萬黨主席的考驗！但在社會上普遍懷疑貪汙案辦綠不辦藍的認知下，我無法預估在馬英九總統兼黨主席任內，他的周邊會增加多少個億萬官員、黨工與紅頂富商？

至於民進黨抨擊馬英九在兼了黨主席之後，會加速賣臺，是既不知馬英九革新保臺的背景，甚至中共也是把他列入「聽其言、察其行」的觀察名單中；更何況中共用人民幣統一臺灣的大戰略已經啓動，如果沒有意外，按照進程，在二〇一五年東盟十六國的區域經貿組織上了軌道，發行亞元後，馬英九只要撐到二〇一六年五月卸任，就不必在歷史上背負這個「罪名」！

2009/06/14 臺灣公論報

不沾鍋的馬英九要清理醬缸

——改革可以依序漸進但必求合乎邏輯

馬英九又就任中國國民黨主席了，這一次是以總統身分兼執政黨主席。與他在臺北市長任內，選上當時是在野的中國國民黨主席意義不同，但打著改革的旗號不變，當時，我曾以「誰會改變誰?」爲題，分析評論，認爲馬在當時任主席，不能改變國民黨，主因是從政以來以不沾鍋自許的馬英九，自李登輝出任黨主席後，並沒有進入黨的核心，對掌握黨權的運作，知其然而不知其所以然！因此才會冒冒然簽字批准連戰幕僚決定的出售「國發院」案，讓不沾鍋的自己揹了一口大黑鍋，也使當時被蒙在鼓裡的國發院院長關中吃了啞吧虧！幸好他因涉及市長特支費案，自請辭職，任期不長，改革未行，也沒有被「玷污」！倒是繼任的吳伯雄，具有數十年的黨政閱歷，洞悉「黨務文化」，爲了贏取總統大選與立委改選，順勢操作，相容並蓄，終於奪回執政權！

二〇〇八年馬英九在就任總統之後，民進黨與吳伯雄的政敵，以吳曾放言佐馬勝選就下臺逼吳辭職，也有馬應順勢重回黨主席的勸進聲，我以「三不可」爲由，呼籲馬英九不可開民主倒車，重回以黨領政時代、也不可作鳥盡弓藏之舉，使勝選黨主席無地自容，更不應以總統之尊，在執政黨中央常會中，面對以派閥利益爲前提的立法「利委」，就政策法案作折衷妥協！今年，當馬英九決意「參選」黨主席，我又以「沉在選票迷思中」爲題，指出即使高票當選黨主席，也不可能以追求改革理想，壓制爲利益而群聚的派系，果然，爲了參選年底縣市長、議員選舉，他就任前，就開除了八個派系的頭頭腦腦，當然，馬英九也知道此舉會影響年底國民黨的選情！但他用「寧敗毋濫」宣示改革的決心，如能堅持，我應該收回前文說他「識大於膽、權大於能」的貶詞，而且刮目相看，寄予厚望！

榮譽主席？醬缸文化的代表

馬主席就職之時，重施故伎，敦請卸任主席吳伯雄擔任榮譽主席；一如他上一次接任黨主席時請連戰任榮譽主席！「榮譽主席」不是中國國民黨黨章規定的職稱，中國國民黨在總理孫中山先生逝世後，決議將黨的「總理」職稱保留給孫專用，以示尊崇！所以，蔣介石主掌黨權後，稱總裁，蔣逝，由其子蔣經國接任，依例，封「總裁」職稱爲專稱，黨魁改叫主席！蔣經國在任內逝世，接棒的是李登輝，大概是李登輝得位、失位皆無「榮譽」可言，所以他的後任連戰背負「逼宮」罵名多年，卻在自己下臺時，向接任的馬英九要了一頂「榮譽」主席的大帽子。但馬英九上次辭黨主席，接他大位的吳伯雄，並沒有「敦請」馬英九出任榮譽主席！是因爲他年不夠高？又有市長特支費刑案纏身所以德不夠劭麼？

吳伯雄原來申言要與隔海的中共副總理本家宗妹吳儀一樣「裸退」，現在不但光環罩頂，榮譽在身，而且馬英九還宣示由他實質主導中國國民黨對中國共產黨的兩黨平臺，以回應國人對連戰用榮譽主席身分在大陸作鉅額私人投資牟利的指責，顯示馬英九跳進醬缸，有自缸底清除沉積的決心，但主張依法行事的馬英九對「榮譽主席」的法源問題又視而不見，是不是不合邏輯？

違紀參選者開除！賄選確定者怎辦？

馬英九就職演講，強調今後違紀參選公職的黨員，一律重懲，絕不寬貸！但對獲得黨提名推薦當選公職，卻因賄選案或貪汙案定罪而去職者未定罰則，也不合邏輯！因爲賄選、貪汙皆犯法，但違紀不犯法！

本屆立委已有三人因賄選去職，去職者不但毫不羞愧，而且還推出家屬或同派系的成員上陣代打，苗栗、雲林二個區域立委席次補選，中國國民黨因此敗選，賠上黨譽！馬主席有心改革，應該請考紀會提案，明定被賄選、貪汙案定罪的黨員，也一律開除黨籍，才不會在清理醬缸的工作中，又讓新的污染源混進醬缸！

中國國民黨自在臺灣地區推行地方自治以來，就一直被異議者指控賄選，賄選之風，大盛於李登輝爲切除蔣經國影響力引進黑金之時，嚴格的說，該黨歷任主席、正、副秘書長、組工會、地方黨部主委、特種黨部主委、選務黨工都是爲勝選而從事賄選的「罪人」！尤其是現行的立委選舉小選區制，更是賄選的溫床！

小選區制只適合選舉地方性民意代表，因爲他們代表的是區域性的政治利益分配協商！而立法委員是代表社會階層性的政治利益分配協商，兼具監督中央政府爲國家發展擬訂妥當政策的功能，因此我曾建議將立委選舉改爲大選舉區制，每三百萬選民爲一個選區，以每十五萬選民應選出一位立法委員爲基數，每一選區選出二十位立法委員，以得票數排行爲序，另留二席候補，以免補選，而且全部公費辦理，才能讓賄選絕跡，真正做到選賢與能！

處理黨產不能以歸零掩飾問題

馬英九對眾所矚目的中國國民黨黨產問題，以保證在年底「歸零」回應，這是為了年底縣市長選舉而作的承諾！也是掩飾黨產問題黑幕的手法！眾所周知，談黨產，馬英九在牆外，吳伯雄在門外！如今，黨內、黨外對黨產問題，可以窺堂奧的只有李登輝、劉泰英、蘇至誠、連戰、徐立德、張哲琛等不到十個人！如果馬英九要清理醬缸，至少要成立一個具有公信力的「黨產清算調查委員會」，從中國國民黨到臺灣時起，迄吳伯雄任滿之日止，詳查明報，公開李主席時代如何炒作，連主席時代如何出售，以及今後的規劃，才能解開國人對黨產的疑慮，恢復黨譽，建立信心，為中國國民黨能長期執政奠基！給中共政改立榜樣！

中共正在啓動政治改革，試行黨內民主。大陸實施改革開放二十多年，「臺灣經驗」貢獻良多，但惟獨臺灣引以為傲的民主，中共卻敬而遠之，據說政改將以新加坡模式作參考，不學臺灣！馬英九果能如願改革中國國民黨，在他連任總統之前，可以看到成效，相信中共也會借鏡，不敢忽視！

2009/10/21 臺灣公論報

海雨天風獨徘徊，馬應回歸總統高度從結構性推政改

馬英九回任中國國民黨主席後，領軍打了四場選戰，全敗！使他自己十分重視的民調支持度跌破三成大關，尤其是今年二月廿七日舉行的四席立委補選失其三，把民進黨主席蔡英文的聲勢拉抬到前所未有的最高點，兩相對照，馬英九團隊不會打選戰成了藍營選民共識，對年底五都選戰的勝負，莫不憂心忡忡！

馬英九在選後談話，重申在中國國民黨內推動改革黨務的決心，他自上一次參選該黨主席起，就高舉「改革黨務」的大旗，成為中國國民黨的明星，但他對黨務改革的目標與改革的對象，卻難以明言，對外界注目的「黨產問題」延宕難決，對前主席李登輝時代掏空黨產牟利、前主席連戰時代賤賣黨產的種種弊端積案，也未見追究！因此「改革」不是被譏為口號，就是被指責成排除異己的藉口！遭到黨內既得利益集團與共生派系的聯手抵制，而他們自地方而中央，逐層逐級均有選票作後盾，是「臺灣化民主」的特色，讓這些握有選票的選民，並不就成熟而理智的角度選賢與能，而是把選票當人情，當貨品，所以產生了選舉樁腳、選舉操盤手等等足以影響選戰結果的人物，他們與派系互為表裡，與利益集團休戚與共，當然視黨務改革為寇讎！他們盤踞地方政界，積有年所，此所以中國國民黨歷來選戰，舉凡提名空降人選，大多敗陣的潛在主因！這也是胡志強用政治口語說：溝通整合必須深達基層的道理！但革改黨務的大方向，就是要革除這些讓中國國民黨從根爛起的腐蛆，怎麼溝通呢？

我自馬英九當選總統後，就一再呼籲馬要堅持原則，實踐黨政分離、不涉黨務的選前承諾，當時我認爲他是最具有改革國內政治亂象的總統人選，守在七百六十五萬高票當選的總統高位上，構思規劃臺灣政治民主化更進一步的架構與方向，因爲「臺灣化民主」經過了二十多年，在憲政架構、意識型態、選舉法令、資源分配、選民素質乃至政客水準各個方面的發展，都呈現了許許多多的問題，亂象頻生，致令保守派提出民主治國不如威權時代的論調！馬英九看出了問題，也有心推動政改來解決問題，但他棄全民元首的高位，自貶身分爲一黨主席，就種下了輕身涉險，成爲槍靶的大錯，中國國民黨發言人蘇俊賓說：這次四席立委補選，該黨雖然敗選，但各地所得選票，張張乾淨，沒有賄選疑雲！這就是馬英九不宜擔任中國國民黨主席技術面的根本問題，該黨在地方選舉的勝負，決定在地方派系既得利益者操控的選票投票率，他們用降低投票率的方式，抵制非派系推薦的黨提名候選人，惡整黨中央，就是要讓馬主席負敗選責任！

馬英九要改革地方選舉的弊端，剷除地方派系既得利益集團操弄不當得益的政治資源分贓現象，用黨主席的身分推動黨務改革，是緣木求魚，將會成爲史上任內選戰每戰必輸的主席！此所以打選戰出身的朱立倫，不肯鬆口承諾到新北市參選的主因！也可能讓馬英九在二〇一二年的連任選舉中落敗！

我支持馬英九堅持政改的理念，但建議他應該回歸到總統的高度，從法制的角度切入，如修訂立法委員選舉改爲大選區制；如賄選案中明訂並加重收賄選民的刑責；如排黑條款的加強；如民選公職人員任期未滿離職，必須退還中選會補助的得票津貼；如嚴格規定政客對收到的政治捐款使用條款等等，都是總統可依職權交相關部會擬定法案，在執政黨還有三分之二席次的立法院中，通過修法來推動政改。

馬英九身處海雨天風之中，徘徊在政改連任之間，我認爲要推動民主政治更進一步深化，更上層樓，最重要、也是最基本的大事，就是立法明訂：總統不得兼任任何政黨的任何職務！因爲總統是國家的元首，全民的領袖！

2010/03/04 臺灣公論報

改革吏治是篇大文章
——馬英九要爭千秋還是拚連任

在一千大CEO票選總統馬英九爲倒數第二名的政府領導人民調發表的當天，我剛好自美國趕到臺北，與一群來台灣參訪的大陸文化工作者聚晤，在餐敘時，免不了要談到馬英九，他們對馬的評價不差，期許也高；其中一位是我向來尊重的好友說：馬英九是中國百年來唯一清廉的國家領導人，他說：國家領導人，最重要的是道德與操守，不一定要能幹，能幹如毛澤東，結果是遺害無窮！旨哉斯言，台灣的選民，政治評論員，電視名嘴可有此見地?!

馬英九爲了防貪止腐，整頓綱紀，先後提出政府體制改革方案，以及國土重劃等等政策，多是在他競選總統時的政見，這是以元首的高度，爲國家長治久安思考應有的舉措！政府遷臺六十年，編制體制受制於憲法，無法配合環境情況改變的現實需要作應有的調整，自兩蔣時代起，即以《動員戡亂時期臨時條款》作掩護，或則因事設局，或則因人設事，相沿成習，造成政府編組架床疊屋，權責不清，人事浮濫，不但增加國庫負擔，而且相關機關單位爭權諉過，公務員士氣低落，效率遲緩，在威權時代已然，於今爲烈！

李登輝在蔣經國交班規劃佈局被「江南命案」打亂之後，含恨猝逝之際，匆促接任，由於威望不足，忙於爲固位奪權的政爭，即使修憲，也只是針對權力的取得錙銖必較，字斟句酌，對政府的體制改革，著墨不多，在位十多年，非但沒有對國家根基命脈基礎的政府機構作出改革，更且變本加厲，引進「黑金」從政，金權勾結之風大盛，貪汙不法的行爲，竟成「慣例」！他爲了奪權，清除蔣家殘留勢力，建立「李系」，李系人馬交相爭利，弊案迄今尙無法清查完畢，能幹的李登輝把兩蔣時代的積蓄揮霍一空，種下今日國庫負債十四兆的伏筆，卻由現任總統的馬英九擋災！不能幹的馬英九在道德約束下，不肯玩權謀，惡整李登輝，卻被留在政壇興風作浪的李系人馬惡整，膚淺的「資深媒體人」、「電視名嘴」推波助瀾，都痛詆馬英九不知權謀，卻不想一想有大內高手之稱、一度與李登輝情同父子的宋楚瑜爲什麼得票從四百多萬票到只剩下四萬多票呢？人民的眼睛還是亮的啊！

馬英九在處理「八八水災」時遭逢困境，劉兆玄一肩擔當，負起政治責任，辭職謝「罪」！吳敦義挺身接棒，安定政局！馬英九在期中大選落敗，金溥聰千里歸隊，這些人在政局危疑震撼之際，勇於任事，不計毀譽，而媒體在政敵操作之下，群起攻擊，試問吳敦義從政數十年，可有不法失德？金溥聰跳火坑任國民黨秘書長，是爲了晉封「世襲罔替的鐵帽子王」？他們忍辱負重，是深知政府運作已被地方派系把持，那些政客爲了瓜分利益，對政令置若罔聞！對公帑視若私財，如果再不改革振興，就會失去可以對抗中共政權的屏障——清明的政治與法制的社會！自「革新保臺」爲從政起點的「馬英九世代」，無人樂見在自己可以爲國家服務的年代，成爲「中華人民共和國台灣省」的居民！馬英九本人當然更不願意身後令名載諸史冊與明崇禎、漢獻帝並列，所以明知改革地方政制是一篇大文章，會開罪地方既得利益集團，地方派系，會影響選舉得票率，會惹翻黨內李系人馬，會……但這次堅持改革修法，他展現了前所未見的魄力，看來馬英九已決心爲爭千秋而不計連任，正因如此，才可以讓老百姓感受到馬英九、吳敦義乃至金溥聰等不是爲享受權力而爭官位！才能在他競選連任時支持他繼續完成改革！

至於把馬英九放在倒數第二的一千大CEO嘛，不妨把投票人的名單公開，讓社會大眾看看，有沒有一個能當「清廉」二字的？CEO？哼！

2010/01/21 臺灣公論報

改革公務員考績制度，應以單位爲對象考評公務執行度

——民意代表自律不關說人事是改革成敗主要原因

考試院針對社會上對政府單位行政效率不彰，提出改革公務員考績評等方案，擬議全國各級政府的每個單位，均必須有百分之三的公務員考績爲丙等，如果連續三年考績被評爲「丙等」，在經過二次救濟途徑仍不能改變考績評等後，將失去公務員任用資格，藉以淘汰不適任的公務員。建立公務員除了退休或遭司法判決之外新的退場機制！因爲現行的公務員即使被撤職，依然保有公務員任用資格！這項擬議雖然可以彰顯馬英九總統推動政治改革的決心！但方案不佳，甚至方向也不對，所以行政院認爲這項方案，不公允也難執行，因爲政府組織龐大，各級單位編制不同，功能互異，職責並皆相輔相成，推動政令自上而下，橫向分工，即使發生重大瑕疵，也必須由相關單位主管負責，如果採用齊頭式每一個單位每年均須有百分之三的人員被評爲考績丙等，則在人少事繁的單位與人多事簡的單位服務的公務員之間，又多了一項「不公平」！

考試院是取用人才賦予公務員任用資格的最高機關，行政院則是任用公務員賦予職責的最高機關，現在因爲改革公務員考評制度，各抒所見，坊間媒體炒新聞，又以「吳敦義槓上關中」爲題見縫插針，而不深入探討公務員爲什麼怠墮？怎麼會效率不彰？公務員是常任文官，就是官吏之「吏」，是代表政府最貼近民間、爲民服務的「公僕」，他們承「官命」行事，推行政務，在今日社會「臺灣化民主」特色的「病態」中，求存於「病態的議會、病態的媒體、病態的民意」之間的

夾縫之中，如履薄冰、如臨深淵！因此，事事以不須擔負責任為原則，所以事事以組織任務性的委員會、小組等集體負責方式處理公務，既然是集體負責，把責任歸咎於某一單位的某一公務員，把他的考評打丙等，怎麼打？所以，改革吏治是篇大文章，不能只用打小算盤點鈔票這種百分比的方式著手作規劃！出身行政院主計處，又長期擔任中國國民黨財務大掌櫃的銓敘部長張哲琛用賣黨產付傭百分比的套路，套在為全國公務員評比考績的規劃基礎，可謂「錯把馮京作馬涼」，而且錯到離譜！試想：狹義的公務員，現有三十多萬人，廣義的公務員人數則在百萬之譜，齊頭式的百分之三丙等考績，連帶造成的問題有多少？即使有配套的申訴救濟措施，日久生頑，何濟於事！公務員的效能不彰，甚至牛步化，並不是僅僅因為有多少公務員工作不力造成的，原因很多，譬如政府機關架床疊屋，事權重複以致職責劃分不清，產生爭功諉過的空間；又如各級民意代表挾「代表民意」之名，干涉公務員執行公務；甚至關說人事，以致在各單位內部造成派系鬥爭；又如因為藍綠政爭，公務員被貼上標誌甚至對立！這些都是公務員無能為力的不可承受之重，要他們全體的百分之三作為代罪羔羊，管銓敘的考試院內，難道沒有這種情況麼？

民間較具規模的大企業，多實施利潤中心制，考評以單位為對象，由單位主管承擔責任，可以借鏡；例如各個政府機構，以所轄單位為基礎，先丈量各該單位使用的辦公室面積是多少平方公尺，配置的人力薪給總金額是多少？公務用的公共財總值若干，作為該單位執行公務的成本，再以年度完成預算執行量及工作任務規劃執行量比重換算值，是否達到要求？作為考評基礎，再加上如：民眾滿意度、與相關單位工作配合度，以及政風報告、人評會決議等等有關的規定，評定該單位、機構的考績，由下而上，由逐級主管擔負主要責任，全單位人員負連帶責任，主管既須承擔主要責任，也須被賦予調整所屬不適任人員的權力！有了必須負擔的責任，才會影響到公務員的升遷及年終獎金，才能使各個政府單位的公務員動起來，才不敢怠忽職守！

馬英九在參選總統時，就以改革爲號召，只是在當選後一直沒有表現推動改革的魄力，直到劉兆玄爲「八八水災」的失誤，扛起政治責任，內閣總辭後，才啓動了改革的腳步，跨出的第一步就是由吳敦義宣示施行「庶民政治」，推動「庶民經濟」，此舉對中國國民黨內傳統的「菁英治國論」的既得利益者，當然不樂見，只是礙於馬英九現在的低民調數據，不敢反對。但吳敦義不可避免的成了箭靶，且看最近政壇藍營大事，從金溥聰要把吳敦義也列入提名五都參選人民調、楊志良未告知即公開宣布辭職、王清峰發簡訊反對執行死刑，「NCC」主委彭芸在立院先爆六月底走人的談話，接著就是張哲琛先到總統府向馬英九簡報「百分之三丙等考績條款」，最後是「老」立法委員丁守中補射一箭，直指政府無能！

有了這麼多不尊重政府體制，視行政院院會爲無物，事無大小直接找總統兼執政黨主席的大小官員、民意代表，政府怎能「有能」？楊志良公開說：「政務官沒有尊嚴」！沒有被他尊重的行政院長吳敦義，在政務官中位階最高，宜乎最沒有尊嚴麼？

2010/03/22 臺灣公論報

請用另一個百分之三思維評考績

——政府應建立成本觀念考核單位績效評比

考試院依職權向總統府提出「改革公務員考績方案」，其中明列全國各公務機關對所屬公務員的年度考績，必須有百分之三列入丙等，糾正現在各單位對所屬人員考績百分之七十五給甲等，其餘都是乙等的不合理現象，卻因積非成是，引起造成衝擊社會的爭論，論者多贊同改革，但對齊頭式的「百分之三丙等」則各有己見！

由於「齊頭式百分之三丙等」的規定，影響太大，成了爭論焦點，尤其是各媒體的文字或「名嘴」皆被吸引，圍著改革大帽子與這個小數字打轉，真是見樹不見林。我認爲現行公務員考績辦法緣自前清的條框，早已不符合現代社會的脈動，因爲現代化的政府，不是主官制的一言堂，而是專業分工的編制，協調合作的政務，試看今天有那一件公務是可以由承辦公務員個人可以獨立完成的？以公務員爲例：取得公務員資格，需通過考試院的考試，經過銓敘部的評等，才能由行政院人事行政局分發，到了服務單位，有人事室、人評會、政風單位的監督，關於考績，各單位都有權參與意見，在定案前，很可能因當事人請來民意代表關說，這個「丙等」豈是主管循私就可以定案的？公務員如果犯錯，被視爲情節嚴重，可能被移送監察院調查，如遭「糾正、糾舉、彈劾」還要被公務員懲戒委員會決定是否撤職、停職等處分！如果不服，可以回到考試院內的一個委員會申訴，申訴駁回，就「依法執行」。我的朋友（郭匪冠英）就是經此程序，如今被執行在家蹲點。這是典型的民意代表介入施壓行政單位製造的「言論冤獄」，因爲他以筆名「范蘭欽」撰文，在網路及媒體發表，其中獲罪的文章，曾受當時的單位主管表揚！郭某的考績也從未被評爲丙等！這種申訴管道可靠麼？移送他的主管循私麼？郭某的個案不是被處理公務而招罪。而公務員處理公務，爲了擋住民意代表、有力人士施壓，利用架床疊屋的政府機構無法劃清權責的現狀，把可以承擔的簡單任務複雜化，邀請相關單位成立任務編組的小組或跨單位委員會，採集體負責制卸責，如何由各個別單位考評個別公務員「丙等」？

公務員考績制度，早爲社會詬病，除了關係切身利害的極少數人外，應該改革，是國人共識，但考試院現在提出的方案，只是「搔一搔止癢」，不料搔不到癢處，抓到出血！誠如考試院長關中所說：改革一定會痛！我認爲長痛不如短痛，這次改革，應該深入到爲考評制度建立新思維，也就是建立以單位爲考評對象，配以個人的考績爲附從，才能符合現狀的需要！更可以建立政府重視施政成本的新觀念！

目前對公務員的考評重在預算執行度、任務完成進度。政府各單位依其責掌，就推動公務所需編制預算，送立法院審查，號稱爲老百姓看管荷包的立法委員，在審查會議中爭論刪預算，上焉者精打細算、中焉者包裹打折、下焉者護航取利，卻從來沒有民意代表指出政府在龐大的支出預算中，有多少是執行成本，包括執行單位使用的辦公室使用面積、辦公人數薪支總額、公務固定支出，辦公器材折舊，辦公耗材有效使用率等等，作爲評估換算成本的基礎，這項成本估算工作，並非難事！確定成本後，再就該單位提出的預算核估是否合乎成本效益，然後在決算時核計預算執行度，工作執行進度等主要科目爲基礎，再就工作任務與相關單位配合度、政風單位的報告、民間滿意度調查報告，以及人事單位及人評會的考評等等科目，製成考評表格，以單位爲考評對象，單位主管負最大責任，全體所屬員工，依其任務分工工作量分工負責，把百分之三的考評權留給單位主管，在該單位考評成績確定後，主管應有權爲單位內部所屬人員的表現給予獎懲！

爲政府建立成本觀念，旨在使公務員養成「爲民謀利」的思維，以單位爲考評對象，則是激發公務員產生團隊精神，都是真正落實馬英九總統推動政治改革的大工程，希望朝野各界，不以我人微言輕，就此建議，深入思考！

2010/03/23 臺灣公論報

丙等公務員寫眞

見人：一臉堆笑
看事：兩眼微睜
開會：三緘其口
擬案：四平八穩
表態：五體投地
人脈：六親皆認
處世：七巧玲瓏
視察：八面威風
原則：九轉陰陽
公務：十項無能
（臺海兩岸三地皆適用，傳統文化嘛！）

2010/03/23 臺灣公論報

越權的衙門，違法的行政

——請中選會與NCC尊重法治精神

劉內閣上任以來，舉凡施政，多所爭議，範圍均在所見略同，即使招致民調支持度下滑，但對尊重法治，恪遵分際方面，少見逾越，部份閣員容或有個別言行凸槌狀況，但均無關政策，無妨施政，但是在政府中，最應具備公信力的中選會與NCC卻在一週之內，分別作了二件令人難以接受的、越權的、不尊重法治的決定，必須提出來譴責，以明究竟。

李慶安事件中選會豈能無責

中選會日前通過決議：註銷已經辭職的李慶安自市議員到上一屆立委的當選證書，卻將本屆她的當選證書應否註銷，推給立法院決定，此舉不但是把燙手山芋丟出去，不負責任的作法，而且也根本違反了尊重司法的基本精神，因爲李慶安是否違法，已經由司法單位進行偵查，在她沒有被判罪定讞之前，中選會是根據什麼法源賦予權責，可以開會通過註銷她以往經過中選會公告的當選證書？萬一，李慶安在司法訴訟中獲判無罪，中選會該如何補正？再則，李慶安在申請登記爲本屆立委候選人時，雙重國籍問題已經成爲爭議，中選會在候選人資格審查的過程中，爲何未就此一問題作嚴格的把關，在當時沒有要求李慶安出示已經放棄美國國籍的公文書證明文件，或者要求她對此立下切結書，否則，在當時中選會就有權不接受李慶安登記爲候選人，並予公告，中選會難辭當時的失責之咎！應請監察院調查處理。

NCC怎可管制言論自由

NCC擬訂辦法，要以罰金、吊照等規定來管制電子媒體的言論節目，更是令人髮指。NCC的委員諸公，號稱專家學者，難道不知NCC的設置，旨在保障人民的言論自由，今日言論自由，的確有被濫用的情況，但是「民主政治的問題，只能用更民主的方式來解決！」更何況尊重每一個人的發言權，是多少前賢犧牲奮鬥追求的目標，今日台灣之異於大陸，言論自由是最可貴的社會價值之一！泛濫的言論自由，不需要官府來管制，應該由閱聽大眾市場來取捨！而不實的報導，捏造的事實，自有刑、民法令保障當事人的權益，許多所謂名嘴吃上譭謗官司，甚至陳水扁被宋楚瑜告到定罪判罰，都是明證。NCC的委員們，屁股換了坐椅，腦袋也換了思維，訂定言論處罰的規定，是掠取司法單位的權力，既無視於法治制度的分工，又違背言論自由的精神！可惡！

我呼籲反對管制言論自由的同道，如果NCC不撤銷這種剝奪壓制言論自由的辦法，大家一起去抗議！

2010/03/11 臺灣公論報

地方派系杯葛，國民黨連四敗

國民黨在二月七日舉行的四個選區立法委員缺額補選的選戰中，分別在桃園的中壢選區、新竹選區、嘉義選區輸給由在地既得利益集團的地方派系操控的選票；以降低投票率的手法抵制黨提名非派系推薦的候選人，讓對手民進黨的候選人當選，因爲這次補選當選的立法委員，任期只有二年多，就要改選！除了嘉義的陳明文，是前任縣長，又是民進黨內在地的派系共主，國民黨原來就把它列入勝選的「艱困地區」外，新竹選區與中壢選區因爲在地的國民黨內地方派系的選戰操盤樁腳杯葛黨提名候選人而落敗，理由很簡單：如果黨提名候選人當選，二年後連選連任，將長期影響在地派系的既得利益！既然有把握在二年後的選戰中推出派系中人參選獲勝，就把這個席位「借」給不會搶奪國民黨內派系利益的民進黨，同時又可以向口口聲聲要改革地方派系既得利益的黨中央——馬主席、金溥聰——展示選票實力，警告他們不要輕舉妄動，至於對馬的民調數據升降，黨的聲譽貶損，與他何干?!

國民黨連敗，在意料中，歸納重要因素如下：

A：馬英九不應該以總統之身，棄全民元首之重責，重違民主政治追求黨政分離之原則，再蹈黨政合一之覆轍，不但違背競選總統時的諾言，而且必須肩負政黨選戰勝敗之責，看到他在選區奔波助選造勢，面露疲態，有可憐亦復可恨的感嘆！如果他把這些時間留在總統府內，思考建設國家的大計方針、政府改造的貫徹實施，惠及全民，豈不更好？

B：兩黨均提名任期尚未過半的在任區域立委返鄉競選縣長，是造成這次必須辦理立委缺額補選的原因，但民進黨在嘉義提名的張花冠，與陳明文在地方上是同一派系，在選前就訂定角色互換的戰略，一戰奏凱！而國民黨的提名策略，卻在改革地方派系又要考慮平衡派系利益之間徘徊，造成瞻前顧後，左支右絀的窘境。例如在中壢選區，既然為了吳伯雄系的關係，支持其子吳志揚選上桃園縣長，在他選區所留下的缺額，為了勝選，理當提名在地並且有他支持的人選參選，但卻由黨中央徵召人在臺北的陳學聖空降參選，結果呈現陳學聖獲得的選票侷限於眷村鐵票；因為在地選民多是客家人，其間不但有派系既得利益的糾結，還有專業的選票操盤手，怎麼肯支持與他們有利益衝突的「黨務改革」？有所謂的電視名嘴說：前任縣議長曾忠義，在爭取縣長參選人黨內提名時，曾攻擊吳伯雄、吳志揚，應追究幕後誰在操控？真是信口開河，曾忠義是閩南人，他的地盤在龜山，他接受安排，當上水利會會長後，怎會插手這次補選呢？

更離譜的是在新竹選區，在縣長參選人提名戰中，鄭系與邱系殺到寧可被開除黨籍也不妥協的地步，怎麼可能要求邱系支持鄭系的黨提名立委候選人？所以民進黨的當選人彭紹謹可以得了便宜還賣乖，說出感謝邱鏡淳的協助這種讓國民黨啼笑皆非的話來！證明我的論點不錯！

C：掛著羊頭出身親民黨籍的「國民黨立委」對國民黨打選戰袖手旁觀，冷言冷語，使泛藍選民投票意願降溫，反觀綠營選民的踴躍投票，勝負立見！

「親民黨」的立委們在評論敗戰的談話中，眾口一詞指責行政團隊無能，只差說不出口的是國民黨籍的總統馬英九，應該請出「有能」如宋楚瑜當行政院長，才能安邦定國拯萬民！我可以預言：年底新北市選戰，在國民黨拉下周錫瑋，換上朱立倫後，親民黨的政客群不可能心悅誠服的全力支持，如果藍營丟掉一個新北市，讓馬英九提前跛腳，甚至失去二〇一二參選的資格，親民黨敗部復活的機遇，才會出現！國民黨在改革地方派系既得利益集團的規劃中，中央的派系與既得利益集團應該如何處理，更不可掉以輕心！

2010/03/16 臺灣公論報

第四章　隔海看中共政改

期盼民主自由憲政在大陸實踐

與一位「訪問學者」談統一

——中共反對「中華聯邦」

一位自中國大陸來美訪問的學者，日前結束了訪問計劃，取道洛杉磯返國，本報記者透過特別關係人的安排，與他作了近二小時的談話。爲了顧慮他返國後的安全，本報遵約不能公開他的姓名和職務，只能把訪問紀錄儘量作完善的報導，請讀者諒鑒。

問：您到美國來訪問多久了？

答：快一年了，是八二年過了春節來的。原來預定二年的訪問計劃，因爲接到國內的命令，所以提前返國……

問：是不是受到「中國之春」運動的影響？

答：我想不是吧！不過我還不知道被召回去的確實原因。

問：您對「中國之春」的看法如何？

答：我曾經聽過王炳章的談話，也讀了第一期的「中國之春」雜誌。我覺得，王炳章個人的勇氣是值得欽佩的。「中國之春」運動提出民主、法治的口號，延續國內民運的香火，這是非常沉重的任務。老實說，中國的政治制度，不走上法治的道路，政策就不能獲得保證，政策反覆不定，是中國落後的病源。王炳章能對症下藥，不愧是第一個拿醫學博士的留學生。

問：中國統一的問題，現在正是熱門新聞，您的看法如何？

答：一個統一的中國，是中國人民的希望。但是，統一的方式，統一的時機各種問題，都需要詳細討論，不能籠統的來談。

問：是的，譬如統一的方式，您認爲「一個國家、兩種制度」，甚至「一個國家，三種制度」的政策，是不是行得通？

答：這不是行不行得通的問題，而是政策需要的問題。新憲法第三十一條的規定，是針對統一台灣，收回香港的政策而訂立的。就理論上來說，一個國家，只有一部憲法，只有一種憲法精神，憲法上作出「一個國家、兩種制度」的規定，反映了現階段領導仍然是以政策需要來決定法律的導向，而不是以法治爲治國的方向。

中國的政策，經過了許多次的轉變、反覆，慢慢定了型：統一台灣、收回香港無疑是兩件大事。而現階段的情況，在這兩個地區，還不能實行社會主義，爲了配合政策的需要，「一個國家、兩個制度」的構想，當然不是憑空想出來的。至於可行性如何，就要看施行時候的方向和技術了。

問：海外中國人也都希望中國統一強大，所以提出了中華聯邦或者是邦聯的構想，我認爲這是「一個國家、兩種制度」政策的昇華，您的看法如何？

答：聯邦和邦聯制度，就個人的瞭解，比「一個國家、兩種制度」政策更能吸引台、港兩地回歸祖國。但是，領導階層的考慮是全面性的，相信在新憲法擬訂之前，他們也曾經作過檢討，最後決定不提聯邦或邦聯制度，一定是有其原因的。

問：您認爲是什麼原因呢？

答：原因很多，在內政方面，西藏、內蒙、新疆如果都要求成爲一邦，怎麼辦？外交方面，聯邦或者邦聯的各邦，均可以獲得國際承認，在國際組織裏佔有一席，如果中央政府的力量不足以在實際上加以控制，笑話就鬧大了。當然，在經濟、法律各方面也均有問題。

問：但是，事實顯示，聯邦制比「一個國家、兩種制度」政策，更能促進中國統一，在這個大前提之下，您認爲中國的領導階層會不會考慮改變政策呢？

答：我認爲很難，因爲中國政治制度的本質是極權的，「兩個制度」是在集權政策領導下的，譬如一個父親，用兩種不同的方法管教兩個兒子。聯邦制度是兩個兄弟站在平等的地位，這動搖了新憲法「四大堅持」中堅持中國共產黨領導的地位。

問：統一問題，拖了三十多年，現在又好像迫不及待，鄧小平說十年之內要解決，又說不能眼見統一，死不瞑目，您認爲真正的原因在哪裡？

答：鄧小平的心態，是原因之一，一個職業革命家的胸懷，總是以完成任務爲職志的，換了你我，也是一樣。不過，統一的時機，也是由各種方面的醞釀才能成熟的。比如香港有了一九九七年主權歸屬的問題，台灣有獨立的問題，這些問題，都很複雜，只有統一，才能解決！

問：如果，中國統一不能在中共的政策之下實現，中共會動武嗎？

答：如果台灣鬧獨立，中國是會用武的。到現在中共沒有在任何文件上，任何場合承諾不使用武力，就是這個原因。

問：您的意思是說，中共是否用武，取決於台灣內部的動向？

答：我不清楚台灣的情形，但是，國、共兩黨好像是一對分產的兄弟，只要肥水不落外人田，還有歸宗的希望，就不會發生搶奪的事。如果有一方面數典忘祖，忘了老祖宗，那時候師出有名，中共只要聲稱維護國家的完整，外人是不能干涉的！

問：您看中國統一，在十年內可能完成嗎？

答：很難說，收回香港是一九九七年的事，統一台灣在前還是在後，完全要看局勢的變化。我認爲台灣政權存在，對中共進步是一種壓力。因爲有了比較，中共就不能不進步，所以我希望中國的統一，是在情勢形成的情況之下，水到渠成，而不是武力統一。

問：您這次返國之後，還會再出來嗎？

答：不知道，我是公費訪問，由服務單位派來的，家小還在國內。國內很多人都想出來，要輪到二次機會，恐怕不太可能了。

問：謝謝您，先預祝一路順風！

答：謝謝您，希望有機會再見。

1983/01/30 論壇報

勿以天下為己事，統一中國應以政治開放為前提

中共最具實權的領袖鄧小平，六月中旬，一度提出統一中國的呼籲；他的談話內容，卻直至七月份才被官方發表。這項談話的主題，有下列三點：（一）中國共產黨以平等地位對待中國國民黨，作兩個政黨之間的磋商，談判中國的統一問題。（二）希望在他個人有生之年，完成前人留下的目標，以求向歷史交代。（三）中國需要統一，除此別無希望。除了第三個要點我深感同意外，對鄧小平談話中，「以天下為己事」的態度，來處理國家的前途、民族的命運，不敢苟同，願加申論，並予駁斥。

中共自四人幫倒臺以後，對統一中國的政策，由「解放台灣」，一變為「和平統一」，這項基本的改變，受到海內外中國人的支持，國際上的歡迎，這是中共執政三十多年來，表現最為明智的決策。但自中共領袖鄧小平、胡耀邦、鄧穎超、廖承志等所發表的談話、信件，文書等研判，中共在執行和平統一中國的決策上，顯然犯了嚴重錯誤，也就是「以天下為己事」的態度。

和平統一中國，是十億炎黃子孫的共同願望，除了一小撮數典忘祖，甘為民族罪人的台獨份子之外，可說地無分大陸、台灣，人無分海內海外，均是人同此心，心同此願。但是此一心願，也絕非將此千秋大業，無條件的交由國、共兩黨的領導班子，任由他們以兩黨磋商的方式來完成。

中國人渴望統一中國的前提，是中國的政治制度為開放的、民主的、自由的政治制度，絕不是一黨專政，堅持馬、列、史、毛路線的政治制度，此所以台灣居民不願談統一，香港居民恐懼統一

的原因。

觀諸中共自號召和平統一以來，雖然聲嘶力竭，一再讓步，而不能奏功，其根本原因，即在不肯對封閉式的政治制度，作徹底而有效的改革，反而不斷的通過「修憲」等措施，提出「特別行政區」的方式，來「保證」香港、台灣的社會制度不變，人民生活方式不變。這些措施，除了承認中國大陸在中共統治下，在社會制度、生活方式不如香港、台灣之外，益增兩地居民對中共的反感，而拒不與中共合作，來推動和平統一中國的大業。

中共卅多年來在大陸的政績，嚴格的說是不能通過檢驗的。鄧小平等領導幹部在追求和平統一中國的著眼點，應是取得中國人，包括居住在大陸、台灣、香港，乃至因中國分裂而不得不寄居世界各地同胞的認同，徹底改革政治制度，至少應該學學中國國民黨，開放公職人員民選，再由經過人民選舉出來的領導，討論中國統一的問題。

中國先賢教訓後人說：「以天下爲己任」，鄧小平想以統一中國的大業來超越毛澤東，是以「天下爲己事」，作爲中國人，吾人不能苟同。統一中國，是中國人的事，要由中國人民來決定，不能夠由鄧小平所出的兩黨磋商方式來決定。由中國人民來決定中國的統一，唯一的辦法，就是在中國實施開放的政治制度，在大陸，在台灣，在香港都實施公正、公平、公開的選舉制度。中國的人民，均享有自由的生活方式。

1983/07/31 論壇報

北京堅持共產黨領導，是統一的眞正障礙

自一九七八年中共人大常委會提出了和平統一中國的方針後，如何使分裂卅多年的中國，重趨統一，是每一個炎黃子孫所關心的課題。

同年年底，美國宣布與中共建立外交關係，並與國府保持實質上的非官方關係。這兩個在中國土地上隔台灣海峽對峙的執政當局，分別有大使、代表駐節華府。自一九七九年迄今，中共駐美大使先是柴澤民，今年換成章文晉。國府駐美代表，最早是夏功權，八一年三月，由蔡維屏接替，今年初，再由錢復出任。

本報於去年九月，訪問了柴澤民；今年九月，又訪問了章文晉。討論內容，當然以統一中國爲主題，把他們二位的談話作一分析，不由得對中國的統一，覺得前途堪慮。特別是他們均強調堅持中國共產黨的領導，這絕不是統一中國的正確道路。

一九八二年九月二十八日，中共駐美大使柴澤民，在致本報的書面答詢中，有如下幾段談話，他說：「台灣回歸祖國的問題是中國的內政問題，必須由中國人民自己來解決，一九八一年九月三十日葉劍英委員長宣布了台灣回歸祖國實現統一的九條方針，我願意把其中第三條和第四條特別介紹一下，第三條說：國家實現了統一後，台灣可以做爲特別行政區，享有高度的自治權，並可保留軍隊，中央政府不干預台灣地方事務。第四條說台灣現時社會經濟制度不變，生活方式不變，同外國的經濟文化關係不變，私人財產、房屋土地、企業所有權、合法繼承權，和外國投資不受侵

犯，這裏除了生活方式不變以外，還有社會經濟制度不變，和外國經濟文化關係不變等等。台灣作爲特別行政區，甚至可自行保留軍隊，這些條件已大大超過了生活方式不變的要求。目前只要沒有外國干涉，只要台灣當局有誠意，首先實現海峽兩面各民族的交流，增進彼此瞭解，我相信中國人民一定能夠自己解決自己的問題。」

他說，一九七九年人大常委會發表的告台灣同胞書中，提出了和平統一的大政方針，並明確表示：「爲達此目的，一個是寄希望於台灣當局，我們之所以力爭以和平方式解決祖國統一問題，就是從根本上考慮到台灣一千八百萬人民的願望，我們提出的九條方針，從頭到尾都體現著維護台灣各階層人民的根本利益，我們建議中國共產黨和中國國民黨舉行對等談判，也是以維護台灣人民的利益爲出發點，和歸附的。至第九條中，我們很明確表示：我們熱列歡迎台灣各族人民、各界人士、民眾團體，通過各種管道，各種方式，提供建議，共商國是。所有這些都表明我們對祖國統一大業的實現，是真誠地寄希望於台灣人民的，通過台灣人民的努力，敦促台灣當局走愛國統一的道路。」

一九八三年九月五日，中國現任駐美大使章文晉接受本報訪問，關於統一中國方面，他提到了幾點：

「我認爲我們只有一個主張，就是統一，至於如何統一，大家可以商量，可以平等商量；華人，其是海外華人，可以表示不同的意見，意見不同，只要是好，我們都歡迎。國民黨也主張統一，也認爲只有一個中國，不過只有他們可以代表中國，北京不能代表中國，這是很可笑的。現在台灣要以『三民主義』統一中國，我們對這一點不服氣，他們靠美國人撐腰，談不上『民族』主義，那些什麼代表和委員，都是七、八十歲的老頭，雖然都是些老好人，但不能代表民意，算什麼『民權』主義？『民生』主義做得好一些，但也有問題，要不然，爲什麼有那麼多人出來了不回去？」

他認爲：「台灣有兩個理由拒絕談判：第一是他們生活水準較高，第二，是他們有美國幫忙；但形勢在變化，他們的兩個法寶，我看也靠不住。輕工業建設，我們一旦幹起來，我們一定趕得上，到時候我們對台灣自然有吸引力。中國越強大，美國人最識時務，自然會敬重我們三分。再從戰略的觀點看，美國如不重視中國，他自己的日子可能更不好過。台灣雖然充硬漢，我看他們是心虛得很。有人說，台灣的問題不在大陸，而在他們的可能內亂，爲什麼不內亂之前，大家好好的坐下來談判？蔣經國也活不了多久了，據我知道，台灣人民也不滿意國民黨的統治，形勢一定有變化，但怎麼變，卻很難估計。所以我們不需要訂日子，頂多十幾廿年吧，我相信我們對台灣就會有足夠的吸引力來爭取和平統一！」

而關於四個堅持，他說：「我們希望能透過報界，讓海外華人聽到中共的聲音，但我們也不喜歡看到所有報紙都是同一腔調，國內報紙都在強調百家爭鳴，海外報紙表示不同的意見，當然更是我們所歡迎。我認爲，《論壇報》在這方面，可起很好的作用！我們國內也有很多報紙，色彩比較開放吧，言論方面不一定都健康，所以國內要講究『四個堅持』，否則會出亂子。」

他指出：「爲什麼要堅持共產黨領導，一個國家，總要有人領導，讓國民黨領導吧？我看是不行，其他的黨，青年黨？臺盟？我看也不行，只有共產黨。共產黨的領導人，極多數都好人，都是一心爲人民，一切忘我的，像毛主席、周總理、劉少奇、朱德、還有廖承志等。當然，共產黨也有壞人，像江青，我看江青倒可以和國民黨合作，林彪可以和俄國合作；這些共產黨中的壞人，最後還是被共產黨打倒了，我們還是共產黨。共產黨要來領導，不是當然的，而是要爭取人民的信任，是要整黨，要教育黨員，要作領導，一定要夠資格。」

由柴澤民、章文晉的談話內容可以看出中共只謀求在中國共產黨領導之下的統一，這正是中共基本政策上的錯誤，也是統一中國的障礙。綜合柴澤民、章文晉的談話，細察中共自七九年以來，對推行統一的政策，歸納起來，有幾項嚴重的基本錯誤：

第一：中共汲汲於追求表面上的統一，把真正統一的要件置於不顧，雖僅僅要求維持一個中央政府，卻堅持要由中國共產黨來領導。

第二：法治觀念、平等精神的薄弱，爲了達成政治目的，不惜修改憲法，致使中國同胞在憲法上，分成不平等的兩大類，一類是台、港居民，可以維持現行的生活方式，一類是大陸居民，仍然被限制生活在落後了卅年的社會中。

第三：漠視民意，拒絕民主：自中共宣布和平統一的方針，收回香港的決策後，台、港兩地的居民，反對之聲，風起雲湧。對於台灣問題，中共一再強調以國民黨爲對手，要求舉行平等談判；香港問題，又以英國政府爲對象，舉行談判，對於民間的意願、要求卻置若罔聞。柴澤民首先否定了居民投票的權利，章文晉又批判了以選票爲政策取向基礎的民主方式，充分反映了中共拒絕接受、施行民主政治的心態。章文晉且強調必需堅持由中國共產黨領導，因爲共產黨的領導人，極大多數是好人，充份反映了中共領導層迷信人治的落伍思想。更有甚者，不論從任何角度作評估，毛澤東總不能稱之爲好人！

第四：中共堅持馬、列、恩、毛思想，章文晉指爲係因馬克斯思想的科學與批判精神，是強詞奪理。今日任何一個民主國家，批判的精神，都受到尊重，即使反共最力的國府治下，也出現了黨外批判國民黨的浪潮，難道中共不堅持馬、列、恩、毛思想，就會喪失批判與科學精神嗎？

中共活用批判，是對的，値得肯定，今日能博取同情支持，自我批判與認錯的精神，是主要原因。但是批判只用在政治權力的鬥爭上，而不認真檢討政策的錯誤，對於統一大業造成障礙，這一點，卻未見中共領導層提出自我批判，豈不是違反了堅持馬克斯思想的原則？

經過百年的動亂，卅多年的分裂，中國同胞渴望國家統一的心理，是無可置疑的，中共既瞭解到這種心理，加以利用，提出統一的口號，卻爲什麼不瞭解中國同胞渴望的統一，不是一個堅持由那一黨那一派來領導的統一？希望中共瞭解，一個統一的國家，不只是只有一個中央政府，也只有一部由人民訂定的憲法。我們認爲，必需具備一種獲得人人認同的觀念，一個人人可以安居樂業的社會制度，那才是一個法治的、民主的、自由的統一國家。

一年一度的十月一日又到了，希望中共今年能下決心，放棄四項堅持，掃除統一中國的障礙，中國的統一才有希望。

1983/09/18 論壇報

由趙紫陽訪美談話，看中國統一問題

「我可以這樣說：中華民族從來也沒有像今天這樣揚眉吐氣。中華一定能夠振興，神州必將在世界上大放光彩。」

——趙紫陽，一九八四．一．十二．舊金山。

中共總理趙紫陽訪美之行，像一陣旋風，席捲了全世界的注意。在美華人，因爲他的言行舉動，在在關乎中國的前途、華人的福祉，更是備加關注。趙紫陽自紐約轉往加拿大訪問之後，此間關心中國問題的中外人士，仍然以討論他此行的言行、表現爲主要話題。

一、不能談放棄四個堅持

中國統一問題，是中國人最關心，也是舉世矚目的問題。趙紫陽訪美啓程之前，北京、華府的官方報導，均曾透露他此行係爲改善雙方的實質關係舖路，因此在訪美期間，並不預期就此問題作重點討論，將採取較低的姿態，以免傷了「國府的老友」雷根的感情，而影響到訪問之行友好氣氛。

從趙紫陽到華府以後，迄離紐約而去這段時間內，他對美國朝野、在美華人談到中國統一問題的言詞文句，姿態並不低，次數並不少。從他的談話中，可以發現，中共在推動統一運動的政策上，又加上了兩句新話：一是與國民黨「長期共存，互相監督」；一是寄望於台灣當局和「台灣人民」。他於十二日在舊金山的費爾蒙大飯店，出席中共駐舊金山總領事館舉辦的歡迎會，在他的簡短演說中，很明確的作了說明。他用本文卷首的引語作結論，在座的三百多位來賓情不自禁的報以熱烈鼓掌，滿足了長久壓抑著受損了的民族自尊感；有人熱淚盈眶，有人亢奮激動，使在場採訪的記者多受感動。一位老外同業問我的感想，我說：「作為一個中國人，我感到驕傲。作為一個華文記者，我認為他已傳達了中國和中國人的聲音。」

事實上，以我對統一問題癥結的瞭解，我不盡同意趙紫陽的結論。但是，基於中國人的事由中國人自己解決的原則，我絕不願在老外面前批評這位來自故土的官方代表，供人作攻訐的口實。目睹趙紫陽在面帶笑容，在眾人簇擁之下來去的風光；想到分裂的國家，想到不民主的政治制度，想到被視為他的後盾的十億同胞，在為維護繁榮、安定而徬徨、掙扎的港臺居民，不禁要問：今天，中華民族真的是揚眉吐氣了嗎？

中國一天不統一，神州在世界放出的光彩，就會蒙上陰影。中共自一九七九年以來，努力於統一運動，對台灣的政策，從「葉九條」到「鄧三條」，條件愈來愈寬，姿態愈來愈低，趙紫陽甚至推出新意，終於把台灣人民也正式提出，列為對象，並且要和國民黨長期共存，互相監督，但說來說去，沒有突破放棄「四個堅持」這一點，要求中共放棄「四個堅持」，是海外華人對中共政治現代化的寄望，國民黨也作此要求，認為非如此不能建立平等談判的基礎！

二年來，我曾先後向中國新聞社副社長張帆、中華全國臺胞聯誼會副會長彭騰雲、首任駐美大使柴澤民，現任駐美大使章文晉等高層中共官員，許多與中共來往密切的朋友，一些中階外交官提出，他們均不約而同對這問題婉拒作答，不是顧左右而言他，就是言不及義的亂扯一通，搪塞過去。只有一位直言的外交官直截了當的說：「我們可以安排你到北京去訪問鄧小平，只能去問他，別人不能談！」

趙紫陽訪美，我想，他應該可以談。於十二日上午，在他舉行的記者會中，我提出了問題：「關於統一問題，共產黨向國民黨提出了許多條件，國民黨沒有答覆。國民黨也向中共提出了一個條件，要共產黨放棄四個堅持，共產黨也沒有答覆，爲什麼？共產黨可能放棄四個堅持，在這個基礎上，與國民黨談判嗎？」

當翻譯人員英譯問題時，坐在趙紫陽左邊的吳尙謙與他耳語，我注意到趙紫陽傾聽後，搖搖頭說：「這個問題，我可以回答！」當時，我很高興，我終於找到了問題的答案，不過我高興的太早了一點。

趙紫陽說：「考慮問題，應該要徹底，要通情達理。海峽兩岸人民絕大部份希望中國統一是沒有問題的，問題是如何統一？如果是台灣統一大陸，就如台灣宣傳的，以三民主義統一中國，辦得到嗎？這是現實的，中共一再重申不吃掉台灣，不化掉台灣，是現實的、通情達理的辦法。當然，除了統一之外，還有一個情況就是台灣要獨立，這將引起爆炸性的形勢。」他還是沒有談到中共對放棄四個堅持的態度！

身爲總理的趙紫陽，猶且對「四個堅持」問題保持警覺，不能談論，可見這個問題在中共內部的敏感性，在阻礙中國統一上的嚴重性。

當時，坐在我身邊的一位老外同業，曾在北京任職三年，會說國語，他告訴我：從來不知道「四個堅持」問題，對中國統一如此重要！

二、可能使用武力嗎？

統一中國最不幸的情況是經由武力，而中共卻從不排除其可能性，趙紫陽的談話中，有兩段對武力統一的可能十分重要。在他回答記者問話時分別指出：一、中共不對此作出承諾，以避免擔負義務，而限制了統一的方式，因爲這是中國的內政。二、台灣要求獨立，那將引起爆炸性的情況。同時，他很技巧的表示：希望美國在中國的統一大業上，不要設置障礙，而且不要做什麼！由此反映了中共政策：中國人的事，由中國自己解決，無論任何情況，不希望美國插手。

趙紫陽此行訪美，也具有爲雷根製造報聘訪華的意義。據隨同趙紫陽採訪的新聞記者圈內傳言，中共與美國之間，正在磋商新的公報，以備四月間雷根在北京訪問時簽署。雙方公報總不可能不提及中國統一問題，如何提法，必將又有新的構想，或將涉及武力統一的問題。

從趙紫陽在舊金山對「美西華僑各界人士」談話來看，雖然不脫舊窠臼，並無新意，但卻更明顯的列舉了「台灣特別行政區」可享有的自由，但是，條件愈寬大，對台灣抗拒於接受條件回歸統一就愈危險，在時機成熟之時，中共就會以台灣不接受和平統一爲理由，改採武力統一途徑。

悲觀的看法，一九八九年至一九九〇年就很可能是中共採取武力統一的時機，原因是：

一、能夠對中國統一問題發生影響力的外國，只有美國與日本，日本一面倒向中共，疏遠國府，而美國目前在兩者之間較偏重國府。但據美國傳統的政治習慣，由兩黨輪流執政。即使保守派的共和黨雷根今年當選連任，到了一九八八年也告任滿，下一任最可能由民主黨，或是自由派執政，不會如雷根一般堅決支持國府。

二、中共再有八年的休養生息，只要內部沒有動亂，對外沒有戰爭，現代化的腳步即使緩慢，也已有成，國力強盛。

三、時間因素上，中共自一九七九年提出和平統一口號，屆時已滿了十年，國府仍不接受，中共已有足夠的理由，宣稱係被迫行動。

四、在一九九七年前解決這個問題，給香港的回歸樹立榜樣。

五、除非鄧小平屆時在世，否則趙紫陽，胡耀邦均無能也無法壓制軍人的意見。

六、台灣政治民主化的結果，使中共感受到的壓力增加。

中共屆時如採武力途徑，不必攻擊台灣本島，只要圍困金馬，封鎖海峽就可奏功。

基於此，中共絕不承諾放棄武力統一，也堅決反對任何國家軍備售台，對美國如此，對荷蘭如此，就是要在軍力上超過國府，壓迫國府就範。

一九八四年一月十八日至一月廿四日論壇報

請中共釋放魏京生、黃賢

報載：前北京《探索》月刊主編魏京生，最近再度被送入醫院，入院時，已呈昏迷不醒的狀態。另項消息說：中共「坐實」了黃賢裡通外國的間諜罪名，不過，考慮將予提前釋放。魏、黃二人，與我素不相識，但我一直在呼籲中共當局應該釋放他們。因為我對他們的欽敬，出自內心，不能以筆墨形容。

魏京生被捕，已逾五年。他是第一個公開在中共統治之下，提出「民主政治現代化」的民運領袖。一九七八年十二月五日，他在北京貼出歷史文獻大字報：「第五個現代化——民主及其它」，次年三月二十五日，又貼出另一篇震撼人心的大字報：「要民主還是要新的獨裁？」這兩篇可以垂諸永久的文字，打破了中共卅多年來的專制政治制度製造的神話，為要求中共政治民主化開出第一槍。他被捕後，在法庭上控訴極權制度的辯白，更對中共作了嚴厲的抨擊。他提出口號，闡釋的觀點，迄今仍是民主運動的主流，深深影響著中國人的政治觀念，匯成潮流，形成影響，這是永遠不會被關心中國前途的同胞及朋友們忘懷的成就。

今年三十四歲的魏京生，是吃中國共產黨奶水長大的知青，他投身「文革」之後，就如千千萬萬的中國人一樣，領悟到中共如不徹底改革政治制度，僅僅在浮面的推動「四個現代化」，必無前途，因此在熾烈的愛國心驅使下，獻身民主運動，終至被捕，向世人證明了中共反民主的本質。

文革的十年浩劫，對中國「有百害而一利」，就是鍛煉了許許多多有熱識、有膽識、有風骨、有勇氣的民主運動鬥士。如魏京生、王希哲、劉青、何求、傅雲華等等，這些人是中共卅多年來培育的精英，中共不知善加珍惜，察納他們的嘉言，反而大興文字獄，將他們逐一監禁，使中國政治民主化的進程，受到嚴重的打擊，這實在是中共繼「文革」之後的另一項大罪惡！

黃賢是一位生長在香港，求學在美國的優秀青年，自「保釣運動」開始，就赤裸裸的展現了愛國的熱情。學成之後，甘願放棄高薪厚祿，志願回到中國去服務，不料中共官僚封閉落伍的觀念，把與外國人來往者，一律當作間諜，加以監視。據悉：黃賢在被監視之餘，又成為中共內部政爭的犧牲品，由座上客變成階下囚，還不得不俯首認罪。

魏京生與黃賢均被中共當局判處入獄十五年，罪名都是「間諜」。這是專制極權當政者最可恨，最可怕的地方，他們不但對「眼中釘、肉中刺」苦其心志，勞其筋骨，而且還要顛倒是非，混淆黑白來毀其名節，硬把「賣國」的罪名加在愛國者身上，使他們永世不得翻身！中共近年來大力推行現代化，要急起直追，以「二十一世紀是中國的」為目標。魏京生提倡民主，黃賢返國服務，均是為了促進現代而獻身，中共卻用最不現代化的手段——秘密審判來對付他們，實在是最大的諷刺。

中共要落實現代化的政策，爭取海外同胞的向心，吸引資金、科技、人才為建國而努力，必須改變毫無法治精神的形象，釋放魏京生、黃賢，比在海外花上千萬美金作宣傳，還要有效。希望中共當局即使不為魏、黃著想，為了自我宣傳的統戰利益，也應該趕快將他們釋放，還他們清白。

1984/06/06 論壇報

這次大陸行，我看到了……

言論控制已經鬆動，政治改革行將啟動

自二〇〇四年夏、秋之交後，我雖然在臺北長住，卻一直沒有機會進入大陸，這是我於一九八九年之後，沒有足履斯土最長的一段時間！我這次到大陸，主要的目的，是爲了參加台灣慈濟功德會去四川災區服務，我於六月二十日先到北京，六月廿八日再取道成都，轉往廣漢到中災區洛川做義工。七月二日出上海有十天的勾留。七月十三日經香港回臺北。這一天，是我身分證上登記的出生日期，事實上，我是在農曆七月十三日出生，時維一九四〇年，也就是民國廿九年，抗戰方殷之際。

六十多歲的望七之年，我在旅途中過了一個不是真正生日的生日，閉目沉思，獨坐瞑想，想到這次大陸行的所見所聞，有所感受，覺得大陸已經開始了更深沉的質變，這是自中共實施「爲社會主義補課」引進西方資本主義社會活動之後，不可避免、遲早會發生的事，自一九八二年改革開放以來，西方資本主義社會的活動方式，給中國帶來的第一波變化是：功利主義的猖獗，它爲原來均貧的中國大陸社會成就了一部份人先富起來的政策要求，也形成了大陸社會追財逐富的風氣與動力！

二十多年來，即使以人口十三億的總額來說，中國國內富起來的人，也已爲數不少。物質水準的程度，早已脫離以前貧窮國家的行列，中產階級、小康家庭，已經是社會結構的中堅。在衣食

足之後，人們當然要進一步追求社會的公平性、公義性，這是我在二〇〇四年最後一次到大陸，還沒有機會感覺的「精神文明初階段」！而這次大陸行，所到之處，不過三地，卻處處見聞均有此感覺，我很深切的感覺到兩件對中國人今後有重大關連的事：一是中共對言論控制的力道鬆動了；二是人民對政治改革的要求力量加大了！二者都是因中國為舉辦北京奧運，全國總動員而引起的邊際效應，這是中國在邁向國際化所必然要接受的事實，尤其是言論自由逐步開放勢不可擋，它是似水民意的管道，統治階層如能善體民意，善加引導，言論自由就會如水道江河之中翻滾洶湧的浪潮，但不會造成水災。如果當局者執意控制，建壩築堤處處打壓、攔阻，積壓的民意力量，最後必定會在某一個定點上衝破壩堤，溢漫成災。有幾件事，我在這次大陸行中聽聞的民間意見足可代表：

一、對舉辦奧運的批判，大致包括：時機未到，當局打腫臉充胖子，吃力不討好，雖在國外爭了面子，卻使國內虧了裡子！

二、西藏事件：對西藏一貫強硬的鎮壓態度，還有效嗎？當日衝突是民間的利益爭奪，政府派軍人出動，是不是過度反應？青年藏獨與國外的達賴喇嘛是兩回事，政府為什麼硬把他們扯在一起，西藏問題的關鍵還是在達賴，達賴已經提出四點表態，為什麼宣傳部的《環球時報》還要繼續攻擊謾罵？為什麼不直接請達賴到北京參加奧運開幕儀式？讓全世界知道達賴沒法搞獨立？

三、四川災區，民居倒塌近五百萬戶，政府在重建規劃中把重點放在各類公共建築上，對倒塌的民房，每戶只補助人民幣一萬六千元，不及所需的半數，不周延的賑災與重建規劃，迫使山區災民長期住在棚屋中，如果因為冬季酷寒而雪上加霜，甚至凍死，誰負責？

四、上海楊姓市民殺公安事件，同情兇嫌的輿論、指責公安的說法，成了不相稱的對比，甚至官方的媒體也無力為公安辯論，因為信者甚少！

五、貴州火燒衙門案，情況與上海雷同。

這些是我在大陸這段時間，看到、聽到的「民意」，前三者是對政府高層政策的批判，後二者是對基層處理不當的指責。這在以前嚴格控制輿論的中共轄下，根本不可能聽聞到的「反革命」說法。這一趨向，對我這個堅持言論自由、死不悔改的媒體人來說深感鼓舞，我認為，中共對言論自由不必害怕，看看臺灣經驗，台灣開放媒體之後，言論自由百花齊放，最大的得益者，是社會黑暗面被曝光，人民對不公、不義的各種事件，有了宣洩的管道，不需要把不滿積壓在心、不需委曲求全！政府也可以在自由的言論中，發掘可以提供施政參考的意見，事先擬訂因應政策，相對增加了社會穩定的力量，回顧二〇〇八年三月的總統大選，可說是風平浪靜，許多論述均指出「阿扁」現象使馬英九得利，但我認為選民之對「阿扁現象」認識深刻，就是言論自由的貢獻，電視的「扣應」政論節目、平面媒體的輿論文章，對擁扁、反扁都有充分而激烈的爭論，使選民有充分的瞭解，做自行的判斷選擇，這是一例。再看二年前，施明德號召反貪，集結「紅衫軍」，號稱百萬之眾，在街頭示威了一個多月，和平收場，究其原因，就是人民對積壓的不滿與憤怒，有了宣洩的管道，在情緒獲得了消氣的出口，就不會走上「余及汝皆亡」這種激烈的末路！也就是說，如果上海的楊姓市民與貴州的當事人家屬，在受到基層公安的不當對待之後，可以透過言論管道向社會及其上級訴說不公，就不致於想到去「拚命」！

西藏事件，起因是藏民的商業利益被漢人赴藏剝奪，如果藏人能有正常的宣洩管道，在日常就可以呼籲政府與社會注意到他們的生存危機，以及所受到的壓迫，怎麼會起而抗爭呢？

中共中央領導中國走向國際，稱強世界的大政略，是活在當下每一個華人共同認知而擁護的，這個走向不變，就必須在各方面同步邁進，經濟建設的強勢，少了民主社會其他各項互動的精神支持，就如沙漠中建大廈；把一盤散沙的中國人，凝聚為一片鋼板，就必須建立深厚的互知互信，中共的強硬保守派，不明此理，不斷的用公權力來打壓言論自由，如管制媒體的設立、如切斷網絡的通信，都是在為人民爭取言論自由的洪流上築堤建壩，為什麼不反向思考，開渠導引呢？譬如讓中央電視台開一個「扣應」節目，設立議題，傾聽民意？又如在《人民日報》開闢「輿論版」接受民間投稿表達意見，都是導引的方法。我記得早年國民黨的黨報《中央日報》刊出投書〈小市民的心聲〉一稿，引起廣泛的討論，對國民黨當時穩定政權，起了良性而且相當長一段時間的幫助！可見反映民意的言論，絕非只是片面淹沒政府的洪水，當局如能用大禹治水的方法，何嘗不能成為平息民怨、宣洩民憤賞心悅目的細流呢？

中國在陸續取得二〇〇八北京奧運以及二〇一〇上海世博的主辦權後，又主導籌備創設「東協加三」的「亞洲太平洋自由貿易協約」（ＦＴＡＰＡ），在廿一世紀初，就加速國際化、現代化的腳步，國際化的積極展開，當然會使中國現代化加速，而現代化中最重要的一項就是政治改革，迄未啓動，這是中國改革難度最高的項目，卻不得不做的大事，而其中三件：藏疆、兩岸、民主化，是政改的大文章，對國家的影響最大。

先談西藏，因爲它本來是最簡單，卻被人謀不臧搞成最複雜的問題。西藏在中國版圖之內，受中共統治管轄逾半世紀，爲什麼藏人離心？就是早期的政策錯誤所致！藏人所求，旨在保存流傳自己的文化與生活方式，而中共中央自老毛開始，就以漢化西藏爲目的，這是整個問題的根本。今年三月發生的「鎮暴事件」，現在已清楚知道，康藏鐵路入藏之後，大量漢人入藏，與藏人爭利，使藏人發生立即的生存危機感，十分明顯的事實，是漢人在官商勾結搞集體利益，打壓到藏人的生機，這是違反現代化國家處處保障原住民文化和生機的原則，中國政府在西藏精神領袖達賴喇嘛提出了四點原則之後，沒有順勢往和解的方向表態行動，十分可惜，因爲西藏問題是國際焦點，如果能夠迅速拍板定調，甚至公開邀請達賴喇嘛到北京參加奧運開幕典禮，然後在北京舉行會談，不論結果如何，中國都取得了主動權！也爲奧運加了分。何況西藏問題，事實上是世界各國剖解中國能否現代化、能否政治改革的第一道試題！

再說台灣海峽兩岸的問題，問題的根源在中共自毛澤東在天安門宣布中華人民共和國成立了的那一刻，片面宣傳中華民國滅亡了，但是中華民國在台澎金馬地區有效統治了一甲子！中共始終不肯面對現實，爲了「統一」睜著眼睛說瞎話，這就是政治陋習遺害，任何一個現代化的國家，決不會抹殺事實，一定是面對事實，台海兩岸，我從不承認有所謂的「台灣問題」，只有「中國問題」，因爲中國不承認迄今有效統治台灣的中華民國是政治實體，雙方就無法在會議桌上舉行談判，即使議題是「統一」！

今日台灣居民對「統一」最大的恐懼是中共的威權體制。民主、自由、平等是台灣過去六十年來人人追求的目標，絕不可能輕易放棄，中共的政治體制不改，無論開出任何高標、寬鬆的統一要求，台灣居民即使回到「吃香蕉皮」的時代，也不可能接受！

所以，中國要在廿一世紀中葉，成爲真正的世界強國，領導亞洲與歐美鼎立，就必須實行政治改革，遂行民主法治，民主政治的落實，以中國的現狀當然必須逐步啓動、步步小心，也當然不必全盤照搬西式民主！我是一個民主政治的服膺者，也曾參與推動台灣民主改革的工作，但自李登輝執政之後，黑金橫行於台灣政壇，造成社會不公的現象，大過於蔣經國的威權統治時代，二十年來，我一直在爲此感到困擾，所以在許多人撻伐中共威權不民主的政治體制聲浪中，我始終不願再冒然的呼籲把西方民主政治全盤搬到大陸，因爲大陸太大了、教育太不普及了、人民太窮了，更且有許許多多與西方不合的中國傳統，所以我自八九年的「六四」民運之後，就只是思考，民主在中國，應該怎麼做？因爲我在一九九四年到二〇〇二年，曾在中國住了一段時間，也曾親受中共地方官員黨幹的無理壓迫與掠奪，投訴無門，所以自二〇〇二年迄今，我不時的思考這個問題，有了模糊的一個輪廓，雖然尚未完備，但已有型，本計劃慢慢補充，但這次到大陸，我感到在北京奧運之後，中國必須面對政治改革啓動的壓力，因此不揣簡陋，把我的想法略加說明，或者可以提供關心中國民主政治改革者參考：

我認爲西方民主政治的建立主要基礎建在普及的教育上，人人自幼就學到民主、自由、公平的尊重他人，成爲生活與生存的意義！而中國乃至亞洲各國都缺乏這個基礎。

其次，西方人重宗教、種族及利益關係，而中國人卻更重視宗族、義理、友誼關係，最重要的是中華文化中隱惡揚善與溫良謙恭讓的傳統思想，此二者是使西方民主政治精髓，移植到東方亞洲國家難以徹底實施的主因，水土不服，橘逾淮則枳，是最好的形容。

因此，我的想法是如果中國啓動政治體制改革，爲了符合國情，不但應該逐步啓動，而且在框架上要先有規劃，我的建議是：

一、民選民意代表，不論它的名義是人民代表還是議員；而且應該分爲二級。初級民意機關成員採直接民選，純粹爲反映民意。高級民意代表則需限制候選資格，採間接民選，成爲地方菁英的機構，也是朝野溝通協商的場合！

二、地方首長官派，必須有嚴格的資格限制，包括學歷、經歷、避籍、任期等等。這是台灣民選首長不當，貽害無窮的教訓。中國人內鬥內行，在地方上爲爭奪首長之位，引發宗族鄰里、利益集團等的鬥爭，絕不是民主政治之福。

三、民意機關有權提案罷免地方首長。如經公民投票通過，派任的上級機關必須接受。

我認爲這種模式經過研究發展，不但適用於中國，也適用於東南亞國家。因爲東南亞國家在接受西方民主政治制度後，幾乎每一個國家都出問題，如果中國在政治體制改革起步之前，先行規劃防範，創建一個適應亞洲國家的民主政治體制，實驗成功，就自然地成爲亞洲地區的領袖了！

二〇〇八年的北京奧運，爲中國擦亮了一盞光輝的明燈，可以塑造中國已側身世界大國的形象。二〇一〇年上海世博，則將中國在國際舞臺上的經貿地位進一步提升，而且也將因此爲國內引進更現代化的技術與機制。這兩個現象，必然迫使中共務需改革現行落後、保守的威權體制，從人治走向法治，民主化是無可避免的趨向，而政治民主化最簡單也最重要的作法，就是承認事實，面對事實，再處理事實，而處理的方法，必以民意為依歸，少談主義，多做實事而已！胡、溫兩位領導人在處理和台灣改善關係的立場上，已經顯示了對這個道理的認識，贏得了掌聲。在處理四川震災的過程中，也實踐了這個道理，獲得喝采。是則，在西藏問題上，何不改弦更張？也採取實事求是的態度，讓西藏人民心甘情願的接受被統治的事實，而獲得和諧與安寧呢？

當然，在改革政體的過程中，中共內部頑固左派與既得利益集團必然會極力抗拒，甚至破壞，不過吸取「台灣經驗」，參考台灣政治協商的方式，民主政治體制，在若干年後，必定會在中國踐行。「君不見，黃河之水天上來，奔流到海不復回！」啊！

2007/07/20 新法家

借箸代籌談中共政改方式

——回覆大陸網友對「中共政改」文質疑

「新法家網站」翟玉忠先生：

您好，謝謝你轉發給我各位網友的大作，直到七月二十九日，我才有機會在朋友的指導下，讀到他們的指教。雖然大家意見不一，但是對中共必須啓動政治改革的看法，卻大致相同，因此，我就自己的構想，進一步說明，希望能獲得更廣泛的討論，引起黨、政高層的注意，供他們參考，希望對中國的政治改革方向與步驟，有所幫助。

在進入正題之前，我首先要說明：我不是專家，更不是學者，我的學歷僅止於臺北世界新聞專科學校編採科畢業而已。從事新聞工作近五十年，所以網友們可能高估了我的「學問」！我什麼派也不是，甚至也不是國民黨培養出來的自由派！十多年前（一九九四年十月一日），在北京人民大會堂，共產黨的高幹就把我定性爲：「讓台灣國民黨頭痛的人物！」我非常感謝稱我爲「遊俠」的朋友，但這一境界，陳義都很高，是我心嚮往之，而不敢高攀的！我寫〈…看到了…〉一文，是爲《台灣公論報》撰寫的專題稿，字數有限，只能就所感著筆，當然看不到雅典部落，羅馬共和，希臘君憲，俾斯麥、希特勒對德意志強盛的貢獻，史大林時代蘇聯的威風。文章膚淺，應該挨批！但就事論事，我寫作該文，旨在爲今後中共政治改革的道路，提出個人的看法。我看到自改革開放迄今，全球一千大的跨國企業都到中國投資了，他們帶來的資本，與中國的勞方之間，會發生怎樣的勞資關係？如果民主的基礎是建立在勞資關係上，則在台灣，王永慶、郭台銘這些資本家，在投票選舉的權力上，與為他們工作的勞動者一樣，也只有投下一票的權力，這就是落實歐美民主的方式，也就是中共將來的政治改革遂行民主化必然採取的方式。無論實質如何，至少，現在的中共總書記，也是由中共黨代表大會在形式上，一票一票選任的啊！所以我的文章內，沒有提到歷史、主義、意識形態，固然是學有未精，力有未逮，也還算務實！然否？一笑！

對政改民主化的兩個建議：

我在該文二有個關於政革的建議，一是民意代表，一是行政首長，這兩種政治人物的產生方式，歐美的民主政治，均採直接票選，而我有一點不同的想法，先說民意代表：

我建議以民意代表的機構組織，應有兩層，也有稱為上、下議會之說，我姑且以大陸現行的政協與人代作為分別。比較容易說清楚。

一、人代（下議會）：

專業，有給職，由居民在各自的選區直接投票產生。人代的責任就是為民爭利，為民服務，一切以選民的需要為出發點。爭取政治利益分配的公平性。在基層，省轄市，省及中央等不同的選區中產生，以法令明訂職責，選舉、罷免辦法。是監督政府，審查預、決算的權力單位。

二、政協（上議會）：

兼職，無給職，由省轄市，直轄市，省及中央的選區選出，採取候選人資格限制，如學歷、經歷、無犯罪紀錄、社會服務紀錄等限制，並採取選舉人資格限制，如人代、公務、教育社福等專職人員爲限。以法律明定其職責爲複審、複查人代決議案，有四分之三票決複決（否決）權。是政府與人代機構的協商者。

我的想法因在台灣與東南亞各國，凡採取歐美民主政治的國家，因爲民代直接選舉方式，在選舉的過程中，受到各種主客觀因素影響，以及爭奪有限的政治資源分配權力，造成許許多多後遺症。由地方選舉產生的派系，財閥，成員爲派系利益而犧牲公眾利益的陋習傳統，蛻變爲民主政治之癌，東南亞各國均受其害，日本的情況最爲明顯，請看日本國會成員，有那一屆不見吉田、福田、佐藤、小泉、石原……等派閥姓氏？台灣在李登輝爲排除蔣經國影響力的前提下，培植黑金進入政壇，也步上日本的後塵。

如果中共推動政改，實施民代民選，爲了貫徹選賢與能，間及普遍反映民意的兩大原則，分爲上、下議會，兼採間接、直接民選兩種形式，至少可以把直接民選可能造成的「民主之癌」後遺症的風險，控制在最低限度！

在談到行政首長的產生方式，我之所以不贊同民選，就是因爲國情與西方不同。況且在任何一個政治體制由威權改革爲民主的國家，都曾出現「過渡混亂」期，不論期間久暫，混亂輕重，對於民眾與國家都不是好事。中共在改革開放的二十年來，對使用「軟著陸」政策處理過渡問題，已有相當的經驗，因此，啓動政治改革，在思想上沒有普及，在理論上沒有堅定之前，各級政府的行政首長，應該先以官派較爲穩健，再逐步走向民選。

但是，官派行政首長的方式，制度還是可以加以改革。配合並推動政改現代化、民主化的步驟，比如：

一、任官資格的要求。規定如高中畢業，可以參加公務員資格考試。錄取後，必須修習公共行政科目學分，通過複試、分發、任用爲基層公務員。

二、設立帶職進修制度，公務員在升任局長級幹部之前，必須取得大學畢業文憑，與中級公共行政管理必修學分的認證。

局級及其以上的官員，必須避籍，不得在其省籍區內服務。設立任期制，任滿調職，不得延任。任內需對民意機關負責，備詢。如任內表現不佳，被民意代表通過罷免案，上級派任單位不得拒絕，必須接受。以此類推，則市長級必須是碩士，省部級非博士不可。此一設想的優點是鼓勵公務人員不斷進修，努力上進，只要肯拚，就有前途，規復了文官十年寒窗窺曙光的風氣，提昇了常任文官的士氣。而且因爲有避籍，任期，並接受民意機關監督等配套規定，任何結構性的貪腐行爲，必定受到制約，千里求官只爲財的傳統，一定會被打破。

我深知改革政治，在人類歷史上，在世界各國，都是一件了不得的大事，各位在網上撰文提到的雅典部落，羅馬共和，希臘君憲，希特勒、史大林、毛澤東；以及拿破崙，邱吉爾、羅斯福，或是商鞅，王安石……等等，都有不同理想，用不同方式，曾經努力從事過，但即使各位可以生死人而肉白骨，無論這些「先賢」怎麼棒，都不可能讓中共在這次政改的方向，拒絕走向民主，因爲當政者絕對清楚時代變了，潮流所向，莫之能禦。領導政治改革，能夠符合民意。能夠逐步推動，就會造福人民，振興國家！

我的構想與建議，的確是知易行難，也是今天不做，明天就會後悔的事。如果當政者詳加規劃，積極啓動，相信在二十年至四十年後，中國式的民主，將會比西方式的民主，對人類生活的影響與幫助，更爲有效。當然，這些改革，必須包含一個最重要的因素，就是絕對開放、受到保障的言論自由。雖然它才是民主政治最堅實的基礎，但不在本文主題範圍內，容後再談！

誠如李乃義兄所說：我不是思想家，也不夠格做思想家。作爲一個新聞工作者，我只能務實的把經由採訪、觀察累積的看法與構思，寫出來給當政者做參考，請關心中國政治改革的朋友們集思廣益，大家爲中國政治現代化、民主化共同努力！

最後一句話，上覆李良：毛澤東時代有言論自由嗎？胡風、吳晗、羅、章與被引蛇出洞的右派們真是罪有應得，罪該鞭屍嗎？

祝好

2007/08/01 中共建軍節紀念日

期盼中共放鬆輿論控制

「言論自由是天賦人權！」此說有待商榷。因爲人類自有政治聚合的組織以來，凡是掌握統治權的首領，都不會喜歡聽到批評與指責的言論。無論批評方式，是經由口語、文字、電子媒體、網路傳播！由於人類有史以來，絕對沒有一個執政者，像「偉大的毛主席永遠正確！」；而職掌被統治者——人民——的生殺大權的統治者，也從來沒有一個不像毛澤東一般，自認永遠正確。所以，在威權體制的執政權力範圍可及，執政者不許異議之聲的存在與傳播，是因爲執政者自己也不知道其言行、作爲，是否正確？如遭批判，一言中的，不但大傷顏面，還可能導致失去權力！試看不容許異見異議，嚴格控制言論自由的執政者，無論其職稱是：皇帝、總統、首相、主席，還是委員長，都是自信不足，強自稱能的「強人」！這些「強人」用公權力利誘逢君之惡，助紂爲虐，唯官事求的官崽屁精，捧他、幫他關起門來做皇帝。爲了分享權力，賣力壓制異見，消滅異議，並且統一口號，所謂「英明、偉大、萬歲、萬萬歲」這些肉麻不堪的辭彙，由此而生！這些瞞上壓下的幫兇作爲，是言論自由被控制、遭打壓的主要原因。俾之並無高論，不需要仕大夫著書立說，即使是平民百姓，文盲布衣也清楚的道理！

言論自由是進步的動力之一

我相信人類自沒有文明，沒有文化的時代起，大概只要三人行，其中必有一個異議份子，由於他對三人行現狀的不滿，饒舌不休，迫使另外二人共同設法改善，成了人類進步改革動力來源之一！

見證歷史，無論在任何地方，大凡壓制異議，封閉輿論的時代，一定是執政者故步自封，爲確保權力，阻礙改革，形成民心思變以致動亂的時代。民心思變的主因就是被壓抑的民怨、民憤沒有宣洩的管道，喁語棄市，文字賈禍，是執政者阻絕言論管道築成堤壩的工具，他們害怕開放了言論管制，會引來如漫溢的洪水，沖毀了他們執政的權力。這種自信不足的心態，可以驗證在中共以往三代的領導人身上：毛澤東是因爲拿著槍桿子搶得政權，鄧小平則爲形勢所迫，徘徊在保守與改革的十字路口，而江澤民更是臨危受命，天上掉下來的「任務」！他們對執政權力的基礎穩固等等，都有自信不足的問題。他們執政期間的時空背景面臨的內外挑戰，在在需要製造舉國一致，鐵板一塊的表象，如果，自一九四九年開始，就可以在中國每年做民意調查，調查報告滿意度百分比，會有多高？不必懷疑，這是路人皆知的答案！

但是，最近由國際組織發表的一項民意調查報告，它的答案是中國人民對中共政府施政方向的滿意度，高達百分之八十四，位居世界第一！這個世界第一，得來不易，它當然含括了許多因素，而經濟建設、政治改革，言論自由必定在內，可以佐證我在上文所說，我感覺到中共對言論自由控制鬆動了，政治改革啓動了的觀察！

為放鬆控制輿論提議，擬定引導步驟與方法

我相信今日中共的領導高層，自胡、溫起，乃至政治局各成員，對於如何放鬆控制輿論，并皆重視，這些掌控國家發展走向國際大國的政治菁英，絕對不會忽視開放言論自由在此時此刻的中

國，已經是必須放在檯面上討論的重要課題，它已不再僅僅是來自境外所謂「西方民主陣營國家」給予的壓力，也是國內社會各個階層「民之所欲」的張力。這就是當局者居然會批准於奧運期間，在北京三處公園內准許集會抗議的主因。不要小看這個有許多附帶「不准」條件的措施，加以嘲笑、指責，要瞭解執政者在批准這項措施時，已經從毫無自信的威權操控心態，跨出了試圖表現自信的某些面向！這項試探性的措施，我可以肯定與當年老毛「引蛇出動」的「鳴放陽謀」不同，也迥異於「文革期間」，「老鄧時代」准許貼大字報的性質！「公園抗議」是為今後鬆動控制言論自由政策作試金石，替被壓制了幾十年的言論自由，先築一條引水道，我相信，經過這次試驗，執政者絕對可能會走出第二步，第三步，逐步的為預防「言論自由堰塞湖」崩潰，疏浚出洩洪的管道。

從威權政體轉型為民主政體的過程，「台灣經驗」是可以作為參考的，畢竟，在整個吵吵嚷嚷的三十多年中，台灣完成了不流血革命，尤其是二次政黨輪替，更是足以為深怕失去政權的中共執政者借鏡。

台灣在蔣經國執政的後期，對於言論自由的控制，仍然是一仍舊貫，採取高壓手段，尤其是在蔣經國啓用宋楚瑜出任國民黨文工會主任與行政院新聞局局長的這段時期，對黨外雜誌視若洪水猛獸，查禁動作甚至做到抄查印刷廠的地步，但黨外雜誌越禁越受歡迎，如雨後春筍一般，處處冒出頭來，直到發生「江南命案」，山洪終於爆發，一則是民心所向，莫之能禦，再則是傳媒科技，日益精進，執政者在不能完全閉鎖的情況下，被迫鬆開控制輿論的黑手。但因為沒有事先的政策規劃與設定引導步驟，造成了漫溢如洪水的言論自由大潮！這段時間內，國民黨受傷之重，一直到今天，仍然傷痕難復，各個電視台政治性「叩應」節目中的民眾來電談話，仍然可以聽到「想當年」的抱怨！

操控輿論政策不符民意需求

中共對言論控制的鬆緊，以往為了配合執政者的需要而定策，如老毛搞大鳴大放的陽謀，如文革搞設定政治鬥爭目標的大字報，如鄧小平為清算文革而暫許的傷痕文學，一波一波的收與放，都在執政者掌控中起伏，都不在言論自由的範疇之內。在後鄧時代，江澤民搞三講，講政治的提法，又何嘗不在對輿論走向下指導棋？俱往矣！這些都不再適合作為全球民調滿意度世界第一的中共當今執政者，可以沿用，可以參考的施政手段。因為任何一個明智的執政者，在面臨一個新時代到來的時機，必定會有對應的新對策，在這次北京奧運舉辦之後，檢視世界各國，乃至國內外華人同胞，關於採取切斷網路通路的指責，與限制各種討論範圍，能不做慎重的思考麼？

放鬆操控輿論實顯執政自信

語云：「心所為畏，噤口不言！」當今的中共執政班子，在胡溫體制領導之下，走出了一條新路，就是為中國開闢通往國際大國的近路。當然，這條路仍然漫長而艱辛。但是卻在複雜的國際局勢中，不得不走的道路。在這個大國崛起千載難逢的時機中，如何展現自信，成為真正的泱泱大國，我個人認為擬定放鬆對輿論控制的政策；步驟，是中共執政當局如今最應該重視，而且最應該盡快付諸實施的第一大步！

2008/08/15 新法家

中共當局應該確立爭取臺胞傾中政策

自從毒奶粉事件發生之後，臺灣民間反中的情緒再度高漲，不但是因爲事件本身駭人聽聞，十分恐怖，而且海峽兩岸對事件處理的橫向聯繫不足。中共總理溫家寶發表的道歉談話，似乎有意避開向「臺灣消費者表達歉意」的態度，加上涉案的山東都慶公司推塘的行爲，是追求事實的臺灣民眾不能忍受的主因。這股怨氣直接衝擊到自今年博鰲論壇開始建立的兩岸和解氣氛，助長了臺灣民間原本就懷抱反中、恐中者的氣勢，甚至以此事爲例，駁斥美國《地球是平的》一書的作者，盛讚中共行政效率的說法，認爲老美遠隔重洋，只會看熱鬧，根本不懂中共治國的門道，中共處理毒奶粉與含毒食品事件的表現，無論是政策原則與貫徹執行，都十分可議！因此，爲了表達不滿，民間把反對海協會陳雲林來台訪問，作爲焦點，籌劃發動大規模的示威抗議。

就兩岸不同的觀點來看，這次抗議勢必影響兩岸今後發展的和諧，陳雲林的來訪，此時此際，不但給一心想和緩兩岸對峙局面的馬英九，增加了被攻擊的口實，也爲臺灣從「反中」走向「親中」設下了障礙。中共高層自胡錦濤到各級領導，前此宣示對台友好和平的談話，迄今爲止，都只有口惠，並沒有制定任何足以吸引臺灣同胞親中的政策。

坦白說，中共是搞統戰起家的，但執政後的統戰工作，較諸在革命時期的表現，已有落差，尤其是在經濟建設開展之後。中共對台，對海外華人的統戰工作，大概在政策排序上被挪移到優先之外，所以近二十年來，臺胞與海外華人在中共眼中的地位，猶如王小二過年，一年不如一年。我這個住在臺灣的海外華人，身受有感，而且以媒體人身分長期觀察的現實，也確實如此！

我很率直的說：在中共想要締造二十一世紀是中國人的世紀的前程中，臺灣與海外華人的支持，是與中國鼎足而三的力量，臺灣如果不合作，就會產生杯葛的反向力量。而臺灣的合作不在於執政者，而在於民間的力量。試看自李登輝時代的戒急用忍，到陳水扁時代的全面抗衡，臺灣民間都用腳投票，不但到大陸旅遊熱潮不減，到大陸投資更是持續不斷，今日大陸經濟建設發展的成果，台商台資的貢獻，臺胞人才智慧與技術的投入，是任何人不能否認的。更有甚者，大陸各地歷年天災，臺灣同胞出錢出力到災區服務的熱情，深入民間的交流，歷歷在目，臺灣同胞為中國近二十年的進步與發展做了多少事，而二十年來，中共又對臺灣的進步與發展做了多少事？

目前，美國發生的金融風暴波及全球，橫掃歐陸，西方國家無不受創深重，亞洲地區親美的日、韓也不能倖免。臺灣因為是淺碟經濟，雖然只掃到颱風尾，也陷入困境。但大陸到目前為止，被災最輕，是因為內需市場深厚廣大，證諸中共這幾年竭力推動組織東協加N的「亞洲太平洋自由貿易協定（FTAPA）」確有遠見。因為在全球化的趨勢中，絕對沒有任何國家，仍然能以鎖國政策閉門自保、遺世獨立的。我在新法家網站上，讀到建議「中共退出WTO以免被美國拖累」的文章，不敢苟同，我認為這是中國在國際經濟舞臺上爭取提升地位的契機，因為WTO目前雖然式微，但它的功能卻不容否認，所謂成事在人，美國如果不以世界員警自居，在各回教國家地區挑起戰火，就不會因為支應龐大軍火而引起此次金融泡沫，以致今日。

如果在這次國際舞臺上洗牌換角，中國崛起，此其時矣！WTO就是一個很好的舞臺，也是解決兩岸對峙一個很好的機會。因爲在WTO中，有一席之地的「台、澎、金、馬關稅特區」，是海峽兩岸執政者唯一可以在國際組織中對談的場合。中共在籌組FTAPA時排除臺灣，是因爲陳水扁執政，採取「對抗外交」，現在臺灣當局已經輪替，馬英九的兩岸和平政策，符合胡錦濤的三和政策，雙方唱和，卻未見動向，如果，胡錦濤能同意臺灣以WTO中的「台、澎、金、馬關稅特區」爲基礎，在FTAPA中用「中華臺灣國際經貿特區（暫擬）」類似的名稱地位加入，必然能吸引臺灣同胞傾中的向心力。因爲臺灣在國際間的地位，受到中共的打壓與排擠，成爲「妾身不明」的現況，是臺灣同胞反中最深層的基因。如果中共當局期盼兩岸和平，設定臺灣國際地位是解決根本的唯一方法。否則，儘管雙方簽訂一百種條款，則根之不存，枝葉焉附？

陳雲林來訪，如果不帶來中共對台善意，確定的政策，不過行禮如儀，還可能招罵！因爲睽諸事實，目前，兩岸不可能統一，統一也不在中共政策排序的時辰表上。臺灣也不能獨立，獨立也不在臺灣大多數人民的期盼中，是則，馬英九的不統、不獨說法，可謂務實。不武呢？這是雙方難解的結，只有中共同意臺灣至少在國際經貿上是一個實體，給予正名，並且雙方攜手合作，共同迎戰全球性的金融風暴，再集合全球華人的力量，打造中國人的二十一世紀，則臺灣人民就會自然體會到中共不以武力犯台的政策，也因此就會傾中了。

2008/10/14 新法家

陳雲林訪臺面面談

中共海協會長陳雲林於十一月二日訪臺，在臺灣海峽兩岸分治六十年後，開放互訪二十年後，他是大陸來臺最高層級的中共官員，而且肩負與我方海基會簽訂雙方四項事關兩岸民生經濟的協議，象徵兩岸和平進程的發展，又跨出了一大步。但是他在臺期間，卻又親眼目睹、親身感受到臺灣反中仇共的抗議，爲此釀成的警民衝突場面，透過衛星電視轉播，讓全球收視人烙印了「臺灣暴亂、員警無能」的誤解。更引起大陸網友的反感，在雙方歷史造成的矛盾上，再添一樁，當然也給向來習慣南面坐坐的大國沙文主義的中共領導，上了一課，加深了對兩岸關係、統獨課題複雜程度的認識。在制訂所謂「攜手雙贏」的政策時，正視「臺灣同胞」心所爲危的是一份歸屬感和廣闊的國際空間。陳雲林訪臺期間，適值美國總統改選結束；具有黑人血統、亞洲生活經驗的民主黨候選人奧巴馬當選，明確了美國在未來四年的對臺政策，雖然仍以爭取美國國家利益爲基礎，維護台海的安定與和平爲原則，但其執行與推動方式，必將有別於較爲親臺的共和黨政府，毋庸置疑。因此從各方面觀察陳雲林訪臺之行，看法各異，人言人殊，仍然值得探討。

正視臺灣人民追求歸屬感

陳雲林訪臺期間，所遇到集結抗議的民眾，呼喊聲音最響亮的口號是：「中國、台灣，一邊一國」。究其深因，是中華民國自失去聯合國席位之後，最有力的支持盟國——美國，竟也屈於現實，承認中共，並且「認知」世界上只有一個中國；臺灣是中國不可分割的一部份。使得遷臺卅年的中華民國政府，在各友邦與之紛紛斷交之後，在國際舞臺上，幾無容身之地。臺灣內部及海外臺僑，對當時以威權統治的蔣氏父子不滿，乃藉日、美政客外力教唆，興起台獨運動，以求建立所謂「臺灣共和國」爲職志，也就是表態不願接受政治體制更爲專制獨裁的中共統治，追求可以自主的歸屬感！這種追求，於今爲烈，因爲中共在過去二十年，施行改革開放、建設民生經濟，國勢日盛，在各方面都有長足的進步，對國內的管制，也大幅的鬆綁，唯獨對打壓縮限臺灣在國際間爭取生存空間，反而步步爲營，愈收愈緊，特別是影響全民健康的「ＷＨＯ」，因中共的歷次強力運作阻擋，使臺灣不得其門而入，罔顧臺灣居民健康、生命的態度，倍增臺灣居民的反感。就在陳雲林訪臺之際，中共又一次成功的排除了臺灣成爲世衛組織觀察員的申請，但如此大事，領導民進黨聚眾抗議的主席蔡英文，枉有國際事務背景，卻隻字不提，把抗爭的主題，任由衝撞員警、呼殺喊打形同暴民在混亂中泯滅。相對於陳雲林表現出來的沉穩與緊貼主題，絕不偏離，兩人的政治素養，相去不可以道里計！

陳雲林在離臺前一日，專程拜訪慈濟功德會創辦人證嚴法師，對慈濟人在四川賑災工作中的貢獻，申謝致意。並藉機表態：聲稱理解雙方存在矛盾，歧見，他說明係歷史遺留的問題，要共同努力，慢慢解決。此言不虛，但解鈴仍需繫鈴人，解決之道，端在中共能否正視臺灣二千三百萬人迫切追求歸屬感的傍徨心態，變易中共傳統罔顧事實，否認中華民國存在的政策，由雙方共同創造建立一個可以互信並存、國際承認的台海新局面。

創建臺海非戰之區，和平之島

中共於一九四九年十月一日建政伊始，未待「解放台灣」就自言自語口頭傳播「中華民國滅亡了！」這是當年參加內戰，和國民黨曾作生死相搏的「老共」，在把國府逐出大陸時，被空前勝利的歡欣情緒淹沒了理智時的論點，不足爲憑，後繼者卻據此成爲傳承國策，造成了今日臺海兩岸對峙的僵局。事實上，當毛澤東在北京天安門上，振臂高呼「中華人民共和國成立了」的那一刻，並沒有宣稱：「中華民國滅亡了」，此後迄今也找不到他親口有此一說的明確記錄。更且在中共以及與中共有相互承認外交關係的世界各國的官方檔案文件之中，也均無「中華民國亡於西元某年某月某日」的記載。最普遍的是建交國「認知」或「承認」世界上只有一個中國，就是「中華人民共和國」，台灣是中國不可分割的一部份等等不尊重具體事實的條款。但也曾在與加拿大建交時，遭遇到加國政府明確指出這是中國內政，與加國無關而拒簽附件的先例，因爲中華民國政府在遷臺之初，曾官式照會各邦交國家並聯合國，此所以當時窮到靠美援苦撐的國府，仍然每年向聯合國繳交會費，參與會務。而聯合國行文，也是送到臺北中華民國政府所在地，直至被迫退出爲止。

中華民國雖然失去了聯合國的席位，並不影響繼續存在的事實，有效統治臺、澎、金、馬地區，創造台灣奇蹟，在經濟建設方面是亞洲四小龍之首；在政治政革方面，在兩度政黨輪替之後，寫下了歷史新頁。中共在一九八二年實施改革開放，准許「臺灣同胞」持用臺胞證入境，而申請臺胞證的根據就是中華民國政府頒發的身分證及護照，何謂不承認中華民國？不承認中華民國，又何來雙方海協、海基兩會簽訂的協議？即使兩會均打著民間團體的招牌，海基會仍然是依中華民國的法令規章，向政府註冊登記的單位，不但簽署的協議，依法需送立法院審查，其支出的經費，也是公帑。陳雲林這次訪臺，海基會招待的費用，出自中華民國國庫，也可以用「不承認」一說予以否定麼？

時序已經進入西元廿一世紀初頁，遺留歷史問題的毛、鄧、江與蔣、李、陳都已經不在其位。現任的兩岸元首：中華人民共和國國家主席胡錦濤，與中華民國總統馬英九均以促進臺海和平為職志：前者以「三和政策」中的兩岸和平率先表態，後者則以「不統、不獨、不武」的「三不政策」作為號召，從而當選總統。當選之後，馬英九繼以務實的互不否認作為落實促進兩岸和平的第一步，這是因為臺灣方面自解除「戒嚴」後，就務實的承認了「中華人民共和國」，先後更施行在臺外省人返鄉探親、開放臺資登陸等等措施，在中共因鎮壓「八九民運」之後；遭西方民主國家封鎖杯葛之際，臺資企業不顧一切到大陸投資，為大陸發展經濟建設的努力奠基，有目共睹，今日大陸呈現的成果，有著臺商血淚交織的貢獻，更是點醒雙方執政者認清和為貴、合則利的醍醐，促成海峽兩岸邁向和平之路，臺商之功，功不可沒。

陳雲林訪臺所簽訂的四項協議，全都是臺商歷年的呼籲要求，雙方政府俯察民情，合作推行，卻因礙於中共不承認中華民國的政策盲點，不但必須採取「猶抱琵琶半遮面」迂迴曲折的政治手段來從事，更且吃力不討好，招致臺灣反中仇共群眾的示威抗議，這一場持續數天的流血抗議，包含了多方面的意義，另文討論。但抗議群眾呼喊：「台灣中國，一邊一國」的吼聲，不知能否傳達給在北京的中共領導階層，喚起他們對「臺灣同胞」追求歸屬感渴望與需求的注意，進而跨越馬英九的互不否認呼籲，探討在台灣海峽共同創建一個「非戰之區，和平之島」?!

開放臺灣海峽，成立國際經貿特區

臺灣海峽自一九四九年雙方隔海對峙開始，就有「東亞火藥庫」之稱，在二十世紀美、蘇兩大陣營冷戰期間，臺灣是美國太平洋封鎖線連接東北亞與東南亞的中間環扣，是美國參加韓戰與越戰的第二線後勤基地，被稱爲「不沉的航空母艦」。其後，在臺灣經濟發展起飛階段，中共仍在鎖國時代，臺灣在國際間是亞洲船運的必經之地。現在，臺灣的地理位置沒有變動，但是由於國內外的政治情勢改變了；就在中共遂行改革開放，努力發展經濟，積極開放市場之際，時任中華民國總統的李登輝，卻昧於事實，目光短淺，力主所謂「戒急用忍」政策，不但錯失「新臺幣反攻大陸」的良機，也阻卻了臺灣在國際貿易市場上更進一步的發展，肇造今日臺灣經濟滑坡的遠因。其後他更一手牽引政黨輪替，接任的陳水扁，不但面對已經引進全球資金進入、經濟快速發展的中共束手無策；而且專注內鬥，導致朝野失和，族群撕裂，不顧經濟發展，空耗八年，卻在反中仇共的歪理激情上建立了基礎，請看：在陳雲林返回北京之後，臺北《聯合報》發表的民調報告，竟然有百分之二十三的受訪者支持蔡英文領導的示威抗議行動，這個「僅供參考」的數據，能否讓再三表示聽到了也看到了的陳雲林，在返回北京後轉報中共高層，作爲擬訂進一步對臺政策的參考，不得而知，但是就在十一月八日中共駐美大使即宣稱：在九二共識的一個中國前提下，兩岸議題包括撤飛彈，國際空間等等問題皆可談，仍然規避了根本問題：可以讓二千三百萬臺灣居民有歸屬感的地位問題。

事實上，在臺灣，撤飛彈只是政客在操弄政治時的口頭禪，兩岸三通也是方便特定族群的話題，絕大多數的居民追求的是能肯定自己是什麼人的歸屬感，是不被全球一百多個與中共態度一致國家承認的「中華民國」國民？或是沒有法源依據屬地稱謂的「臺灣人」？無論「九二共識」的政治語文創造了多大的模糊空間，要求住在臺灣的「人」都承認自己是「中華人民共和國」人，至少在可見的未來，幾無可能，不但因為歷史遺留的問題；也不是人人清楚大陸使用飛彈攻擊台灣，也是幾無可能！而是「中華人民共和國」絕非台灣居民歸屬的選項！

經過六十年的對峙分治，海峽兩岸在國際情勢的變化，在中共「大國崛起」的機會等等各種因素交織中，出現了和的氛圍，卻不能營造出合的可能，只能因勢利導先行共同創造一個可以為雙方接受，又能雙贏的局面，就是「臺、澎、金、馬」地區國際化。在中華民國實質有效統治之下的這片土地，六十年來受到中共在國際上不斷的打壓擠迫，因此在不同性質的國際組織中，被賦予了不同的名字；如在國際奧會中，叫做「中華臺北」、在亞銀的座席名牌是「臺北・中國」，林林總總，不勝枚舉。這就是台灣居民沒有歸屬感的表徵。

既然如此，有沒有可能把它在各個國際組織的名稱加以歸總，賦予統稱？有！目前就有一個可行性極高的機會，就是在中共刻正主導籌組的「亞洲太平洋自由貿易協議」（ＦＴＡＰＡ）組織中，也就是原本排除臺灣參加的「東協加Ｎ」自由貿易區域組織，引申在世貿「ＷＴＯ」組織中，中共同意的「台、澎、金、馬關稅特區」名義，擴稱為「中華台灣國際經貿特區」（暫擬）加入「ＦＴＡＰＡ」，是正式成員之一，使整個臺灣海峽地區國際化，向全世界開放，不但使區中居民有了歸屬感，拔掉了「東亞火藥庫」的點火引信，也使中共的機艦船隻可以通航於海峽，突破已經沒有必要繼續存在的美國太平洋封鎖線（海峽中線），這是多贏之舉，能否成就，要看解鈴的中共領導高層，在思考領導亞太地區與歐、美聯手共抗全球金融海嘯後的經濟衰退戰略，與是否有誠意、有決心落實高喊的兩岸和平政策了！

2008/11/07 臺灣公論報

中共應在藏疆實施一國兩制

——從達賴喇嘛來臺說起

八月二十七日總統府發言人宣布：馬總統同意達賴喇嘛到臺灣來爲「八八水災」災民祈福，參加宗教、人道活動！立即引起舉世矚目，各國媒體爭相報導評論，美、日、法等西方媒體都預測達賴此行，將嚴重傷及正在改善中的兩岸關係！尤其臺灣內部的電子媒體，電視名嘴乃至被專題邀請的特別來賓學者專家，各持立場，分析達賴此行可能相關的事務，從民進黨提出邀請達賴來臺的政治陰謀論、到馬英九接招、中共的反應，更且有達賴來訪，是繼「八八水災」、「新流感」之後第三個災害之說！

對馬英九應該是利多卻錯失了

就現實政治層面而言，在所謂藍營內部，對達賴此行，戒慎恐懼，怕引起中共反彈，影響馬英九的兩岸和解政策進程，我不以爲然，我認爲：

一、中共對臺政策戰略原則導向已明確推動「人民幣統一臺灣」的步驟，並且初步驗證可行性極高，加以本身龐大的內需市場，也需要向外採購物資，臺灣製造供應的產品，在各方面評估之後，列爲優先有一舉數得之效！因此，在以崛起與國際接軌爲國策前提下，中共愈來愈務實的態度，不會因此改變對臺採購團的規劃！

二、臺灣股票市場的起落，內部因素的決定性較小也短暫！大盤主要受美國與大陸股市漲跌的影響，兩者都不可能因達賴來訪而在盤勢上作過分的反映！

三、兩岸簽訂ECFA對大陸是長多勢優，即使「達賴陣風」產生風阻，也風去即行，不會產生實質與內容上的變化！

四、達賴在國際政壇上是歷練頗豐的老鳥，以睿智著稱，到了臺灣，絕不可能做出得罪地主的蠢事，如果英文造詣與他一樣高段的馬英九，能在會見時，勾他說出幾句讚美之詞，勝過馬英九自己對國際媒體搞宣傳的效果，不知凡幾！這是一個化危機為轉機的好機會，不知一堆蛋頭學者組成的馬團隊，有沒有這個能耐？

五、我們在國際上因為受到大陸刻意的打壓，能見度不高，而達賴是世界級的宗教、政治領袖，來臺為「八八水災」災民祈福的宗教活動，又涉及他領導的西藏流亡政府會不會與邀請人——具有臺獨意識的民進黨——談與藏獨合作對抗中共的敏感話題，當然引起國際媒體的注意，從而對馬英九如何接待會晤達賴作詳盡報導，成為國際焦點新聞，只要藍營謀士運用得宜，就可以做一次很好的國際文宣！民進黨火中取栗的計策，未必得逞，很可能弄巧成拙！只可惜藍營陣中無諸葛，居然為了畏懼「傷害兩岸關係的發展」，而作出所謂五巨頭不見達賴的決策，徒然讓老共偷笑！因為兩岸關係並非獨利臺灣，兩岸合作，臺海和平是中共走向大國崛起的試金石，也是與歐美爭鋒之前，必須先行妥善擺好的墊腳石。如果臺灣扯後腿，中共在與國際接軌的努力上，必將事倍功半，付出的代價將遠遠超過杯葛、疏離，打擊臺灣，這是臺灣在推動兩岸關係和解的利基，卻為中共深悉而臺灣政客不自知的盲點，就國家利益為前提的中共來說，如果兩岸和諧對中共無利，中共政治局成員也不會做與人為善的佛教徒，更不會規劃新臺幣六千億對臺採購計劃了！

達賴來臺之行如期履行，他的言行舉止，如我所料，抵臺後首先表態他不贊同西藏的獨立運動，不主張西藏脫離中國，不但降低了中共的反彈，轉移了國際媒體對他此行目的重點，從政治回歸宗教，並且尊重地主，完全不作以他的身分、地位可以提出的任何要求，在遇到反對他來臺的抗議群眾，一句：這是政治民主的表現！也表現了他為西藏追求民主而流亡數十年的渴望與期盼。

中共對疆、藏，與臺獨區隔，策略不同

中共在「六四民運」以武力鎮壓保住政權後，致力發展經濟，歷經二十年的「為社會主義補課」（江澤民語），成效顯著，在各方面的數據報告上，已經是超英趕美的世界經濟強國！中共最高領導層級成員組成的中央政治局為此規劃與國際接軌、融入國際社會的重點，集中在以經濟發展作外交後盾，發起籌組東協加N的「亞洲太平洋自由貿易聯盟」（東盟）就是要在全球佈局，展現三分天下取其一的雄心！

但是在內政方面，政治局卻呈現了因循傳統，加強控制的保守心態，給予國際上反中制華，意圖拖住大國崛起者腳步攻擊的藉口，最易插手，最能收效的就是利用「三獨」，即臺灣、西藏、新疆的獨立運動來消耗中共為了遂行「大一統」的歷史使命；而不得不投入消弭防範國土分裂的力量！但中共對這三個「鬧獨立」的地區，自建國之初訂定粗糙的政策原則之後，過去六十年並沒有在「反獨」原則之下，就細節與技術作更進一步的探討、研究與改善！且歐美、中東各國乃至日本等在背後支持他們的各種勢力，也不相同，所以中共處理這三個性質不同、目標相異的「獨立運

動」應該也通過「現代化」思考與模式，否則一味臨之以武，靠人民解放軍駐紮鎮壓，永遠解決不了問題！

三者之中，台獨已是苟延殘喘難成氣候，因爲不但人才凋零，時機已過，而且理論基礎也失去了正當性，迄今還要靠日本的中階官員放話談臺灣地位未定論，不值一哂！中共爲了在臺灣內部插針，在與執政黨大搞兩岸和解的同時，卻又對臺獨同情或支持者，即所謂綠營的政客送秋波，用心頗堪玩味，也顯示中共在掌握「人民幣統一臺灣」的戰略優勢後，對臺獨運動已經不放在國計大政的優先順序排名名單上，也把對待臺獨的政策，與對藏獨、疆獨的政策等級和處理方式作了區分，也就是對臺獨軟，對藏、疆獨立運動硬的兩手策略，因爲中共中央在過去六十年與臺灣隔海對峙的經驗，體認到武力統一的成本過大，可行性過低！在經濟發展學臺灣的政策奏效而且勝過臺灣之後，看穿了臺灣淺碟經濟的弱點，就奠定了「人民幣統一臺灣」的基調，資源盡失的「臺獨」已不足道矣！摸摸頭就不必耽憂了，這次達賴來臺台獨支持者鬧內鬨，就是明證！

但是，中共在西藏、新疆投入建設發展的人民幣，六十年來累計已是天文數字，卻仍然必須靠武力進駐，才能保住表面的統治權，從未有達到真正統一的程度！爲什麼？無他，中共爲了追求大一統，不知因地制宜，在過去六十年來，也同時在藏、疆推動無神論教條與黨國至上思想，當然不會被千年來篤信宗教的藏胞、回胞所接受，這種錯誤的政策，是藏、疆動盪不安的基因，中共歷來的最高領導不是無知，也不是不知，卻不改變政策，寧可將因地制宜的策略用在港、澳，向臺灣喊話，而不談最應該、最適當實施一國兩制的藏、疆，可見中共高層傳統懼怕失去在西藏、新疆的控制權，因此造成了六十年來的惡性循環！

達賴喇嘛來臺清晰表達：「不主張西藏脫離中國！」是自去年西藏動亂之後，再度表態。我認爲當今推動大幅度改革的中共胡、溫領導班子，應該趁這位年事已高的西藏精神領袖影響力仍超過年輕一輩激進藏獨之時，與達賴對話，協商將西藏由自治區，改制爲一國兩制的特區，中共既然可以給香港五十年「馬照跑、舞照跳」的社會生態待遇，爲什麼不可以給藏、疆「教照信、經照唸」的宗教文化待遇？

2009/09/03 台灣公論報

為達賴喇嘛與西藏未來說幾句話

——從達賴在臺遭抗議說起

為討好中共抗議達賴來臺令人齒冷

達賴喇嘛日前來臺，從事為「八八水災」災民祈福宗教活動，由於此行係應民進黨籍的高雄市長陳菊之邀，經費又是被認為綠營金主的高鐵董事長殷琪支助，再加上中共對之忌憚甚深，二度表態表達反對態度，引起了憂心兩岸關係和諧進步的政商關係人、所謂的「媒體人」，甚至同為佛教出家子弟的和尚都紛紛表態，抗議達賴來臺，現在達賴已經離臺，平心靜氣來談談這些激情的抗議，不堪的談話，與達賴在台言行相較，我為這些人：羞！

首先我可以十分清楚明白的表態：我是堅決主張臺海兩岸和平的支持者，對此一主題，過去二十年來，我至少寫了百萬字的文章，雖然，我也曾在北京人民大會堂臺灣廳舉行的「兩岸關係座談會」中，大聲的告訴中共在場的高幹與政協委員，我是反共的！而今天兩岸關係的改善基礎，是建立在中共的質變，已揚棄了共產主義！在經濟發展的成果上，不但超越了臺灣，而且已有足夠的力量來幫助臺灣，但臺灣就應該為五斗米折腰到拾取嗟來食的程度麼？就該逆來順受接受「人民幣統一臺灣」的中共國策麼？就該在中共三級單位「輕聲細語」譴責民進黨、就該為了「國臺辦」的王毅改變行程不參加臺商會議開幕式，而上街向達賴抗議來表態麼？

達賴來臺一事的報導、評論被聚焦在會不會開罪中共，中共會不會減少、降低甚至對臺採購？

股市會不會大跌？陸客來臺觀光旅遊會不會卻步？卻沒有專家學者、媒體名嘴理性、知性而且深入的探討上列經濟性事務的發生，是已經質變爲市場經濟體制的中共，在長期嚴格評估國家需要而決定的政策，中共已經不是教條主義左傾冒進的「匪僞」！從中共官方反應對達賴來臺的態度，首先區隔這是有臺獨意識「一部份」民進黨人的作爲，縮小打擊面，爲後續處理預留迴旋餘地，但我們的馬屁文化卻是捧著雞毛當令箭，一堆想藉機向中共表態的無恥之徒賣力演出，或聲嘶力竭、或揮舞布條，企圖淹沒達賴在災區受到即使不是藏傳佛教信徒的災民的歡迎，及他與單國璽樞機主教的心靈對話，以及達賴在臺期間公開亮相時從未收起的笑容！

達賴表態準備好回西藏

達賴喇嘛在離臺登機前，答覆外籍記者說：已經準備好回西藏！這是他在臺五天，唯一爲他自己說的一句話，他說此話時，電視螢幕上映出他一貫的笑容，我卻可以深深的感覺到他內心的悲痛與渴望，因爲這位被迫離鄉流亡五十年的西藏政教領袖，已年逾七十，他領導的流亡政府，既需爲西藏發聲，在國際政治舞臺上週旋於列國之間，尋求支持，又不能接受任何強權的利誘，給中共攻擊抹黑他的藉口！想在有生之年回到西藏，當然是朝思暮想的渴盼！奈何現在的中共最高當局胡錦濤，也就是一九八九年北京發生天安門「六四民運」時的西藏自治區的區黨委書記，是第一個跳出來力挺中央鎮壓「暴動」，並且立即宣布軍管的封疆大吏，因而受到鄧小平的賞識，親定爲接班人。西方民主國家指責胡是西藏劊子手，卻不知胡在西藏任職不久，即患上高山症之類的疾病，回北京治療，遙領權責，本尊並不在西藏任所！中共在毛澤東領政時代，迷信槍桿子出政權，一向強調天下是人民解放軍打下來的，遇到不服、就兵戎相向，老毛本身又是傳統大國沙文主義與半吊子馬列主義的混種，終其一生不脫農民革命左傾冒進色彩！當時立國伊始，天下初定，容不得任何風吹草動，雖然與達賴簽訂了十九點自治條例，既無誠意也無能力可以做到，引起藏民反彈，當然是老調重彈出兵鎮壓。政策迄今未改，胡錦濤受命執行，開始了與達賴長達二十年的政治鬥爭！

將西藏改制為特區對中共有利

鄧小平繼毛澤東之後，領導中共改採務實路線，如平反冤錯假案，創建一國兩制，實行改革開放等等，並親自指定胡錦濤爲接班人，胡錦濤接班雖然因爲「六四事件」延了十年，但他上任之後的表現，令人刮目相看，特別是大力提倡推動三和政策，將對峙了六十年的臺海兩岸局勢化解，拔掉了「東亞火藥庫」的導火線，更受到國際的歡迎！尤其是在全球性金融海嘯發生之後，始作蛹者的美國受創深重，中共的胡溫班子處置得宜，不但沒有被拖垮，而且運用廣大的內需市場轉化危機爲建設國內落後地區的契機，使得在中國投資的各國外商從中獲利，降低了母公司在本國所受到的衝擊，更動用外匯儲備購買美國國債，支撐美元的世界貨幣地位，充份展現全球性政治領袖的氣勢！

但是西藏問題，卻不見胡錦濤有創新的作爲，去年三月西藏又有暴動，中共一仍舊貫出兵鎮壓，只是在過程中，比五十年前收斂多了！事後，中共再度指責是達賴在境外領導的藏獨幕後操控所致，但達賴不但矢口否認，並且強調反對西藏脫離中國的立場，是則，雙方在西藏是中國領土的立場上已經一致，問題出在管理制度上，在中共的行政系統中，西藏是自治區，這是毛澤東時代定下來的，有它的時代背景與政治現實的需要。同理，在鄧小平時代處理香港、澳門回歸就創建了一國兩制的特別行政區，兩者的不同點在中共對之管轄權的大小，如自治區的最高領導是區黨委書記，由中央派任；特區是「特首」，由區內採間接選舉制選出，經中央同意後就任，也就是前者為空降大吏，後者為當地「公僕」，所擁有的權力與負責的對象也就不同！鄧小平看出走了近百年資本主義的港、澳，一旦回歸，不可能回歸到社會主義的隊伍中，如果依循老毛的左傾冒進出兵佔領，劃歸廣東省管轄，必釀後患，因此睿智的創建特區，保住了港澳的繁榮！如果老毛當年能有相同的理解，尊重有數千年的藏傳佛教，也用特區制度來處理西藏，胡錦濤也就不會為老毛背上「西藏劊子手」的惡名了！

現在，達賴喇嘛既然在來臺五天行程中，先後表態與藏獨、臺獨劃清界線，又清楚表達返回西藏的意願，已經是世界級政治領袖的胡錦濤會不會考慮用政治手段來處理已經五十年的西藏問題呢？有可能，因為：

一、雖然西藏以前的傳統是政教合一，但已經中斷了五十年，而且達賴喇嘛一再表明自己是宗教領袖，如果在談判中協議達賴不干政、布達拉宮是宗教中心、任何喇嘛不得選任民選特首，特區的行政權及財政權仍操在北京手中，有何不可？

二、中共可以依據西藏歷史傳統設置前藏與後藏二個特區，作為將來在新疆也設立南疆及北疆二個特區的試點，因為新疆與西藏現行的行政區域面積，的確太大了，大到藏、疆地區在地人也不得不自行劃分你我，相互競爭或鬥爭！

三、中共正在邁向大國崛起的光明大道，要與國際接軌，就不可以繼續排拒宗教，將西藏改制為特區，允許達賴喇嘛以宗教領袖身分返藏，就中共而言，即標示了加速與國際接軌現代化的決心！

四、由於達賴領導的藏傳佛教在國外五十年努力弘法，信眾遍及全球，歐美各國的富商鉅賈，影藝名人乃至政界皆不乏其人，達賴本人得以周訪列國，會見元首，中共為了堅持立場，必須為此提出抗議，造成外交困擾，也給有意使中共難堪的不友善國家製造機會！如達賴返藏，則西藏流亡政府即難存在，如達賴不能返藏，在境外圓寂，根據藏傳佛教的教義，由達賴指定的靈童接任達賴禪號，是為十五世，依然是全球信徒的精神領袖，依然會領導西藏流亡政府，對抗中共！

五、中共內政有三個要害：西藏、新疆、法輪功都與宗教有關，這是中共建國之初供奉共產主義神主牌，左傾冒進推動無神論的後遺症！任何現代化國家，無不尊重宗教自由，中共要現代化，就必須放棄無神論的國策，若然，允許達賴返藏，在西藏、新疆實施一國兩制的特區，給予藏疆居民宗教自由，即可使三害去其二，對於中共現代化的進程，必有助益！

胡錦濤如果能在他任期之內，將西藏改制為特區，允許達賴返回西藏，他的歷史地位猶勝於妥善處理臺海兩岸關係；一則：他親歷了中共對西藏繫鈴與解鈴二個重要的歷史階程，二則兩岸之間的問題，絕非中共內政一國兩制可以解決的，胡錦濤在任期內不可能來得及成為兩岸和約的簽字人！

2009/09/06　新法家

回應「藏、疆」二文的回應

——重視現實規劃未來，才是解決問題發展之道

我有感於達賴喇嘛日前來臺爲「八八水災」災民祈福所引發的一連串現象，發表了二篇政論文章：「中共應在藏、疆實施一國兩制」、「爲達賴喇嘛與西藏未來說幾句話」引起不小的回應討論，足證這是有許多人關注的問題！因爲這兩個地區，近年來不斷發生動亂，成爲中共在邁向大國崛起道路上的絆腳石，不但在國際外交方面引致困擾，更且爲了出兵鎮壓，維持秩序增加爲數可觀的國庫支出，造成的動盪與不安，社會成本的負擔，更是難以估計，這是中共政府質變轉型走向現代化與國際接軌的過程中，境內東部沿海地區高度開發與西部邊遠地區發生落差拉大後沒有作同步改革的併發症！

大處著眼看改善藏疆離心問題

中共自鄧小平掌權，開始推動「不管黑貓白貓，會抓老鼠就是好貓」的務實政策，揚棄供奉意識型態的鎖國政策，實施改革開放後，二十多年來改革試點指向那裡，成績就顯現到那裡，其中生前親定港、澳回歸後，實施一國兩制特別行政區的創意決策，除了要保住兩地「馬照跑，舞照跳」的繁榮外，還要落實民心的歸向。早年留法的鄧小平，又何嘗不是想把港澳作爲眺望資本主義民主政治制度的視窗？港、澳回歸才過十年，一國兩制已見成效，尤其是港、澳居民得以安居樂業，而且經濟發展猶勝往昔，在地的反對勢力日益式微，證明了政策的成功，原因無他，因地制宜得民視

我視治理統轄之道的遂行而已！

反觀西藏、新疆已被中共統治了六十年，擾攘不安以迄於今，獨立運動是民心向背的表徵，也就是治理統轄的制度、態度與尺度出了問題。相較於香港在一九九七年回歸前出走的港人，在回歸後十年之內，絕大部份都返港定居的事實，反觀藏疆居民每年出走者，日以繼夜，年年增加的事實，中共中央是不是應該檢討軍管自治區政策真的「苛政猛於虎」？考慮改弦更張，從毛澤東路線走向鄧小平路線？更加配合向與國際接軌邁進的國家發展的方向？

如何處理西藏與新疆的統治制度，是中共的內政，也是國際矚目的焦點，在廿一世紀未來的全球國際競爭中，怎樣才能實踐廿一世紀是中國人的世紀？不使藏疆的離心成爲內憂，絕不是軍管可以做到的，移植在港澳獲得成效的一國兩制特別行政區制度，加以因地制宜的考量，作適當的修正，是值得考慮的一條可行之道！

以上的獨白，旨在說明我撰寫「藏疆」二文的動機與觀點，回應部份對此疑慮與不解的回應！

「為人民服務」須與時俱進向前看

我把各種回應歸爲三類，分別說明：

第一類：回應文章焦點集中在藏傳佛教不是佛教、西藏喇嘛政教合一實施農奴制度，因此不可以讓達賴喇嘛返藏！

說明：

A：「藏傳佛教」是一個被普世運用的名詞，是不是佛教，不在我的文章討論範圍之內，應該由宗教學者來談！

B：農奴制度經過五十年的革除，已不存在。那是數千年的傳統，現在的達賴喇嘛是十四世，坐床時只有三歲，掌權時才十六歲，出走到印度後，農奴主投奔他哭訴，他也只能收容，不能拒絕！即使這些農奴主或後裔隨達賴返藏，也不可能恢復農奴制度！

第二類：文章焦點集中在達賴喇嘛勾串外國，不能讓他把外國勢力帶回西藏！

說明：

A：美國在科羅那多州爲西藏反抗軍訓練游擊隊，是冷戰時代雙方敵對時的情景，現在中共是美國國債最大的債主，時空轉移立場更易，現在給老美借個膽，敢麼？

B：達賴流亡五十年，寄居異鄉，托庇印度，爲了求生存，必須周訪各國，尋求支持，在外言行，中共能奈其何？如果返藏，能麼？

C：中共實施改革開放二十多年，全球排行一千大的跨國公司，盡入彀中，任何國家在大陸謀利，均可堂皇爲之，西藏是大陸的低度開發區，還有多大的利益，可讓外國垂涎呢？

第三類：文章焦點集中在達賴喇嘛有領土野心，要求統治全藏，外加及青海、西康及部份甘肅地區，是全大陸面積的四分之一，而且要求漢人遷出此一區域，十分無理！

說明：

A：我不知有此一說，這幾天透過各種管道查詢，無人能證實達賴喇嘛曾正式提出上列要求！

B：行政特區的設置，規劃權在中共中央，如果中共中央行使統治權，設置前藏、後藏甚至藏東幾個特區，明文規定政教分離，有喇嘛宗教身分者，不得被選任行政公職，並且昭告全球，公開邀請達賴喇嘛率眾返藏，空出布達拉宮，虛位以待，如果達賴拒絕，至少中共在處理西藏問題上取得主動權，扭轉達賴在國際上製造被迫害的形象，對中共當然有利！

在上述三類之外，必須糾正一批把一國兩制特別行政區強加在處理臺海關係上的讀者，這是完全錯誤論點，因爲：

一、港、澳是中共向英、葡收回前清被迫簽訂不平等條約割讓與租借的土地，爲行使統治權，而設立特別行政區！

二、西藏、新疆是中共在一九四九年十月一日建國時即實施統治主權的國土，當時就設立了自治區，我的建議是在其統治權職能範圍內，改制爲特別行政區，以務實的消弭或減少這兩個地區的問題！

三、與大陸隔著臺灣海峽的「臺、澎、金、馬」地區，是中華民國政府實際統治了六十年的領土，也是中共在國際組織WTO協議中簽字正式承認不屬於中共管轄的「關稅特區」，更是中共從來未曾管轄統治過的領土，中共完全無權在這個地區行使統治權，怎能設立代表統治權的「行政特區」！

北京中共中央所在地的中南海入口處，懸掛著中國共產黨的口號：「爲人民服務」，人民的需要，隨著時代的進展而不同，也因爲地域的特性而不同，爲人民服務，必須因地制宜、因時制宜、因人制宜，宜就是恰當的意思，在「軍管自治區」的西藏、新疆六十年仍不能使人民歸心，動亂不已，中共在藏、疆改行一國兩制的特別行政區，作為「為人民服務」的另一個起點，誰曰不宜？

2009/09/09　新法家

隔海聽中共政改濤聲

——「給民間批評政府的空間」≠言論自由

中共總理溫家寶在二〇一〇年「兩會」的年度報告中，用短短的幾句話宣示了中共行將推動政治改革，他說要給人民批評政府的空間，印證我在二〇〇七年八月撰寫的「言論控制已經鬆動，政治改革行將啓動」一文，可以看出中共中央面對「大江東流擋不住」的政改趨勢；造成沖刷江岸的水流，就是多年來民間此起彼落「批評」政府的民間言論！

溫家寶把政改與允許民間批評政府的決策端上檯面的舉動，一反中共政權的傳統，不但證明了他在中共官場獨立特行的風格，也落實了中共中央權力結構現代化的轉變，值得肯定！但套用一句中共傳統的政治術語：「聽其言、觀其行」，我仍然不敢對溫家寶的宣示熱烈鼓掌，因爲爲他撰寫講稿的幕僚，用字遣句太有學問了：所謂「給人民批評政府的空間」是不是等同並保障言論自由？也大有討論的空間！

長年以來，外人看中共中央，好似鐵板一塊，十分團結，最高領導說了算的「一言堂」，其實是假象。政治局成員的組合成份，向來有黨、團之爭，也就是保守的黨與相對爲爭權而求「改革」的團兩股力量的消長，出身團系的胡錦濤與溫家寶，在鄧小平務實的推動改革開放大潮中，身處繼往開來的樞鈕位置，面對全球政治、經濟、軍備迅速變化的國際局勢，內處各方對政經資源分配爭奪的亂局，在任期只剩二年左右的此刻，開始推動政改，說明了中共中央內部政治權力鬥爭，逐漸白熱化！「胡、溫組合」是中共歷來最高領導最受國內外肯定與讚許的一對，他們在任期內的施政成就，把中共帶到了全球華人期盼了百年的「超英趕美」的地位！但在中共中央傳統的威權統治歷史上，卻是權力最小，威望不足以成為「一言堂堂主」的組合，也就是在胡、溫體制的政治決策過程中，雖然保持了人治的傳承，卻也增添了協調機制，滲入了「民主初步」的精神！因此，在去年胡錦濤以中共中央總書記的身分，宣示推動黨內民主的時候，也就把黨內各方競逐胡交棒人選的內爭表面化，傳說曾被江澤民指定接替胡錦濤的習近平成了出頭鳥，成為眾矢之的，目前與習近平資歷、出身相類似的一字並肩王，個個躍躍欲試；其中被外放封疆的重慶市委書記薄熙來，動作最大，在轄區大力整腐肅貪，贏得全國人民的喝采，輿論讚揚，成為「太子黨」中的人氣王，人民望治之心，沛然莫之能禦！

胡、溫打破中共「老子打下來的天下老子坐」的傳統，把推動基層民主，給人民批評政府空間等逐步放鬆對人民威權統治的政改政策，在「兩會」中端上檯面，象徵著胡、溫在佈署帶領中共走向現代化的歷史地位！我十分樂見胡、溫推動政改，但穩步前進與保守是有區別的，就如「給人民批評政府的空間」不等於開放言論自由，因為言為心聲，心有所思，絕不能以行政手段加以限制，政府施政，事無大小，均涉可以公評的範圍，空間應該無限！

2010/03/04　臺灣公論報

第五章　發展經濟篇

只知「向錢看」，錯啦！

王永慶生前致力塑造社會形象！王文洋目前努力爭產破壞形象？

——談父子處人風格不同造成行事結果迥異

臺塑集團創辦人王永慶先生過世之後，他生前十分重視的社會形象，受到主客觀的各種因素影響，尤其是長子王文洋在喪禮之後，爭產動作頻頻，成爲社會新聞的焦點，爲王文洋幕後操盤作媒體宣傳的「顧問」們，完全沒有顧及王永慶先生的身後令名，致使王文洋在其父屍骨未寒之時，受到不肖、不孝的指責！所謂孝者：父在順其言，父去承其志！王文洋爲呂安妮離家，尚可用「小杖則受，大杖則走」的道理來解釋，但現在爭產動作，已經上綱到「敵我矛盾」的地步，他的「友好」汪笨湖公開指稱他離開臺塑是爲了「躲死」，毋寧太過？王永慶先生有三房妻室，子女眾多，在大家庭中，人多口雜，牙齒咬到舌頭的情況，在所難免，但作爲一家之主的王老先生，治家極嚴，他的子女，包括王文洋在內，在嚴父的教導下各有成就，沒有一個成爲社會的蠹賊，由此可證！他在世時，王文洋即使已離開臺塑，但與二房及三房的弟妹之間親情往來，也未聞有任何嚴重衝突情況發生過，今日何以致此？雙方在面對王永慶先生遺照時，頭腦冷靜的想想吧：這位活到九十多歲的大家長，並沒有繼承乃父的任何遺產，白手起家，帶領弟、妹自行創業，成功之後，創辦長庚紀念醫院，彰顯父德，又在豪華氣派的臺塑大樓頂樓鋪設菜園，讓母親在車水馬龍的鬧區中，安享習慣的田園之樂！和其弟王永在先生更是親愛精誠，合作無間數十年不變，才有今日臺塑集團的規模！目睹王文洋在「德高望重」如李登輝、「名滿菜市」如汪笨湖以及「幕僚」、「顧問」簇擁之下，打出拱王文洋參選總統的旗號，毫不顧及王家親情及社會形象，一味為了幫王文洋爭奪老父遺產，詭謀百出，也出盡了「洋」相，難道孝子真的只出寒門麼？

我有幸曾於一九六九年末起，到臺塑工作了二年，追隨王永慶先生，擔任臺塑對媒體的公關工作，當時臺塑的辦公大樓，位於臺北市新生北路與南京東路轉角處。我到職首日，到董事長辦公室請訓，他只說了一句話：「任何報紙、雜誌、電臺批評臺塑集團（當時只有七家公司）或者我們兄弟二人，就是你失職！」可見他對企業形象及個人形象的重視程度！但他對文化、出版界的支持與重視，並非完全為了商業利害關係，如《中外雜誌》創辦人王成聖教授來找我，說明這本以刊登現代史料為主的刊物，經營十分困難，希望臺塑集團刊登產品廣告，給予支持。我知道實施利潤中心制的產銷單位無法編預算，就專案請示董事長，擬妥洽請「軍友社」訂閱該刊物五百本，為期一年，由臺塑公關預算捐款給軍友社付費的草案，立即獲准，照案實施！為了避免多如牛毛的雜誌要求比照辦理，難於應付，我一直對此事保密，現在二位王先生在天上相見歡，我可以在人間說出來了！

臺塑集團的主力「臺化公司」研發產製洗碗精、洗菜精上市前，舉行記者會，董事長因十分重視，臨時變更行程，趕到現場，當他看到宣傳資料時，立刻接過麥克風向在場記者說：資料有錯誤，裝產品的塑膠瓶不可以當茶杯用，這種化學原料遇熱會分解毒素，最好不要當水杯用！他並轉頭對臺化員工說：我知道瓶子不能裝水，會影響銷售，但是我們不可以騙人！這是我在場親歷目擊重視社會責任與形象的王永慶先生！但由於他的誠實說明，的確影響了產品的銷路，後來被迫改包裝，成本大幅提高，可證王先生不是唯利是圖的奸商！

當時，王永慶先生與王永在先生的辦公室均在四樓，四樓的單位名稱是總管理處，都是非主管的中、高級幕僚，董事長與總經理對在四樓上班的我們很客氣，也很尊重，從不直呼姓名，多稱先生、小姐，熟悉的只叫名字，董事長在私下用臺語發音叫我「阮仔」，我在約期二年屆滿時，決定回報界到《民族晚報》任職，薪資所得是臺塑的三分之一，他問我為何不肯留下來任職，我說擔任公關，為了公司不能得罪人，只好哈腰陪笑，與我個性不合，「忍不住啦！」他聽了大笑！離職前日，我被召到他的辦公室，收下當時可以買兩戶公寓的紅包！他說：公司不能給你離職金，這是我自己的錢，謝謝你這兩年沒有讓我挨罵！

一九八〇年代，他到美國德州投資設廠，道出洛杉磯，我到他下榻的酒店去拜會，在走廊上相遇，他很高興的叫我：阮仔，你在做什麼？到德州去幫我吧！我告訴仍在辦報，報名叫《加州論壇報》，在德州的中文書店可以買到，他看看我說：你也很堅持啊！

這是我最後一次見到王永慶先生，看到他逝世的報導，想起他叫我「阮仔」的聲音，再看到王文洋爭產的動作，作為他的舊屬，禁不住內心的感慨，只想說一句：王文洋，請你不要受別人的挑唆，讓他老人家安息吧！

2009/07/20 臺灣公論報

政客名嘴爲何爭著牽金牛

——王文洋爭產被多少人牽著鼻子演鬧劇

臺塑創辦人王永慶的家族，在他過世後爲爭遺產鬧出的風波，因爲有外力介入，方興未艾，焦點集中在他的二房長子王文洋身上，各種媒體的相關報導，都是王文洋對遺產處理的言行舉止，但任何媒體記者在聽到王文洋的「友好」、「顧問」的「據說」之後，向他查證，王文洋皆以一號表情回答：「不是我說的！」、「我沒有這樣說」作答，但媒體爲了銷售量與收視率仍然以他作爲焦點，似乎王家除了他，其他成員，對處理遺產並不關心，這種既不合理也不符事實的表象，不但傷害了王永慶、王氏家族、臺塑集團、員工士氣、股東信心，也重創了王文洋本身的社會形象，介入的政客與名嘴，放話要支持王文洋將來選總統，爭相在遺產上作文章表態，伸出髒手搶著牽金牛，著眼點就放在王文洋一旦千億落袋，他們跟在身邊，即使撿幾個王文洋口袋裡掉出來的零頭，也一定不是小數目！

王文洋想參選總統，不是空穴來風，他在二〇〇七年就有這個念頭，當時農民黨曾由沒有被中國國民黨提名競選連任的立委柯俊雄居間，安排與王文洋洽商，由該黨提名參加二〇〇八年的選局。王文洋請他的老師廖大林出面邀請了學者、媒體人與政界朋友，分批在他的辦公室會談，經過這些人就各方面情況的分析，才使他瞭解「談何容易」！時間太過迫切，參選只是浪費資源，才作罷論。

但經過這一波深入而且專業的研討，王文洋理解到他的確具備將來競選總統的條件：

一、本省籍

二、有博士學位

三、具備財經專業

四、經營之神王永慶之子

五、有臺塑集團基本票源支持

六、有與大陸合作的經驗，對兩岸關係事務熟悉

七、有世界觀及國際人脈

只是在王永慶一貫不喜碰政治的原則下，王文洋在國內政界少有朋友，更無人脈，就成了這次政客與名嘴介入插針的縫！

王永慶過世不久，王文洋就拜訪前總統李登輝，並且否認是爲了請這位「德高望重」長輩出面，爲他家事喬遺產紛爭，媒體立刻傳播李登輝有意拱王文洋參選這屆總統的消息。李登輝一手打造的臺聯，是一支先天不足的九流政客雜牌隊伍，這些人一如李登輝，在當時的政界流離失所，大家攏在一起取暖，寄身「前總統」光環下傲人，但不過四年，風流雲散，已經起不了作用！王文洋上門，當然是另起爐灶的好機會，所以在事後就有了密見宋楚瑜「父子重逢」、「澄清誤會」的戲碼上演！宋楚瑜在二〇〇〇年就是無黨籍總統候選人，又曾自組規模聲勢比臺聯大得多的親民黨，雖然在參選臺北市長的「最後一役」輸到脫底銷聲匿跡迄今，但原親民黨人在政界仍相當活躍，立

法院中，掛著中國國民黨旗號「親」幫兄弟也多是舉足輕重、影響力甚大的大委員，加上第一大縣的臺北縣長周錫瑋等等，實力不差，只欠東風，如果李登輝從中撮合，借到王文洋爭來的鉅額遺產金援，在二〇一二年，不論是王文洋敬老的宋、王配，或是宋楚瑜提拔後進的王、宋配搭檔選總統，果如是，現在中國國民黨內的連系、本土系、吳系屆時會不會「殺君馬」，致使政黨再度輪替就不無可能！因爲除了吳伯雄，連戰、王金平都是李登輝拉拔出頭的政客！

我曾和王文洋有過二次開會談話的機會，他也送給我他寫的書，可以看出他的理想性，但與他的父親相較，聰明過之，細緻不足，例如我參加的那次會談，散會時已逾晚間八時，卻沒有準備晚餐，這在「王永慶時代」是不可能發生的，王董事長主持的會議，下午六時許未散，餐盒就會送到會議桌上，人人有份，這是小事，卻是管理的基礎，也是讓與會人士感受到被尊重與被關心的重點，人脈就是從這種小事建立起來的！

2009/07/29 臺灣公論報

三十萬的禮服VS二十萬的醫藥費

——連家節簡的婚禮對照「賣糖豆豆」的求生存

前副總統、行政院長、現任中國國民黨榮譽主席，被大陸西安小學生「奉命」尊稱為「連爺爺」的連戰，於三月十四日為次子勝武完婚，在臺北市五星級酒店設宴，席開六十一桌，對連家的人脈與財富而言，已經做到了連戰事先申明盡量「節簡」的原則，但連家辦喜事，媒體湊熱鬧，無論是平面媒體還是電子媒體，前後數天都大篇幅、長時間的報導，鉅細靡遺，尤其是連老太太方瑀女士，事先遠赴美國紐約，邀請為美國總統奧巴馬夫人設計服裝的華裔服裝設計師，為新娘子訂製一襲價值三十萬元的禮服，羨煞多少待嫁女兒心，也氣煞本地婚紗業者！此舉對黨內同志現任行政院長吳敦義提倡的庶民經濟政策實在不捧場。不過，連家即使在臺北只花三萬元買婚紗，也非庶民，是不爭的事實！相對於連家置辦三十萬元一襲的婚紗報導，同日的另一則引人感嘆的新聞，是在臺中有一位小名豆豆的小朋友，因為患病，接受化療，掉光了頭髮，由於必須籌措二十萬元的醫藥費，他為了減輕父母的工作量，每天傍晚到市場去幫忙父母叫賣糖果，許多人聞訊後，專程去買糖果，希望能幫助小豆豆，這是中華文化幼吾幼以及人之幼的傳統美德，我不想呼籲連戰把為次子婚禮喜宴節簡的餘額，也去向小豆豆買糖果，但希望國內的豪門鉅賈，在栽培含著金湯匙出世的下一代時，都能發揮向小豆豆買糖果的庶民一樣：「幼吾幼以及人之幼」！

2010/03/23 臺灣公論報

中小企業個體戶，錢進大陸陷坑多

——不可佔陣地，只打游擊戰？

到大陸發展的台商，在數字上看，大企業只是少數，但是資金龐大，制度嚴格，資源豐富，影響力大，可以用計畫性的前期虧損，後期賺錢的長期規劃，到大陸發展，而且受到大陸各階層的歡迎，尤其在政策上，可以獲得許多優惠與保護。獲利之後，又成爲樣板，受到更多的尊崇，名利雙收，是大陸吸引台資、外資的吸金石、模特兒！

台灣許多中小企業，因爲看到他們成功的實例，加上台灣內部投資環境的惡化，也紛紛追隨他們的腳步，到大陸發展，卻往往事與願違，不但虧損，甚且招災，如果經濟部能有計畫的做一次普查，就可以清楚的查出，台資到大陸，虧損的比例，高到嚇人，賺錢的大企業，也只是常在媒體上鼓吹到大陸投資的幾家樣板大企業而已，台灣中小企業資金，被轉往大陸而如泥牛入海的金額，遠遠超過在大陸賺錢企業的營利，這是在兩岸官方找不到數據說明的事實！

萬商雲集　登陸內地

中小企業限於資金，在前往大陸投資時，無法像大企業般避開許多陷阱，有下列幾個重要的原因：

一、對市場調查不夠徹底，誤導投資前景，做了錯誤的投資。

二、對政策瞭解不夠深入，在政策改變時，無力隨機應變，沒有見風轉舵的能力，死守不變，逆向操作，只有越陷越深！

三、管理制度不夠嚴格，不能貫徹企業經營的基本要求，等到內部生變，變生肘腋，就無力挽救！

四、對人性觀察不能體會，經過文革浩劫之後，「大陸同胞」與傳統的中國人有了相當大的性格差距，不但今非昔比，而且適得其反，人民公社使人民不再勤勞節儉、愛惜公物，文化大革命更打破了人們互信互重的傳統，養成猜疑、自保、冷漠而沒有理想遠景，這種特色，在大陸各地基層公務員身上，尤其明顯！

其後十年，大陸經濟起飛，鄧小平讓一部份人富起來的政策實現，讓大陸出現一片榮景，榮景的背後，是貧富差距拉大，也就是大型企業的發展更好，中小企業的空間更小，因爲大陸只歡迎他們朝野自己做不到的項目，中小企業投資標的，多半選擇「與民爭利」的行業，當然不爲當地官員民商所喜！

市調不嚴，制度不彰

台商中小企業在大陸的失敗，也有自己不知檢討的原因：

一、忘了我是誰？不清楚認識大陸歡迎你帶來的資金，不是你本人，因爲你有資金，所以對你奉承巴結，耗到資金用完，戲就演完了，主角換人，你想跑龍套，也沒份！

二、酒色財氣加上賭，是台商生活最容易被「大陸同胞」活逮活宰的陷坑，被坑的台商，不在少數，有苦難言，自掘陷坑自己去跳，就算是上當，慘遭活埋，也只能說是活該！

三、送賄逃稅搞套匯；大陸官員無論大小，可說是無官不貪，台商送賄的手法，不需要像在台灣一樣輾轉細緻，結果是在官員收賄後，往往因政治鬥爭被鬥倒，送賄的台商成陪葬，逃稅、套匯是中小企業求存的「必要」之惡，由於必須有官員打掩護，就成了集體犯罪，官員犯罪，坦白從寬，被交出的台商，就成了代罪羔羊，罰款、坐牢，幾難倖免！要求倖免，又是提錢來談！

台灣的中小企業或則個體戶，經商的前途，大陸市場是一個選項，如果選擇到大陸去經營，我的勸告是：

一、不要佔領陣地，也就是不要爲企業置產，一切用租賃爲原則，一旦有警，退租走人。

二、不要做「與民爭利」的行業，只做有創始性的生意，見好就收，隨時改行。

三、不要相信任何一個對你笑臉相迎、甜言蜜語的人，更不要相信一句話「問題不大」！不大的問題，最後一定會大到讓你血本無歸，甚至掃地出門！

優惠政策，羨煞商人

中共在改革開放之後，訂定許多對外引資招商的政策，憑藉著大陸龐大市場蘊藏的商機，台商在語言、文字通達的優勢下，被中共的各種優惠政策所吸引，以及地利之便，首先成爲登陸部隊，早到的台商，因爲中共牛步化的行政效率及立法程序，在有政策、無法令的情況下，成爲各地地方政府有關官員的肥羊，這些潛意識排外又保守的基層共產黨員，施展上有政策、下有對策的功夫，與當地工商界聯手，把前來投資的台商資金，視作發展地方的墊腳石，形成台商口耳相傳的「圈、套、殺」惡性循環，即中共中央的政策圈進台商，地方政府的對策套住資金，在地的配合工商業者就用抬價等等手段殺雞取卵，剝下臺商的皮，因爲台商不絕於途，絡繹投網，不怕沒有台商送上門來，因爲台商迷信有土斯有財，批地的大權在握，開發的工作非在地人莫屬，等到一切妥當，台商資金耗光，留下所謂「豆腐渣」工程，再由法院拍賣給當地與官方勾結的人士，試看今日大陸各地，有多少開發的成果，是由第一手投入的台商所擁有的？真的是寥若晨星！

為商需正，勿染色情

其次是台商在大陸最爲引人注目的問題，就是男性劈腿、包二奶，其實這是兩岸不直航的「副症狀」之一，台商到了工作地點必須與當地官員搞關係，習慣以酒色做爲工具的台商，把「台灣文化」帶到大陸，在酒酣耳熱之際，有女相陪，增助氣氛，酒後劈腿，是食色性也的人性。但是包二奶卻另當別論，其中爲錢、爲情、爲各種不同的目的，原因複雜，總結而言，大陸與台灣，雖然不過一水之隔，但是台商往返兩岸，因爲政府間不開放直航，必須繞道，十分不便，只能較長時間留駐在工作地點，離家日久，人非草木，日常生活與感受不可能只靠通電話、訴相思就能解決，一旦有了替代的對象，的確是聖人也在劫難逃，所謂「包二奶」云云，既成普遍現象，就不是個案私事，也不能靠立法禁止，必須在政策上開放直航，讓台商與家屬得以方便往來，正常聚首，否則，有了二奶的台商，即使賺錢，錢進大陸，對在台的家屬既疏照顧，對台資的回流，也有影響！

2007/07/13 臺灣公論報

博鰲論壇開啓兩岸會談，蕭萬長爲「亞洲貿協」開路

蕭萬長於四月六日公開宣布：他將以「兩岸共同市場基金會」董事長身分，一如以往五年、第六次參加在中國海南舉辦的博鰲論壇。這是蕭萬長在三月二十二日當選中華民國第十二任副總統之後，在五月二十日就職之前首度出國從事經貿外交，備受朝野各界矚目。

台灣尊嚴VS外交邊緣化

由於蕭萬長在向媒體說明此行的相關事宜時，態度十分低調，引來即將下臺的民進黨官員、立委，乃至依附的媒體、名嘴大聲疾呼，要求蕭萬長要保持「台灣尊嚴」，充分反映大敗之後的民進黨，並沒有徹底檢討反省輸掉執政權的根本原因，就是抱著意識型態的神主位當盾牌，高舉台獨意識優先的大旗，違反國際間全球化的主流，造成被國際排斥的被動鎖國現象，以至八年來經濟發展處於逆境，舉步維艱，與中共實施改革開放後的國際化走向，背道而馳，造成兩岸經濟發展差距的反轉，而且處處受掣。

具備國際觀才能提升地位

中共在發展經濟的過程中，最值得我們深思的，就是拋棄傳統的意識型態思想束縛，進而專注於拓展經貿國際化的規劃，「博鰲論壇」與「亞太貿協」（亞洲太平洋自由貿易協定，FTAAP）就是中共在此一大戰略下創建的區域整合組織，「博鰲論壇」以非官方、非政治的面貌，邀請泛太平洋區域各國卸任的國家元首、經貿官員、專家學者與會，集思廣益、交換意見，成

爲中共經貿發展的智庫，這次的「博鰲論壇」明訂「綠色經濟」爲主題，印證中共意圖在全球性的環保議題上，超英趕美，引領寰宇的企圖，足見用心。蕭萬長得而赴會，是可以把台灣在環保經貿成果，向國際展現呈示的良機，讓泛太平洋區域的領袖人物，瞭解到台灣農、漁、工、牧各業對環保工作的努力，誰曰不宜，用這種方式來突顯台灣，比民進黨八年來口頭嚷嚷台灣意識優先，貢獻豈不更大？民進黨在過去八年，由於領導階層缺乏國際觀，看到蕭萬長甫當選、尚未就任，就有機會在國際會議上一展身手，當然有酸葡萄心態，毋須置理！

推共同市場是為避免封殺

民進黨之所以抨擊蕭萬長赴會爲不當，除了意識型態之外，他用「兩岸共同市場基金會」董事長身分去參加，才是主因，馬蕭團隊用「兩岸共同市場」政見主打經濟發展政策，在「一中」的問題之下，至少有五百四十四萬票對這項政策存疑，蕭萬長無法明言：兩岸共同市場，是目前不得已的作法，因爲，將於二〇一〇年成立的「亞洲貿協」，台灣因爲與發起主導的中共，有主權之爭，而被排除在這個以主權國家爲會員的官方經貿區域組織之外，所以兩岸共同市場是蕭萬長爲求解決台灣在「亞洲貿協」成立之後，免於遭到全面封鎖的借道之計。

從根本解決成立經貿特區

民進黨人在競選中雖看破手腳，卻因爲自我閉鎖、不求甚解而找不到重點要害，只知其然，不知其所以然，終於還是讓七百二十一萬投票公民選擇了「兩岸共同市場」的政見，事實上，遠在蕭萬長被馬英九徵詢提名爲副手搭檔之前，我與本報巫發行人就曾當面向蕭萬長提出建議，以創建台灣為國際經貿特區的理念，加入「亞洲貿協」作這個國際經貿區域組織的後勤特區，成為全面自由化，開放的國際承認特區，從根本解決台海對峙的問題，建立台海長久和平的新機制。但很可惜這條摒棄統獨思維的新路線，雖然蕭萬長當時在口頭上客氣地讚揚了幾句，之後仍然推出「兩岸共同市場」的理論，卻在選戰中被抨擊到焦頭爛額。這次又以「兩岸共同市場」一說去「博鰲論壇」，我們擔心的是中共方面誤以為這是台灣全民的共識，而趁機擷取，造成未來雙方在經貿合作上，因規模差距過大，將主導權完全拱手讓予中共的不利局勢。畢竟，蕭萬長現在是準副總統，而不是過去五年來單純的「兩岸共同市場基金會」的董事長啊！

2008/04/11 臺灣公論報

外資、陸資、臺資，臺灣振興經濟資金那裡來？

最近因爲「南山人壽」標售案，被在香港註冊的博智與中策兩家公司聯手得標，又引起了所謂「陸資偷渡」的話題。競標失敗的臺灣中信集團放話指責得標對手，含有大陸資金，要求主管單位調查！

這個個案表象是兩家金融業者，在爭搶一隻會生蛋的金雞母，深層的問題，是在考驗淺碟型的臺灣經濟對於外來資金，採取什麼樣的態度？自從一九八〇年代鹿港拒絕杜邦設廠後，外資來臺，除了在股票市場上搶帽子，真來投資的不多，古根漢案遭拒後，爭取外資來臺，成了難題！

馬英九的兩岸政策，把振興臺灣經濟的重點放在開放大陸觀光客來臺消費；及開放陸資來臺投資，是從振興臺灣經濟需要大量外來資金挹注的務實觀點著眼！跟過蔣經國的馬英九當然知道，要不是蔣經國毅然向沙烏地阿拉伯借錢搞十大建設，臺灣就不會有今天的經建規模！但有了今天的經建規模，臺灣反而失去了向外借錢的資格！經過李登輝時代十二年的揮霍，陳水扁時代八年惡搞，馬英九接下了一個空虛的國庫，又碰上全球性的金融海嘯，全球各國都不能倖免，唯獨中共反蒙其利，成了全世界的金主，且看歐、美、亞、非各洲各國，都在爭「中資」，只有臺灣爲了恐懼被人民幣統一，對於大陸資金登臺，躊躇徘徊，馬英九上任一年半了，相關單位「研考」陸資來臺的規範，仍在「延久」！

資金無國界，重在管理，以在社會聚集資金的保險業爲例，它起自荷蘭，盛於英國，發展爲全球規模最大的金融事業體，成功的主因就是英國爲它制定了可久可遠、鉅細無遺的管理規則，所以，在全球各國的保險業中流通著全球最鉅額的資金，井然有序，成爲穩定全球金融秩序的主要力量！從大處著眼，臺資在過去二十年政府管理無方的情況下，用腳投票，順著單行道出國，有去無回，僅臺塑王永慶就被發現在美國有新臺幣近三千億，可見政府對資金管理的疏失與漏洞多大，以及臺資外流情況的嚴重性！

這次引發話題的「南山人壽」標售案，該公司是美國A1G集團的成員，A1G在金融海嘯中，幾遭滅頂，出售海外資產，回救母公司，理所當然！而競標雙方，一是臺資，一是港資，得標的價金，雖然標價高達廿二億美金，均須由AIG匯回美國，不會留在臺灣！除了保住這家外資保險公司，繼續留在臺灣，保障了員工與客戶的權益外，資金方面，則是臺資赴美，還是港資赴美的不同。至於港資之中，是否含有陸資？多少？反而成了考驗馬英九爭取陸資來臺的試金石！

競標失敗的中信集團，正值多事之秋，辜家與陳水扁的貪汙案，有千絲萬縷的關連，如在對金融事業管理嚴格的英國，中信很可能不得參與競標！而在立法院爲中信「仗義執言」的立委，又是扁系大將高志鵬，也是奉行排拒陸資來臺的民進黨主力部隊，是則主管單位能否抗拒壓力，就值得注意了！

資金來源不足的臺灣，在外資不進來，陸資進不來，臺資趴趴走的情況下，馬英九的振興臺灣經濟政策方案，資金那裡來？

2009/10/31 臺灣公論報

第六章　深化民主篇

導言

堅持追求民主法治

陳治平

我行年近八十，比大方大，可以賣點「老資格」。不過，一九八一年，我在伯克萊加州大學主持中國研究的圖書館，讀到「阮大方」行文呼籲「裁撤警備總部」，就在蔣總統（經國）腳底下！其「膽大妄為」，真比伯克萊還伯克萊。

「民主」是臺灣當今的「驕傲」，恐怕也是她的「亂源」。無它，蓋「違法亂紀」者，實乃華人的「傳統文化」。也只有像阮大方這款人，要來「裁撤警總」，只因警總乃「不法機構」。用大方的邏輯：民主，就得遵守「遊戲規則」，尤其是大家已經同意遵循的遊戲規則，「合法」是民主政治的基本素養。法，可以改，但不可不合法。於是乎，「警總」倒像似「民主政治」不適合「中華文化」地區的一個鐵證，需要裁撤。

阮大方筆下談論的，以權亂法的事例，所在多多。比如他在美國面質中共總書記趙紫陽：中共為何違法關押香港的律師黃賢？又如他寫公開信給中共總理溫家寶，要求立法清查被各處地方官商勾結坑害臺商的「冤、錯、假」案！都是兩岸高官權貴、專家學者、富商鉅賈們看成不屑的小事，恐怕就是阿扁敢於執行貪腐的僥倖心理的根源，否則，律師出身的阿扁總統，何致於狼狽若此。其玩弄「民主政治」，比蔣家猶有過之，倒是對大方個人而言，綠色恐怖比白色恐怖的唯一好處，就是晚上睡得稍微安穩些而已。

「法治」其實是「民主」的基石。有法治之心，乃有民主之意，遵法的背後，體現的是對他人與社會大眾的尊重。所有「華人」（海峽兩岸的同胞，散居全球各地的華人，統統在內）的「現代化」，就在此中。排隊、守紅綠燈、等等等等生活細節，才是實行了「民主政治」。

這也是我老人家的謙卑的願望。

2010/07/13

是撤裁警總的時候了！

——從陳文成命案說起

陳文成命案的發生，是一件大不幸的事，各方面討論此案的文件很多，均著重於死因的追究，我以爲：不論陳君的死因爲何，警總均不能辭其咎，非但總司令應該辭職，以示負責，國府更應該撤裁警總，藉平民憤，從而促進臺灣的民主、自由與法治！

警總是一般人對臺灣警備總司令部的簡稱，它究竟是一個什麼樣的單位？按照其官式全名，自然應屬於軍事單位，但不然，它還管金、馬、臺、澎二千萬人的出入境，那麼是行政機關？也不然，在其職責範圍中，有一項是勒令「炒股票」的大亨出國避風頭，干涉股票市場，應是經濟部門！更不對，警總不但每天有專人讀報、剪雜誌、監視收聽電視廣播節目，而且還直接控制了中華電視公司，警總的政治部主任「奉調」出任「華視」副總經理的明令，前幾天剛剛見報；所以，警總應該是新聞文化事業的主管。也未必，因爲警總的工作人員，還要負責抓結夥搶劫的強盜，那的確是治安機關了！不止如此，還有好些個看守所、管訓隊隸屬警總，豈非司法機關？不、不、不，應該說是軍法機關！軍法別立於司法之外，本來，司法權應該完整獨立，這也是臺灣的法治之「本」，警總既不附屬於司法機關之內，絕不是司法機關！這句話又說錯了，更正之餘，還需補充，警總不但在臺灣島內，負責收集「社會」情報，且在國外也有專人收集情報，這項情報，名爲「彩虹」，陳文成就是不知自己已經踩上了「彩虹」，一個筋頭栽進「彩虹」摔死的！如此說來，警總是情報機構，總錯不了，然也！因此有聰明才智之士，爲警總別其名曰：情治單位！

說實話，我並不是研究警總的專家，上列警總列管職掌，不過是一介百姓，平日留意所及，作番敘述而已，事實上很可能掛一漏萬，還有許許多多未曾舉出。但是就上列各項來說，已無一不是其他機構的職權；譬如人民入出境，當屬內政，警總設出入境管理處，包括福建省的居民出入國境的事，也由臺灣省警備總司令部一併管著！但不知是內政部自認能力不足？還是抱著不做不錯的心理，甘願讓警總越俎代庖了這麼多年！同樣可怪的是職掌新聞文化事業的新聞局、管治安的警務處、搞情資的情報局、辦調查的調查局，一體默認，讓警總攘奪職權，甚至喧賓奪主！如警處偵辦陳文成命案，由警總出面「督導」，各個權職單位是不知該爭而不爭？是不能爭？還是不敢爭？

我是在臺灣長大的，在臺灣三家報社工作了十幾年，經常與警總有接觸，對警總這種大包大攬、無所不管的作風，一向不敢贊同，記得約在民國五十四、五年間，在時任總司令陳大慶的記者會中，我應邀參加，當時年少氣盛，起立發言，歷數警總各種不當的措施，指陳所屬人員擾民之舉，結語申明我基於愛國心，不願形諸筆墨，只盼陳總司令嚴加約束。陳氏號稱儒將，聽了我一番慷慨陳詞，也不由變了臉色，結果一位少將主任被撤職，許多工作人員受處分！其中一位到職才三個月的預備軍官，是被分發到被我指責的單位工作，居然也被記大過一次，此人是舍弟同學，事後向我抱怨。這也是警總官僚作風的明證！

這些年來，臺灣在各方面的進步，有目共睹，自「蔣經國時代」來臨之後，以開放、建設、促進民主自由、建立法治社會爲號召，這種順應潮流，人民歸心的作風，是促進中國政治現代化的契機，每一個愛國愛鄉愛民族的中國人，無論身在何方，無不翹首以待，只可惜警總這個大而無當、攬權過甚的「老大」機構，一直在明裡暗裡、有意無意的阻撓了臺灣的進步與開放！陳文成命案的發生，不過是警總刺激民心的一端，此案已使民怨沸騰，深盼求治、望治的當局，適時就此做一檢討，要實施民主、建立法治，非撤裁警總；將其職權歸還原建制單位不能成功！

以陳文成命案爲例，如他在國外的言行，有對國家不利之處，應屬使領、僑務單位管轄職掌，而現在僑務人員的工作對象，似乎針對一般海外中國人統稱的「老僑」，即早年移民海外的廣東同胞，所以僑務人員必會說廣東方言。至於自臺灣遷往海外者，則被稱爲「新僑」，卻由警總管轄，也就是「臺灣省警備總司令部」的管轄權隨著「新僑」的足跡，超越國界，無遠弗屆，這是此間中國人人人知道的事實！

幾個星期前，我曾巧遇一位警總的中級官員，面對老友，他也不得不承認是奉派駐美的，有些中文報紙，洋洋灑灑的寫文章，否認「有臺灣情治人員在美國刺探在美臺灣人之舉」，這種抹殺事實的報導，對新聞從業人員來說，是一種羞辱，在美國辦報，不論政治立場，至少不必自我貶損到辦「宮門抄」！但是這類報紙因爲資金來自臺灣，警總人員也在報社內做工作，不得不爾也！

更且，陳文成回到臺北，警總依據自美送回的「彩虹情報」，予以約談，「約談」也者，望文生意，應該是邀約談話，既稱邀約，自然沒有拘束力，被約者有選擇應約與拒絕之權，報載：陳君是日上午，被三名警總人員出示證件後自家中帶走，由此可知既非事先邀約，也不准許拒絕，警總以「約談」爲名，行變相拘捕之實，規避法令、破壞法治莫此爲甚！

警總約談向例不准被約談人的親屬或律師在場，既非拘押，問供自無單獨隔離的必要，即使陳文成在談話時，氣氛融洽，一如警總所宣稱者然，亦因無人證，不能取信於社會，所以命案發生，警總行爲之悖理不法，無從否認！

如果警總被撤裁了，陳文成案的發展程序應該完全不同：陳文成在美國的言行，在回國後，若經人檢舉，國內主管檢警單位，可以依法向法院申請傳票，加以傳訊；甚至起訴拘押，再由法庭審案！由陳文成或其聘請的律師辯護，循司法程序，由法院判決其是否有罪，如此，陳文成雖然很可能因官司纏身，不能出國返美完成學業；政府也可能被責爲故入人罪，但至少陳文成享受到了受法律體制保護的權利，政府也盡了依法行政的義務！不致造成目前代表政府的警總違法濫權，剝奪了陳文成應該有的法律保障權，因此命案發生，集叢謗於政府，罪魁禍首，就是警總，警總如不裁撤，過不了多久，還會有第二個、第三個陳文成續受戕害！

撤裁警總，取消集權，建立法治，推行民主，此其時矣！但願陳文成沒有白死！

1981/08/04 加州日報

阻止警總軍人干政的趨向，更深一層看「圍剿陶百川風波」

台灣警備總部自從陳守山出任總司令以來，接二連三的發出了危險訊號，使軍人干政的趨向，愈益明顯；對台灣內、外局勢的穩定，更形不利。如果任其發展，不但會妨礙台灣朝野推行民主政治的進步，更且會使台灣的安全受到影響。除了特工系統之外，台灣朝野與海外關心台灣前途的人士，均希望當局能發揮壯士斷腕的決心，撤銷警總，並解除戒嚴，使台灣真正成爲亞洲民主政治的榜樣；進而使大陸在「政治學臺北」的壓力下，放寬對民間的控制，逐步實施民主，建立一個統一的、民主的、自由的、法治的中國。

警總以軍事機關而干涉政治，非自今日始，而於今爲烈。繼三月十六日立法委員康寧祥在立法院揭發警總干涉選舉的文件之後，另一位立法委員蘇秋鎭於五月三日，又在立法院公開警總內部文件：「駁斥陶百川攻訐警總文件審檢工作」，指出這項文件，係警總內部人員在一次座談會中分發，而流傳出來的。國防部長宋長志、警備總司令陳守山於六日發表談話時，已承認了的確有這項文件，但表示並不代表警總，並且下令調查此事，聲言將處分失職人員。雖然，宋、陳在談話時，對陶百川先生均作了禮貌上的讚揚，推崇備至；但是，由這次「圍剿風波」，可以看出警總干涉政治的程度，已經不容忽視，絕不能再以個案作單純的溝通與協調，作爲解決問題的手段與方法了！

軍人不得干涉政治，爲中華民國憲法所明定。憲法第一百三十八條字「軍隊國家化（一）——軍人超然」說：「全國陸海空軍，須超出個人、地域及黨派關係以外，效忠國家、愛護人民。」第一百三十九條「軍隊國家化（二）——軍隊不干政」說：「任何黨派及個人，不得以武裝力量為政爭之工具。」這兩條條文，皆列入憲法第十三章基本國策之內，可見軍人干政，乃係違憲之舉。像今日執政的中國國民黨非但在軍中推行黨務，設有軍中黨部，更且公然由軍人黨員出任中央委員，乃至中央常務委員；雖然，執政黨一再強調目前是動員戡亂時期，但遍查動員戡亂時期臨時條款以及警總據以設立的戒嚴法，亦沒有任何條款，可以允許軍人參加黨派的規定。因此，任何軍人參加政黨，非但個人違憲，而且容納違憲。今日中國國民黨允許軍人參加政黨，在軍中推行黨務，甚至推選軍人領導人物為中央委員、中央常務委員之舉，不但違憲，而且造成了軍人干政的惡風，也造成了警總以軍事機關，而管言論出版、管選舉、管人民出入境、管股票市場、管工人組織工會……變成無所不管，干涉政治也愈來愈深。

以「圍剿陶百川」風波為例，不論陶百川先生是總統府國策顧問也好，一介平民也好，憲法賦予並保障其言論自由，所以陶先生有權發表他的意見。陶先生於三月二十四日在《自立晚報》發表的文章，題為「禁書有正道，奈何用牛刀」，旨在呼籲政府依出版法行事，不要濫用行政命令或軍事命令來管理言論及其出版品。警總如不同意，可以正式去函《自立晚報》說明，澄清立場，聲明異議，這是尊重法治，尊重言論自由的正當辦法，而警總不此之圖，卻召開座談會，散發文件，指責陶先生「為敵人開路，其罪可誅」，「非常偏激，不可原宥」，「荒謬絕倫，罪無可逭。」更且定出優厚稿酬，發動圍剿。此舉不但以執法機構而不遵行法治，而且以軍事機構而干涉言論，無怪經蘇秋鎮立委揭發後，引起軒然大波。

今日台灣的政局，已經由三十年來的安定，轉變爲動盪不安。國際局勢對台灣不利，衝擊了內部求變求存的意識。台灣居民既不願，亦恐懼中共跨海統治台灣，又不能在國際間打開一條出路，對執政黨十年來內政上的成就，雖然因爲高度的經濟開發，繁榮了社會而心懷感激，但對政治上固步自封，拒絕開放，也心懷不滿。執政黨在人心思變之際，爲了穩定政權，愈來愈依賴情治單位與軍隊的力量施行壓制，就如把膨脹的空氣，壓縮到一個固定的容器內，壓力愈大，抗力亦愈大，結果如何，不堪想像。而目前的情況，與越南吳廷琰總統、南韓李承晚總統執政末期頗爲相似，他們二位之後，軍事政變不斷發生，使國家靡爛、生民塗炭的例子，值得警惕。

陶百川先生主張廢止「台灣地區戒嚴時期出版物管制辦法」，只是想在高壓空氣之下，開一個缺口，使得民間積聚的怨氣得以發散，不致造成爆炸性的情勢。更且，這項辦法，僅係戒嚴法內容有規定的一項執行細則，並非缺此不可，而各方面，包括台灣民間、海外華人乃至美國參議員，均在呼籲解除戒嚴，陶氏的呼籲，已是十分溫和，猶不能爲警總所容忍，可見警總控制之嚴，絕不放鬆，而發動圍剿之議，更可見其操縱之力，不能輕視；否則昨日可以干涉選舉，今日可以干涉言論，明日可以干涉司法，國家的主權，將不復在民，而在軍人、特務之手矣！

要杜絕軍人干政，首要在實行憲法，使所有政黨完全退出軍隊，任何軍人不得加入政黨。其次在解除戒嚴，限制軍事指揮權的擴張，其三在確保人民的基本權利，打破情治單位生殺予奪的特權。如此，才能保證不致走上軍人獨裁之路！

1982/05/16 論壇報

「橘逾淮則枳」——小選區兩票制在台灣備受爭議

本屆立法委員的任期，在年底即將屆滿，訂於二〇〇八年一月十二日投票改選，並且開始施行新的小選區兩票制，立委的人數減半，下屆立委的總人數是一百一十三席，其中四十五人是政黨不分區立委。這項規劃，是當年國民黨的親日本派李登輝，與民進黨的親歐美派許信良兩位主席任內合作修憲，修出來的方案，由於李登輝當時是執政黨主席，也是總統，又擺明了要幫助「臺灣人」政黨民進黨，所以修憲條款中，有許多對在野黨有利的文字，想不到二〇〇〇年政黨輪替，國民黨成了在野黨，使得這次改選立委，反而有利於國民黨，這是李、許二人及修憲團隊始料未及的。

立法委員在我國憲政史上，一直是一群受人詬病的政治動物，第一屆的「萬年」老委員中，素質較高的雖然不在少數，但是害群之馬也爲數不少，他們隨政府來台後，因爲蔣介石要維持法統，成了「瀕臨絕種」的保護動物，由於不食人間煙火，與民意脫節，備受攻擊。但事實證明，在立法委員全面改選之後，由在地公民選出的立委，仍然是臺灣五大害的「立法委」，國家亂源不但沒有消滅，而且因爲選舉風氣不良，立法院在李登輝時代，成了「黑金」的大本營，「利委」成群結派，假民生之名，通過許多圖利財團的法案，藉法案掠奪民間財富，較諸老委員，至少在清廉度上，是相形遜色的！

立法院是西方民主國家的國會，在進步的民主國家中，國會議員所受到的尊敬，多於政府官員，因爲他們是在公平的選舉制度，良好的選舉風氣，以及個人學養經得起檢驗的道德標準來贏得選民的選票。而不是靠在地方上跑選區的紅白場，到官署去關說，到寺廟去進香，與樁腳綁標謀利，政策買票來當選的！

小選區助長買票歪風

所以，當年李登輝與許信良設計改善立院的方案，採用小選區兩票制，人數減半，也只對了一半，人數減半，反而應該擴大選區。因爲大選區，不但買票難，綁樁更難，必須具備孚眾望，有專業等等較高水準的條件，才能吸引大選區選民的選票，小選區只有助長買票賄選，乃至地方派系勢力的氣焰。如日本的國會中，有田中、吉田、橋本……等等家族，已在小選區的制度下，形成家族世襲國會議員，非我族類的人才，不論有多優秀，想在選區中挑戰世族，進軍國會，已成爲不可能的任務。一如這次台中的大甲選區，國民黨與民進黨都申言「禮讓」，不提名立委候選人參選，事實上是顏清標個人及家族在大甲選區中的人望與吸票能力，即使陳水扁、馬英九去選，也未必穩操勝券。顏清標在縣議會、省議會都有不錯的表現，領導能力也頗足服眾，但進入立法院，卻成了院長王金平主席臺保衛戰的門神，浪費人才，莫過於此，如果他一直待在台中縣議會任議長，對台中縣發展的貢獻，絕對比在立法院的表現好得多！

小選區兩票制的第二票，設計爲選黨不選人，成爲政黨不分區立委，出任者必然是對所屬政黨具有相當影響力的人，這種設計是歐洲內閣制國家的架構，也就是國會多數黨組閣，閣員也是國會議員。日本亦然，因爲國會議員經過民選洗禮，入閣任官仍以民意爲依歸。但我國的政黨不分區立委，卻是「黨代表」，只要爭到黨提名，不需親歷選戰，即可穩坐釣魚台，出任全國最高民意機關的民意代表，卻沒有民意的支持，十分矛盾！

不分區立委缺乏民意

本屆立委面臨改選，大部分都有意競選連任，在不分區可以不打選戰的誘因下，人人都以爭取不分區爲目標，執政黨的民進黨實施黨內初選，初選期間造假、攻訐、欺敵、放話等等惡劣的小動作，一一出籠，大傷形象，但至少是符合民主初步精神的初選。反觀在野黨，國民黨還在用傳統的黑箱作業方式喬人選，令人興嘆，別選啦！

小選區兩票制選舉立委，凸顯了立法院組成的制度問題，立法院組成的根本大法，就需要從根本上去研討、改革，否則下屆立委只要四至七人，就可以綁案逼政府、刪預算，爲民服務成了自我圖利，其亂象絕不會因爲人數減半而減少，反而會倍增、倍增！其呈現的亂象，也會更嚴重。

2007/07/06 臺灣公論報

檢討立委選制之我見

——小選區應擴張為大選區、杜絕賄選操控

這次立法院立委改選，首次採行席次減半小選區兩票制的新選制；選舉結果，全力投入競爭的兩大黨，國民黨與其盟友，統稱泛藍的陣營獲得大勝，取得本屆立委四分之三的席次，而執政的民進黨卻遭逢創黨以來空前的慘敗，這種結果，固然包含了民進黨八年執政，政績太差的主要原因，但民進黨在選後聲稱得票總額計算，支持該黨的選民基本盤並未減少，因此將慘敗歸咎於新選制，雖然有些死鴨子嘴硬，不知自我反省與檢討，但是此說也不爲無因，包括獲勝的國民黨內的有識之士，以及在這次參選政黨不分區立委各個小黨也都認識到小選區制度的缺失，各抒己見、大肆抨擊，但這些身在廬山的政治人物，只汲汲於小選區製造成選票不等值的各種枝節問題，並沒有認識到這種選制對台灣民主政治的精神、體制都將造成遺害深遠的影響。

我在選前，乃至去年都曾撰文指出其中弊害，可惜當時相關各方面的人事，都已陷在準備打選戰的狂熱之中，無人理會我這些遠看廬山的真言，現在我的看法，不幸成真，我認爲更有詳加闡述的必要，提供修改選制時給各方參與人做參考！

小選區制缺點一：賄選問題

小選區制選舉具有國會議員地位的立法委員，最大的問題是不能解決台灣在實施地方自治以來長期存在的賄選問題。民進黨前身的黨外先賢就開始針對賄選問題，不斷針貶、痛加撻伐，指責國

民黨，成爲黨外當時能號召群眾的重要信念，但這次選戰中，民進黨候選人及輔選人，被指涉及賄選者爲數不少，在高雄更且有局級首長因而被收押的實例，這就是小選區制容易買票的原因所造成的。

其實國民黨推行地方自治，在試辦選舉之初，一則爲了取信選民；二則爲了誘使貧窮的選民願意放下手邊生計工作出來投票，所以由選務機關編列預算，在投票所前發放日用品給到場投票的選民，以資鼓勵。其後因地方自治產生的民意代表、地方首長掌握了地方政治資源、利益的分配權，並以此權力結成地方派系，爲維護派系利益，繼續勝選，就開始了各式各樣的賄選花招，也因爲賄選花費的成本，必須在任期內回收，就不得不用貪汙的手段來取財，如此惡性循環，越演越烈，成爲台灣民主政治的癌症，而立法委員施行小選區制，由於容易計算選民票數，可以預估賄選成本，因此這次小選舉區的立委選戰，各地賄選案頻傳，包括首善之區的臺北市亦不能免，這是小選區制的大問題之首！

小選區制缺點二：派閥世家

其次，這種制度，引自日本，日本自戰後，國會長期被自民黨把持，就是這種制度造成的，而自民黨內卻是由派閥世家分贓，從吉田家、田中家、福田家……各個政治世家並立，可以看出小選區制將造成地方政治人物壟斷政治資源與利益分配的權力，各地方即使有優秀的人才，如果不能進入、獲得當地政治世家的支持，根本沒有出頭天的機會。

這次國民黨內提名，因形勢所迫，爲求勝選的前提下，由黨主席吳伯雄、秘書長吳敦義，與各選區地方政治人物協調，採取疏洪道的辦法，把退讓的政治人物，軋進不分區立委，團結了地方選票，功不可沒；但也使得當選人獨享地方政治資源與利益分配權，隱然埋下當選人締造地方政治世家的可能性。這種情況目前還不嚴重，但三連任後，難與爭鋒的地方勢力就根深柢固。坦白說，雲林的張家、文山的羅家、大甲的顏家等等本來就有了根基，這次改選力戰，再獲全勝，則淹有全境，就毋庸置疑了！

一黨獨大對國民黨不見得好

以日本爲例，這些政治世家，因爲是地方小選區選出的代表，所以各國會議員必須盡責的爲選區爭取中央政治資源的分配，再據此掌控分配到地方，爲了交換或協調政治資源與利益，國會議員之間，因利益結合，形成派閥，日本在近年來，因爲派閥生態的改變，導致內閣頻頻改組，是眾所周知的事實。雖然國民黨中央已經宣布不准黨內立委組織問政次團，重拾當年蔣介石在大陸時代「黨內無派」的牙慧，但這是不可能的，國民黨丟掉大陸的執政權，難道黨內的派爭不是主因麼？因此，小選區制在這次選舉中雖使國民黨得利，但長期看來未必是國民黨之福，不能忽視。

更何況，以可見的未來觀察，小選區制如果沿用下去，因爲是勝者常勝，所以競爭必定愈來愈激烈，選舉恩怨也愈來愈深，必定造成撕裂地方和諧的惡果，地方上勝負雙方的惡鬥，必將爲競選預作準備，而無日無之，無處不在，對地方的建設與發展，當然會有阻礙，這種隱性的惡果，可能在近期內就逐一浮現。更何況這次落選的立委候選人，爲了重回政治舞臺，有可能回頭參選縣市議員、縣市首長，明年年底的地方選舉，又將造成另一波的惡質選舉，如此下去，選戰將成爲惡質循環，絕對會阻礙臺灣民主政治更深層的發展，人心所慮，應該正視。

建議以三都十五縣市區域規劃做選區參考

因此，我建議，如果馬英九能在總統大選中獲勝，請考慮修改小選區的立委選舉辦法爲大選區制。用馬英九提出的臺灣行政區域重劃爲三都十五縣作爲選區規劃的依據，以每十五萬選民產生一位立委作計算標準。如此，以面積與選民數配合，可能只有八到十二個選區，選出一百二十多位立法委員。少數是政黨不分區席位，這個設計原則是選區大到沒有任何候選人有買票賄選的能力，也沒有賄選行爲保密的可能，更無法計算買票行爲有安全當選得票的方式，這是對賄選癌症開刀割除的唯一辦法。而且，因爲選區大，多人參選，給選民的選擇權多，才可以選出真正的賢能。也由於是大選區產生的立法委員，不必爲地方政治資源與利益所綑綁，格局也放大了，素質也提高了，才可以爲全國性的國民生計、國家前途專心的做好國會議員的職責！

至於政黨，不分區立委的選票，我是贊成維持的，但是應該明文規定參選政黨的資格。如同區域立委候選人，必須在選區內居住滿多久一樣，政黨組成多少年才能參選。這次選舉，除了新黨、台聯，其他小黨都是臨時抱佛腳，匆匆組成，目的是想分一杯羹，選後，且看還有哪個還繼續運作，爲「理想」奮鬥下去?就很清楚了。

不分區為黨代表非民意代表

政黨選票，可以維護小黨的參政權，體現民主政治服從多數，尊重少數的基本精神。代表小黨的候選人，因爲要爭取選民的支持，必須是萬中挑一的，可以經得起考驗的賢能之士，如果能進入立法院，必然成爲清流，可以監督多數黨在立法院中的操作，可以杯葛政府不當施政，是對立法院另一種監督的力量，因爲是政黨的代表，如果行爲不端，所屬政黨就有權力點名更換，所以也符合層層監督的要意。但我不贊成政黨代表不分區立委擔任立法院的正副院長，因爲不分區立委，是黨意代表，不是民意代表。立法院的正副院長，其職級就含有全民公意代表的精神，職責更應超乎黨派之外，中立執行立法院正副院長的權責。如果由不分區立委擔任，則因爲本身是政黨的代表，必須服從黨意，如果黨意與民意不能一致的時候，院長、副院長應該服從黨意還是遵從民意，就會產生利益衝突的矛盾，這是不對的！

立法院是臺灣目前唯一的國會層級組織，但立法委員卻自有此稱呼以來，就被民間指爲國家亂源之一，不受民間愛戴，不爲官員歡迎，問題就是出在選舉制度，在一開始就沒有做出真正能選賢與能的規劃。這次小選區制既然造成必須修改的聲浪，請參與修改制度的「大人物」勿以私利而扭曲，趁機重新訂出可長可久，可以追求公平正義的選舉辦法來！

2008/02/01 臺灣公論報

各級檢察長應改為民選，才能遏阻政治操弄司法

國內每逢選舉將屆的政治熱季，當政者就會指示司法單位，對政治異議者採取所謂的「法律行動」，打擊、抹黑政敵的行為、人格，已經是「常態」、慣例，最近一段時間內，國民黨提名的總統候選人馬英九，除了已起訴審理的市長特支費涉嫌貪汙案，又多了一件臺北小巨蛋被東森集團非法圍標案，東森負責人王令麟且因而遭到檢方收押禁見，此外亦盛傳臺北銀行賣給富邦集團的過程也涉及不法情事，對從政以來形象一向清廉的馬英九，傷害至大，成為社會注目的焦點。

長扁情結，指證歷歷

更弔詭的是執政的民進黨總統候選人謝長廷，居然也被特偵組列為「特偵」對象，指他涉及數件弊案，其中如玉皇宮案、高捷案等等，都是謝長廷在高雄市長任內，喧騰一時的「名案」，而且在他轉任行政院長時已經簽結的舊案，特偵組宣稱發現新證據，卻在諱莫如深的偵查不公開大帽子下，公佈重啓偵查，社會上因此咸認是謝長廷在黨內長期政敵陳水扁藉總統職權之威，在幕後操控，要把謝長廷在總統選戰中除名，改以陳水扁可以信任的黨內同志蘇貞昌上陣，最低限度，也要迫使謝長廷接受蘇貞昌擔任副總統候選人，以防將來謝長廷當選後，對他秋後算帳！

司法獨立，在位說說

用司法手段打壓政敵，是中華文化傳統，自商紂炮烙比干指他「抗君命」始，到中共廬山會議毛澤東整肅彭德懷「違反黨的政策」，史不勝書，所謂「抗君命」、「違反黨策」就是對君命與黨

意持反對政治意見，這種在封建專制政權體制，可以入人以罪的手段，在台灣日趨民主的社會體制中，當然行不通，甚至在兩蔣威權統治時代，也不敢沿用，當年對付黨外領袖，也只能用貪汙、誹謗……等等法律手段，成爲今日執政黨承襲政權後可以師法的前例，馬英九、謝長廷先後成爲二〇〇八年的總統候選人，也先後官司纏身，使台灣的二位總統候選人都是司法被告，創造了另類的台灣奇蹟！

司法獨立是政治民主的重要基礎之一，現行的檢調單位，隸屬於行政管轄，把司法的位階貶低，在理論上就站不住，這是當年蔣經國當政時，爲了掌控所謂「社會情報」而作的威權便宜措施，爲當時國民黨內有識之士反對，更是黨外詬病、攻擊的焦點之一。二〇〇〇年政黨輪替，傳承黨外異議政見的民進黨取得政權，對黨外要求司法獨立的奮鬥，就拋諸腦後，竟然蕭規曹隨，一仍舊貫，沿襲國民黨用行政操控司法手段，作爲打擊異己的工具，所謂多年媳婦熬成婆，更以以往被打壓的經驗，研究改進，變本加厲，已故的黨外領袖如黃信介、郭雨新地下有知，目睹如此徒子徒孫，不知作何感想？

司法獨立的基礎，厥在檢察系統的獨立，檢察官可以做到真正的獨立行使職權，不受任何干擾，致力於毋枉毋縱的原則，能支撐檢察官達成這項目標的人，就是檢察長，制度就是檢察長改爲民選，脫離行政升遷考核的壓力。而檢察長候選人的資格愈嚴愈好，標準愈高愈好，例如：

檢長民選，好處多多

一、地方檢察長的資格：

A・曾任律師三年，無被告起訴記錄。
B・曾任檢察官五年，考績年年甲等。
C・未曾參加任何政黨超過一年。
D・起訴案與定罪案的比例若干。
E・在地居住超過三年。
二、高等檢察長的資格：
A・具備地方檢察長的資歷。
B・在地方檢察長任內，沒有被告、被起訴的紀錄。
三、檢察總長的資格：
A・具備地方檢察長的資歷。
B・在候選前沒有任何被告、被起訴的紀錄。
選舉制度則定為：
一、地方檢察處及高等檢查處的檢長，由轄區公民投票選舉。
二、檢察總長由在任之全體檢察官投票選舉。
三、不需經過立法院聽證。
四、整個檢察系統獨立於行政系統之外，其經費預決算亦然。
五、總檢察長與各級檢察長本人皆不需到各級民意機關備詢，由法令規定檢察單位之行政事務官員代表檢察單位備詢。

五權癱瘓，三權不立

司法獨立在三權分立的民主國家，是立國精神之一，在我國，由孫中山設計規劃的五權分立，司法也是獨立的，只是因威權統治的政權保衛思維，視司法獨立爲毒藥，在爲了有別於中共專制政權的假面具之下，不敢直接干預，只能「扛著紅旗反紅旗」，另闢蹊徑，轉彎抹角的迫害司法獨立，不但違背了孫中山的設計規劃，也給國家現代化的遲滯，增添了助力，民進黨執政七年來，打著改善司法的大旗，同樣的口是心非，毫無寸進，民進黨及其同路人，往往舉總統夫人吳淑珍被起訴、女婿趙建銘被判刑，自辯司法獨立了，這是陳水扁家族視法律爲無物，犯罪證據太過明確，又碰上了一位剛正不阿、不向權勢低頭的檢察官陳瑞仁，才發生的意外特例，司法獨立，必須靠明確的執行制度，不能依賴意外的特例，而民選各級檢察長，才是建立明確保障司法獨立的第一大步！

2007/08/03 臺灣公論報

一頭牛剝五層皮！

——反對在任民選立委參選縣市長

下屆縣、市長及議員選舉，中國國民黨與民主進步黨都在物色適當的人選，投入選戰，要搶佔執政地盤，在二十一個縣、市選區中，兩黨口袋提名人選，已經被媒體披露或是推定的人數，竟有十位上下是現任民選立委！佔民選立委總額幾近百分之十五！他們在投入縣、市長選舉之前，無須辭職，勝爲百里侯，敗守立法委，把人民選票的託付，對選民期約的服務，棄若敝屣，置之不顧！而人民卻要爲他們在政壇上盤據要津，支付五、六次經費，忍受二、三次紛紛擾擾！

試看：第一筆是在辦立委選舉時，由中央選委會編的預算經費；第二筆是他們當選時，每票新台幣三十元的公費補助款；根據媒體報導，兩黨可能提名參選下屆縣、市長選舉的現任區域民選立委，自北至南，依序是：桃園縣吳志揚或孫大千、新竹縣邱鏡淳、嘉義縣翁重鈞及張花冠、台南縣李俊毅、台南市賴清德、高雄縣鍾紹和、花蓮縣傅崐萁及台東縣黃健庭；據統計，他們在當選時合計獲得的補助款總額高達八百五十萬元上下。第三筆是縣、市長選舉時，再由中選會編預算辦理，還在任上的立委帶職參選，自投入選戰開始，全力拚戰，必定荒廢立委職務，不但待遇照領，福利不缺，而且助理、考察等等預算內支出，一文不少，每月要花新台幣七、八十萬元，總額超過五、六千萬元！而且無論勝選與否，只要得票數超過法定門檻，就可以獲得第四筆每票新台幣三十元的公費補助款，卻無需退還第二筆已獲得的因當選立委的得票公費補助款！如果「不幸」這些在任立委當選了縣市長，依任期推算，他們將在今年十二月中旬就任新職，辭去立委，而他們是在去年二月份赴立法院報到，開始擔任立委職務，距任期過半，尚差一個多月，依法必須補選，中選會仍然必須編預算辦補選，花掉了人民納稅公帑的第五筆！依臺北市大安區這次辦理補選爲例，僅選務經費就需二千七百萬元之譜，如果九個選區全都必須辦理補選，選務經費必將超過新台幣三億元！第六筆就是再付補選當選人每票新臺幣三十元的公費補助款！這是浪費公帑的部份，無論是否在當前國庫「空虛」之際，或者錢多到用不完，都不應該花在這些對選民背信棄諾的政客身上！因爲民主政治是責任政治，一個用公職做跳板的政客，不斷玩弄選民信任的政黨，怎能寄予希望來好好治國？更何況這些政客把持、壟斷了政界公職，又怎能期盼選舉制度選賢與能？培植人才？

我期盼中國國民黨主席吳伯雄先生、民主進步黨主席蔡英文女士承諾在下屆縣、市長選舉黨提名候選人時，拒絕提名任何一位在任區域民選立委參選！更呼籲各在野黨、政治團體、專家學者、意見領袖、乃至電視名嘴、媒體政論家聯合起來，反對兩黨提名現任民選立委成爲下屆縣、市長候選人！更呼籲全國選民，在行使投票權時，絕不圈選任何一位在職立委的縣、市長候選人，不分藍、綠，讓他們全部落選一次，才能進一步提昇國內民主政治的深層發展！

2009/04/29 新新聞週刊

致兩黨主席公開信

——致中國國民黨主席吳伯雄先生、民主進步黨主席蔡英文女士的公開信

兩位主席公鑒：

本會於四月三十日，為回應各地區選民的近月來多方面的反映；及資深媒體人阮大方撰寫的〈一頭牛剝五層皮〉（請見《新新聞週刊》第一一五六期封面報導）宣布發起籌組「反對區域立委參選縣市長聯盟」，為此，呼籲二位在兩黨提名年底縣市長貴黨候選人時，堅持排除提名現任區域立委原則，以期符合選民殷望，避免重複浪費選務公帑，成全區域立委在各選區信守對選民的政治承諾！

如貴黨因將黨的選舉輸贏考量，置於對選民權益之上，堅持提名現任立委參選縣市長，則本會要求：

一、請貴黨在提名該立委時，強制該被提名立委即日辭去立委職務，以避免被提名立委利用立法委員的資源，支援選務！

二、請該被提名之立委將當選時所得每票新台幣三十元之補助公費，退回中選會。

三、請貴黨承諾，因貴黨提名區域立委參選縣市長而必須辦理區域立委補選之全部選務費用，一概由貴黨及該「落跑」立委負擔。不必由中選會另行編列預算，由全民分擔！

本會為貫徹理念，將努力堵塞此一選罷法損及選民權益的漏洞，已經架設全民網站，歡迎兩位

及貴黨選務人員上網查看，以深入瞭解選民心聲！

即祝

政躬康泰

國會觀察基金會　謹啟

2009/04/29 新新聞週刊

兩黨爭五都，誰有做規劃

——政客盤算權力輸贏，五都市民期盼什麼

在馬英九競選總統時，提出國土重劃爲「三都十五縣」的政見，我曾撰文贊同。因爲臺灣光復後，直到國府遷臺，在陳誠任行政院長時，做了一次行政區域重劃，二十一縣市的格局，大致延用迄今，當時的規劃原則，是分配資源與國土利用的方向，奠定此後建設臺灣的建設發展基礎！所以三都十五縣的政見，的確是馬團隊在爲馬出謀劃策，經過審慎研究之後提出來的，相較於他，民進黨的謝長廷對國計的無知，應該大勝！

可是三都十五縣的規劃在馬當選總統開始推動時，因爲各種複雜的因素，被迫修改爲五都，但「五都」都會區，在全國國土規劃的功能、任務等等各方面，關係到半數左右全國人民福祉的規劃，在朝野兩黨爲了盤算市長、市議會的改選輸贏中，竟然沒有片紙隻字、一言半句向握有選票的五都選民作任何說明！

自四席補選立委選舉民進黨贏得三席後，五都市長選舉就成了政治話題，居然在我住處附近的師大夜市，也可以聽到平常不關心政治的年輕人，在談論兩黨政治人物的優劣，可見「五都之戰」在媒體的炒作、政黨的操弄下，真正成了全國的焦點話題！而話題的焦點集中在討論朝、野兩黨，在那個選區推出那個候選人，才有勝算，於是檯面政治人物，在不同媒體所做的不同民調報告的渲染下，又獲得了一次知名度提昇的機會！

號稱「爲民喉舌」的各大媒體在爲這些政客作的民調提問中，竟沒有一條是各該政客對行將參選的「都會」應作的何種規劃說明。政客與媒體不知尊重選民，視之如無物，充份表現了「臺灣化民主」的粗淺與可悲！孰令致之？

在五都市長選舉的鬧劇中，首先表態不淌渾水的人是現任臺北縣長周錫瑋，他在宣稱乾淨退出之後，民調指數突然高漲，是同情？是惋惜？是不平？還是「弔者大悅」？所謂民調，如何解析？可信麼？因爲周錫瑋在縣長任內是規劃北縣升格新北市的推手，他給現在的縣民畫了一幅升格爲市民的遠景藍圖，卻在民調數據上，輸給戶籍尚未遷入北縣的朱立倫！這在理性的民主政治社會是不可思議的事！

相似的情況，發生在被視爲選民「水準最高」的臺北市，民進黨的「天王」蘇貞昌在不顧該黨的勸阻，無視黨中央面對「五都」選戰贏的策略，自行表態宣布參選北市市長，發表了競選總統層級的演說，卻沒有一句話談到他對臺北市未來的規劃！民調數據卻因他的宣布參選暴升，直逼現任市長郝龍斌，「水準最高」的臺北市選民竟然如此輕率膚淺的表態，還談什麼水準？

國土重劃方案，既然接受民意改爲「五都」，政府就有責任在五都市長、市議會選舉之前，公佈五都的資源分配、規劃佈局、施政藍圖，供市民瞭解未來的願景，才能在行使投票權時，作理智的選擇，票選適任的候選人，而不是在鬧哄哄的選舉口水戰中，投出情緒性的一票！

2010/03/08 蘋果日報

二〇一二年「北北」贏輸將引發民進黨轉型之爭

在民進黨宣布由該黨主席蔡英文投入新北市市長選戰後，兩黨的五都之戰焦點就集中在「北北雙城」，媒體評論偏重雙方四位選將的勝戰可能性，分析藍、綠選票在選區內的分佈概況，公佈出自不同單位的「民調數據」，平面媒體的版面與電子媒體的畫面顯得十分熱鬧，但卻沒有任何媒體對兩黨有深度的分析與解讀這次五都選戰，將對國內政治、兩岸情勢的發展會帶來什麼樣的影響與改變？

應該是地方自治市長及市議會改選的「五都選戰」，因爲蔡英文主席參選，配合蘇貞昌倡言的「雙城奇謀」，提高了國內兩大黨政治版圖重劃的可能性，而成爲兩黨在二〇一二年爭奪總統大位的前哨戰，由於兩黨政策最大的歧見在「兩岸」，選戰結果將發展爲下列幾個可能：

一、維持現狀：國民黨在臺北市、新北市、大台中勝選，民進黨保住了高雄、台南！在當前兩黨對決的氣氛下，台灣將陷入南、北對峙的緊張情況，直到二〇一二年的總統大選分出勝負！

此一情況，民進黨內因蔡、蘇皆敗，蘇貞昌必然成爲黨內檢討的眾矢之的，失去可以發揮的舞臺。他代表黨內律師世代，繼尤清輸了黨主席之後，一起走進歷史的山洞！因此，高雄市長陳菊將是黨內最高公職行政首長，在該黨提名總統參選人時，是爲人抬轎？還是自己坐轎？她的動向與態度，就可能影響民進黨的團結或分裂！因爲陳菊是「美麗島世代」最年輕的成員，更是當年黨外時代仍留在政界掌權，碩果僅存的一人，不但她對兩岸政策態度鮮明，中共對她也是瞭然於胸，所以中共對民進黨的政策，在二〇一二年之前，不會有所改變！

二、民進黨雖然叫出五都全贏的口號，卻擬訂務實的坐二（高雄、台南）望三（新北市）搶四（臺北市）的戰略！如果蔡英文在新北市獲勝，成就了她出任主席打選戰的全勝記錄，也把民進黨帶出「陳水扁陰影」，從谷底站回高峰，而輸了臺北市選戰的蘇貞昌，面對比人強的局勢，如果執意爭奪總統參選人的提名，除非因蔡英文把目標放在二〇一六年，拿他當先鋒炮灰；就會引發砍到見血的內鬥，代表民進黨內律師世代及期前的老黨人如「公媽派」、「獨派」、「扁系」、「新潮流」、乃至自「臺聯」來奔的各路散兵游勇在被黨內世代交替潮淘汰的威脅下，集結蘇門與蔡英文對抗，不無可能！

而已經改走務實路線的中共，在蔡英文黨主席兼新北市市長的聲勢中，考慮到「人民幣統一台灣」大戰略的發展進程，必然會考慮修改「不以民進黨為兩岸政策為對手」的現行政策，在蔡的主席任期內，試圖建立類似「國共論壇」的接觸，曾任陸委會主委、行政院副院長的蔡英文，對中共的瞭解與對國際局勢的認識，不但優於蘇貞昌，又有總統大位在望的機會，勢必對兩岸政策作相對因應的調整，調整的方向與幅度，也必定成為民進黨內部分裂的主因之一！

三、如果蘇貞昌出人意料的贏了臺北市長選戰！則二〇一二年民進黨的總統參選人是：「蘇、蔡」或是「蔡、蘇」就是雙方的一場「盤腸大戰」！團結云乎哉？

民進黨自蔡英文擔任黨主席之後，已經在主、客觀情勢的壓力下，逐步走向轉型，被視為民進黨包袱的臺獨意識型態，也用維護中華民國主權作替代，以區隔國民黨的兩岸主權模糊政策！蔡英文在當年國民黨主席李登輝任總統時，撰述兩國論，使兩岸關係緊張了二十年，也使在「台灣錢淹腳目」的時代，失去了「新台幣反攻大陸」的契機！如今時勢推移，她在政壇崛起，卻是面對中共「人民幣統一臺灣」大戰略的優勢，不論是台灣獨立，或是維護中華民國主權獨立，都不是她的兩國論可以善其事！也因此，她作爲帶領民進黨走出融入中間選民的在野黨，更應該認清事實，在五都選戰之後，二〇一二年總統大選之前，建設好民進黨有可能分裂的心理準備，用去蕪存菁的態度，提升民進黨的素質，促成民進黨成爲國內真正以民爲主奮鬥進步的政黨，不要爲了想著選總統而怕分裂，鄉愿的因循苟且維持表面的團結！

2010/06/06

有不虞匱乏與免於恐懼的自由才幸福

今（03/03/2010）日有署名Ｙｏｋ君以轉帖一篇題爲：「西方文明的悲劇和中華帝國的輪迴」文章，回應我對目前「臺灣化民主」亂象的評論。附文註明「送交者：南開米飯二〇一〇年二月廿八日十點四十分二十秒於《世界軍事論壇》發送悄悄話」，文章末段說：「要長治久安，不解放台灣不行。」——一九五三年十月，毛澤東在中央軍委會議上如是說：

「當年七月廿七日朝鮮戰爭停戰協議簽字後，米國第七艦隊仍然滯留台海。傲慢的帝國主義使毛澤東認識到，如果任由他們橫加干涉中國內政、搞「一中一台」、「兩個中國」，對國家的長治久安極爲不利。」此說經過近六十年的檢驗，在兩岸分治的實況下，均發展到前所未見的安定繁榮，可見不確！

任何一個政府，要追求長治久安，必須滿足人民追求幸福的心願，在物質方面的要求是不虞匱乏，在精神上則是免於恐懼，今日全球有近二百個國家，小國寡民的人民幸福指數，多高於國際爭雄的大國，泰半是因爲人民少有恐懼，即使物質供應不夠現代化，亦無損他們快樂！

今日的臺灣深受「臺灣化民主」亂象的困擾，對於治亂的方式，意見不一，各抒己見，百家爭鳴而毋須心懷恐懼，不必擔心像大陸的劉曉波爲國家獻策改革，就被判刑入獄，如果用這種手段來追求長治久安，人民披髮左衽矣，還談什麼追求幸福！怎能稱之爲「解放」？

2010/03/05　大媒體網站社長政治觀察室

第七章　難忘的大事

七十而不惑　總算沒白活

在紐約發動華埠罷市，反員警暴力包圍市政府大遊行

一九七五年二月，我到《星島日報》紐約分社工作，任「城市版主編」。該報當時是全球最大的華人報業，總社設在香港，董事會主席是胡仙女士，紐約分社負責人蘇國坤，持有分社百分之三十的股權，以香港僑生身分畢業於臺灣國立政大新聞系，返港後就職於香港總社，因移民美國而取得在紐約經營分社的機會！當時的銷路報份不足一千份，由於有別於在華埠具有歷史的《紐約日報》、《華美日報》等傳統的華文報，在保守的華埠競爭，十分辛苦！

我於當年四月某日午餐後，在管轄華埠的市警五分局門前，目擊一位白人駕車撞及前車車後保險槓，前車駕車者是一位瘦小的華人青年，下車察看，與肇事者理論，正爭執間，五分局內走出二位穿制服的警員；在與兩人略作交談後，就把這位華人帶進五分局，未幾，另一位警員出來，把他停在路中間的車開走，白人駕駛則自行駕車離去！時值午餐過後，這條狹小的單行道，本已被他們的車堵住，這才恢復通車！

我在五分局門前，與一位認識的警員一起吸煙聊天，久久不見那位華人出來，覺得奇怪，就掛上記者證，推門而入，當場看到那兩名警員正在穿堂後面的小房間中毆打他，我大叫住手，並衝進小房間去拉這名華人，可能是我叫聲太大，另外幾位警員從各自的辦公室跑出來查看，我向一位警官指控那兩名員警打人，他們卻指控此人是華埠幫派份子，正在追查前科，責我妨礙公務。但這位華人說他是香港來美深造的留學生，名叫姚揚勳（Peter Yao），來美不久，在下城區一家公司打

工，任設計師，否認是幫派份子，只是到華埠來買中國菜外賣，碰到這起意外！

由於打人的兩名警員指我妨礙公務，我意識到事態嚴重，當場致電中華公所主席李文彬（M.B.Lee）請他到場。中華公所與五分局是近鄰，轉個彎就到了，李才進門，分局長也趕回來處理，打人的警員要求我們先錄口供，再辦交保，我立即申明要通告媒體；包括N.Y.Times及各電視台來採訪，僵持到下午四時許，我們才離開五分局。我立即陪姚去曼哈頓醫院驗傷，照片顯示，他除了頭、臉及鼠蹊部外，幾至體無完膚，全身淤傷，拿到驗傷報告及照片副本，已是過了晚餐時間，我回到報社加班發稿，並且親自檢、排字，拼版，做成一版頭條，抗議員警暴力，要求警方道歉懲凶。次日，報紙大賣，不但加印的五佰份賣完，甚至連「試報」的二佰多份也出清！

消息傳播，華埠為之震動！華埠僑領們找我到中華公所談話，才知道超過百年歷史的華埠發展，與員警的關係錯綜複雜，甚至有共通利益，有些「僑領」甚至對我說：姚揚勳來自香港，也不住在華埠，你已為他出了氣，為了華埠居民與員警今後的和諧關係著想，就此收手吧！由於我曾在香港讀小學，能說流利的廣東話，他們一副自己人長輩交代的口吻與鄉愿的自私想法，逼我當場表態，直接拒絕了他們的要求，申明一定會繼續報導這條新聞！接著我致電五分局長要求專訪，被他拒絕！但在隔天他卻來電約談，不知道是因為我又具名發表了呼籲華埠居民要相信美國法治、人權立國精神，不要隱忍員警暴力的專欄，還是「僑領」告訴他我不願妥協的態度！我們在他的辦公室見面，他先要求談話與內容不能公開，我說：我是新聞記者，現在為員警打人的新聞採訪你，我可以用紀錄問答的方式作報導，但不能不公開！他立即強硬表態說「無可奉告」，隨即開門送客！

次日，我把經過發稿刊在報頭下，並配上邊欄，愈加引起讀者的注意！如此，我每天一篇專文，呼籲華人團結起來，制止員警在華埠使用暴力，也每天訪問一位「僑領」寫出專訪，並配上相片，成爲當時華埠茶室餐館的熱門話題，情勢蓄積待發，始終支持我的李文彬終於在民氣可用的當口，在中華公所例會中通過提案：由「中華公所發起抗議員警暴力華埠罷市大遊行」，時間定在一九七五年五月十九日上午九時，遊行路線自華埠出發，目的地是紐約市政府，向市長愛賓提交抗議書，提出嚴懲打人的二名警員，須移送法辦、撤換五分局分局長等九項要求。這是紐約華埠開市一百七十多年從來沒有發生過的歷史性大事，經過媒體報導，美東各地華人從各處自動自發趕來支援，各地中華公所這次真是團結合作，也自費包遊覽車接送會員來回紐約！

五月十九日天氣晴朗，風和日麗，氣溫適中，參加遊行的人數，愈聚愈多，由中華公所全體理事分別擔任各隊領隊，各會館主席、各業公會會長也都負責帶領自己的隊伍，按英文字母排列順序於上午十時整，總指揮李文彬的指揮車鳴笛出發，由於參加的人數近三萬人，隊伍三人成排，以免阻礙交通，所以當李文彬到達市府廣場時，大隊還有四分之一的人，尚在華埠內原地等待出發！

大隊在午前完成對市府形成四面合圍的態勢，李文彬的指揮車車頭正對市府正門入口，用擴音器向群眾發表演講，由於申請的是遊行許可，群眾不可以停下來站著，必須繞著市府打轉，依序前進聽講！華埠各「僑領」輪流上車亮相演說，最後才是被打的姚揚動上車報告事情經過，這是我第二次、也是最後一次見到他！直到下午三時許愛賓市長被告知：如不出面接見，遊行隊伍絕不解散後，才請華埠領袖由李文彬帶領幾位代表進入市府會議室會見，約半小時後，愛賓送代表們走出市府，登上指揮車，向群眾發表談話，承諾接受中華公所提出九點要求中的七點，並當場向姚揚勳表示歉意！

李文彬立即宣布隊伍不得就地解散，仍須維持原來隊形回到華埠！他這個得宜的處置，使中西各媒體在報導時不約而同讚揚這是紐約市前所未見有始有終有秩序的群眾運動，替紐約的華埠做了一次最好的宣傳！而在這次遊行掛上「總宣傳」紅錦帶的我，二年後才知道自己被聯邦調查局（FBI）列檔盯上了！

由於這次遊行是因爲我鍥而不捨的在報端不斷報導，又與持反對意見傳統報業打筆仗、抨擊自私又鄉愿的「僑領」，更不斷呼籲讀者寄信或打電話給中華公所而凝聚成一股「華人不再做二等公民」的激憤之情；才能吸引華埠商家、居民與不同階層、會所的人，摒棄成見共同支持參與而成的！我第一次感受追求公義正確的輿論力量是沛然莫之能禦的！更是第一次感受到言論自由的大環境是如此值得珍惜與維護！

2010/06/22

在紐約與左派打筆仗，打垮了《華埠導報》

一九七五年初，我應聘到香港星島日報系的美國紐約市分社任城市版主編，當時在美國出版的華文報，日報在中午出報，版面因缺乏編輯與排字的人手，都是固定的格子，撰稿人必須依格子可以容納的字數發稿，有如塡空，對新聞報導或評論的限制性很大，不能發揮應有的功能。我在世新就學時，曾受過排字與拼版訓練，於是從採訪、撰稿、下標、編輯、排字、拼版、一手包辦。因爲版面活潑有變化，又能充份表達新聞性，大受歡迎，報份銷數節節上升，高達一千七百多份，迫使其他僑報也只能改版因應！

紐約華埠（也稱中國城或唐人街）有十多家報紙，其中較有歷史的報紙，多數擁護中華民國，立場反共，稱爲右派！反之就是「左報」，雙方不但競爭，更且鬥爭！《星島日報》總公司董事長胡仙女士是反共的，與國府高層關係深厚，但紐約分社由在台政大新聞系畢業的香港僑生蘇國坤承包，與他同學的費立濤、蕭文璧主事，三人都是中間偏左、較親中共！其時中共文革正由江青當紅，星島常常刊載左派文人的歌頌文章，算是右派中的左報！左報中有一份《華埠導報》是左派的指標，內容就是歌頌中共，攻訐國府，我常在星島副刊撰文具名抨擊。

到了一九七六年初，該報刊出趙浩生的文章，竟喊出「江青萬歲」的口號，星島也刊出趙浩生解放臺灣〈快了！快了！〉一文，我就以〈慢來！慢來！〉爲題撰文駁斥，竟招來左派文人韓素音、花俊雄、王浩等卅多人在《華埠導報》群起攻擊，我則在星島回擊、大打筆仗，造成我與蘇、蕭、費共事的不愉快！其後《華埠導報》在江青垮臺之前二週，竟發行了佔十個版面的「批判阮大方專刊」，並在報頭下宣布：「本報已完成階段性任務即日起停刊」的聲明！這份報刊，我原來保留一份作紀念，卻在數度搬家後遺失了！

2010/06/27

爲華商抵制黑手黨剝削，竟被左派誣指爲「中國城教父」

我在星島工作時，正値中共在大陸的「文革」鬧到不可開交之際，報社內，社長蘇國坤和他的好友校友費立濤、蕭文璧夫婦是比較支持中共的「左派」，他們三人是掌控報社的鐵三角，其他報社同仁，多來自港、台兩地，尤其是排字房的同事如孫啓堂、沈漢征等可以拼版的高手，均曾在臺的《中央日報》、《新生報》工作過，堅決反共，迫使不會排字的三人，在寫稿時對於過於媚共的詞句不能運用表達，編輯部與排字房經常爲此鬧不愉快，士氣低迷，我成了中間協調人，而且在華埠大遊行後，報份穩定在一千七百份以上，逐漸成長，已是華埠第一大報，使我在報社內有了發言權！

我們在截稿後，午餐前談話，他們對文革的期盼與解讀，成爲我們辯論的焦點，我與左派的《華埠導報》打筆仗，他們反對，我報導美東華人的活動，他們干涉，甚至我報導劉大中博士患癌，其妻陪他到上城汽車旅館服毒偕亡，我用「在天願爲比翼鳥」作標題，也被批評是封建陳腐！相處愈來愈不合拍！我在許多報導文章中，尤其是對中共在華埠見縫插針、製造紛爭的統戰手段，大加撻伐，讓蘇社長遭到極大的壓力，終於在他宣布要將報頭日期由民國紀元改爲西元紀元的決定時，爆發了正面衝突，我與孫啓堂，沈漢征等持反對意見的同仁，當場辭職，即刻走人，大出蘇國坤的意料之外！眼看當天就可能無法出報，蘇在一個多小時的求援無門之後，才到我們常在飲早茶的茶餐廳來找我們談判，同意暫緩，大夥回報社趕工，在午後二時許——較平日延後了兩小時，才能出報！

此事過後，左派對我更為痛恨，儘管我也寫文章抨擊國府，他們十分清楚這是我反對極權的原則，與他們不是同路人！我也清楚我在星島的工作，隨時可能被「炒魷魚」，在美國失業可不是開玩笑的事，內子李月榮當時懷了小女念琴，她知道我不會為生計低頭，就自行去接了在家中「串珠」的家庭手工，以防萬一！同時，因為我在發動「華埠反對員警暴力」遊行的過程中，不斷的專訪各方面有影響力的人士，包括許多「老外」，因此對我初來乍到的華埠有了深層而且多方面的瞭解與認識，對華人寄居異鄉的辛酸、艱苦及被剝削、欺侮與踐踏，愈感不忿，更對華人內鬥內行的懼洋媚外的「民族性」深覺痛心！所以當我瞭解到整個華埠有許多幫派，但是所有商家都還要向黑手黨支付保護費，由黑手黨開設的清潔公司以收取清運垃圾的名義收費，以餐館為例，每張座椅定價每週美金五元！各行各業，各有規定！行之有年，竟成陋習，使華埠商家增加不少的經營成本！

當時是愛賓市長在任，是紐約市治安的黑暗期，黑手黨有五大家族，華埠與隔壁尼街的「小義大利城」是屬於同一個家族的地盤，他們與五分局的警方水乳交融，互為表裡，所以當我在發動反員警暴力時，主持華人製衣工會的猶太裔理事長派瑞就私下叫我小心，事實上，黑手黨的成員（**當時不知道他的真正身分**）也有人對我表示關心，叫我不要得罪員警，直到我正式離開星島，考上私家偵探執照，在華埠開設「孟代爾保安公司分公司」後，與黑手黨談判時，才瞭然他是為五分局來勸我的！

我能簽到「孟代爾」（Mandel）的分公司合約，是在一次聚會中認識了退休的探長孟代爾，他是個貓王迷，有了相同的話題，就交上了朋友！據他自白：他因公負傷，提早退休，從私家偵探到經營保全公司、垃圾清運公司等事業成爲小富翁，當時未被恐怖份子炸倒的「世界貿易中心建築群」就是由該公司負責保安工作！他是義大利裔，我們不免談到黑手黨，他告訴我：義裔進黑手黨，必有血統淵源，否則就當員警。警界另一大族群是愛爾蘭裔，黑手黨成員多與愛裔員警打交道，就是避免被臥底！我想起了五分局長與所屬大部份是愛裔，大概就是這個原因！

一九七七年八月底在我決定向星島辭職前的週末，她的妻子安自新澤西州住處進城採購，找內子作陪聊家常，他們夫婦都特別喜歡小兒念中，每次來就要請他吃牛排，所以晚間兩家人聚餐，我告訴他辭職後必須到外州謀生，他主動表示基於我在華埠的人脈，何不爲他開一家分公司，於是就說定了！我們依規定辦妥了簽約手續，分公司在我考上私家偵探執照後，租用攊也街四十七號一樓開張！新任的五分局長是孟代爾的舊屬，親來祝賀，表示支持，我請了一位來自香港的餐館合夥人陳漢負責業務，因爲他出示曾任香港某保全公司副總的經歷給我看，而得到這份工作。我們提供客戶的服務收費廉宜，如餐館業每張座椅每週收費美金二點五元，服務包括接通報警警鈴、大夜班巡邏及清運垃圾！孟代爾派到華埠的保安人員，都是波多黎各人，全部帶槍、雙崗，因此很快建立起口碑，陳漢很努力，半個多月就簽到五十幾家客戶。

正在興頭上，派瑞來了，面色凝重的告訴我：「你的腦袋有標價啦！」我故作鎮定問他是什麼價碼？「十萬！」這是華埠一戶標準公寓住宅的價格，我在星島的週薪一百二十五元，保安公司是週薪五百元，我笑說請你放話叫他們加到百萬吧！不過我從此帶槍，也不再單獨行動了！

分公司營業甫過二個月，黑手黨的「那位朋友」與我在午餐的餐館「巧遇」，向我表明身分，並傳話說「大老闆」要在本週六請我晚宴，地點在布魯克林家中，我知道不能拒絕，更不能不去，只得應承，下午就趕到世貿中心總公司，找孟代爾商量！他說「大老闆」是弗瑞·法萊特，是這個家族的教父，已過六十歲，與他是舊識，教我服裝整齊，繫上公司徽章的領帶，注意禮節，他說義裔黑手黨與華人傳統幫派一樣，最重面子，只要給他面子，自己又不失面子，就不會有問題，對任何要求都說要回來請示，一定不會出事！

我週六赴約，果如所料，飽餐而歸，因為在他家中看到張大千的一幅山水，就以此話題發揮，談當代華人畫家，他居然也收藏了汪亞塵的魚與一些普通的字畫，都是華埠朋友贈送的！送客出門握手道別時，他才說：今天很愉快，請告訴孟代爾先生，你們在華埠的收費標準，漲價百分之二十歸我！

我回到華埠分公司打電話給孟代爾，他說明天見面再談！我領悟到在美國也不是享有完整的「沒有恐懼的自由」！

於是我為華埠的商家省了百分之四十的開支，我是「教父」麼？

「教父」之稱是紐約《村聲》（Village Voice）週刊給我的封號！

在我國被迫退出聯合國之後，取代我國席位的中共代表團大量進用自臺赴美因保釣運動而親共的「左派」到聯合國工作，紐約華埠成了他們的聚匯地，人數愈來愈多，力量也愈來愈大，成為與反共的僑胞對峙的勁敵！當時每年從國內到紐約去宣慰僑胞的影歌星團，定在西百老匯街的電影院演出，一連數天的入場券十分暢銷，開演前例必唱國歌，傳言有左派團體放話要去鬧場，時任紐約總領事夏功權就僱請我們公司派保全人員到場維持秩序，及保護團員安全，雙方簽約依商業常規處理！幸虧夏功權事先謹慎，首演就有人帶鞭炮入場，被保安人員制止！次日下午場就有「左仔福青」份子在場外對空鳴槍，又遭保全人員拔槍相對才匆匆離去！

平日夏功權來華埠公幹，爲避免左仔的騷擾，也會請我們公司派保安人員隨同，當時我們派遣帶槍的人手每小時收費美金七點五元，總領事館均依約付費，此外，公司並沒自總領事館取得分文額外的金錢！但外界看來似乎夏功權代表國府與我們公司有特殊關係，完全是猜測之詞，何況我對國府駐紐約新聞處長陸以正的官僚作風十分不滿曾撰文抨擊，是紐約華文報界同業衆所週知之事！

導致左派必去我而後快的導火線，是當時最早向左轉的崇正會，計劃在「十一」中共國慶日，在該會會所大樓前舉行升旗儀式；崇正會是客屬鄉親的會館，列名中華公所七大僑團之一，動見觀瞻，影響極大，成爲話題，我在茶樓與朋友談及此事時，我開玩笑說：「很好啊！我會請樂隊去爲他們奏樂。」不料第二天各報均刊出崇正會的申明：（十一升旗）並無此事！原來有人傳話加油添醋，崇正會召開緊急會議，擔心肇成事端，決定取消！事後逾月，紐約知名的前衛左傾刊物《村聲》週刊即大篇幅報導國民黨的代表夏功權幕後掌控我們公司，我們公司又以合法掩護非法，實際上是集合華埠地下幫派成員以威脅恐嚇華埠商家居民親共的「政治黑手黨」，我這個分公司負責人就被稱爲「中國城教父」，此文一出，調查局立刻上門搜索，陣仗不輸電影情節！我在皇后區的家中也未倖免，來查的幾名調查員，看到我住在廉租屋狹小的地下室時，不敢置信的問我：「你真的是中國城教父嗎？」一位土生的華裔調查員竟脫口用廣東話說：「有冇搞錯啊！」調查局也在華埠隨機向商家及居民查訪，歷經一週，給論是完全沒有可以懷疑我們公司與地下幫派有金錢往來勾串的證據，總領事館付給我們的服務費用，手續清楚，帳目明細，而且金額不大，不到我們公司營業額的百分之五而已！

孟代爾對此十分氣憤，就派人到《村聲》去查，才知道起因是一名名叫「John Wong」的土生華裔自由撰稿人提供的初稿，並引導該報記者到華埠訪問了崇正會等一些親中共的商家，才作成報導，我見過「John Wong」，中文名王X清（中間這個字忘了），常到星島日報社去找蘇國坤，和我們聊天，他不太會說國語，完全不會粵語，也不住在華埠，也不在華埠工作，他撰寫的文章初稿內容資料從何處取來，不得而知！我們在查訪的同時，也在思考今後如何做法，不料還未決定，十二月中旬全球知名的《紐約時報》竟在第一版首頁也做了報導，孟代爾表示他是生意人，不願被捲入華人政治鬥爭，決定關閉華埠分公司，由於他不願意去函向《村聲》及《紐約時報》更正辯駁，使我直到今天，才有機會公開說明：我不是「中國城教父」！

2010/07/13

首創報業「工商服務部」一時稱盛

我於民國五十六年九月在《經濟日報》工作，因報導「琉球問題」故被調跑工商新聞，採訪對象就是公司行號，在當時由於報禁，各報都被政府節省進口新聞用紙爲由限制發行張數，真是「篇幅寶貴」！所以全國三十一家報社，從來沒有一家刊登公司行號的動態報導，我是全國記者中唯一的一個專責採訪公司行號的「新聞記者」！

我也瞭解到這是王惕老與報社高層長官保全我的善意，用以向執政黨第四組作交代，表示我也受到處分了！由於父親任《中央日報》社長時，因抗議蔣介石爲宋美齡說該報刊登她的相片不好看而指責《中央日報》憤而辭職，理由是「不作家臣」！使掌控文工會的陶希聖、馬星野、曹聖芬等一班拍馬屁的御用文人十分難堪；我在《聯合報》採訪新聞時，又開罪了陶希聖，所以我本認爲我極可能要爲專稿負責被開除，但王惕老據理力爭，我才能被放在「冰箱」裡避風頭！因此，我十分用心投入工作。在二個月後，就提出設置公司行號動態新聞報導專用版面的建議，幾經爭取，才讓總編輯劉潔先生同意劃出四批約三千多字的版面；置放「工商服務」刊頭，指定由副總編輯吳博全負責督導，不過兩週，由於稿件爆滿，也帶來了不少廣告，因此，把版面擴充爲八批，也增加了陳琮一起採訪，三個月後，工商服務部正式成立，由吳秉主任，版面也增加到整版二十批！吳也開始引薦了許多同事進入報社，工商服務部成爲《經濟日報》的主力，佔了四個整版一大張的篇幅，收入大增，使《經濟日報》轉虧爲盈！國內各報紛紛跟進，也都先後成立了工商服務部，一時稱盛！

什麼是「工商服務」?用現代語言表達就是置入性行銷!其後在新聞媒體界泛濫成災，大違我意，不知我該不該負「罪魁禍首」的惡名?!

2010/07/07

插天山探險隊，完成登峰壯舉

【幼獅社記者阮大方復興鄉十一日電話】經過三天的艱苦攀登跋涉，戰訓插天山探險隊全體隊員，終於今日中午征服了這一座素以險峻著稱的插天山，全體隊員並在山頂熱烈歡呼中升起一面壯麗的國旗。

該隊是於今晨八時半自水場開始攀登北插天山與搭開山，經過三個小時的攀登，歷經許多有驚無險的場面，終於在十一時廿分踏上這一座人跡罕至的插天山最高峰，同時舉行升旗典禮，使美麗的國旗飄揚於海拔一九〇六公尺的主峰上。隊員們在這個探險的目的地用完午餐後，於十二時十分開始下山，踏上歸途，經過營地、下宇內等鄉村，該隊一行今晚將在復興鄉的義盛國校宿營。

這一支由三十九位富有冒險犯難精神的青年所組成的探險隊，是由陳茂修率領，於本月六日自臺北出發至烏來，但七日就碰上崔絲颱風，乃被困於烏來一天，而於八日清晨不顧暴風雨後的山路泥濘崎嶇，踏上了艱辛的征途，途經草澤、斷橋、絕壁、斷崖，這一座向以氣候惡劣與山勢崎嶇著稱的無人山，終於被一群具有大無畏精神的中國現代青年所征服。該隊明日將在復興村展開訪問山胞活動後，將至角板山與角板山野營隊的另一群青年朋友大會師，然後返回臺北。

（1960-08-12/聯合報/09版/暑期戰鬥訓練專刊）

說明：此文是現在的唐達聰夫人趙堡執筆，當時她在《幼獅社》任內勤編輯，賢伉儷先後編過我採訪的報導，機緣難得，選刊以誌兩家淵源深交！

我們征服了插天山

【幼獅社隨隊記者阮大方】在插天山巔的雲海中，山風拂面生寒，髮絲隨風起伏，白雲深處，眺望河山，蒼松翠竹，令人神往，突出在雲海中的山尖，有若羅列在波濤洶湧大海中的島嶼；而青山白雲，亦相映成趣。耳畔傳來同學們興奮的歡呼聲，抬頭仰望，美麗、莊嚴的國旗，已在山頂冉冉升起，三天來的願望，終已達成。數十小時的緊張行動，這時也感到一陣飄然的輕鬆；經歷過許多次努力奮鬥後成功的愉悅，絕不是局外人所能體驗得到的。

興奮的踏上征途

八日午飯後，大夥正在整裝待發的時候，突然接到總團部的通知，「行期因颱風關係延緩。」卅九個人，個個垂頭喪氣，在萬事俱備，連東風都不欠的情況下，居然不能成行，怎麼不叫人難受、洩氣呢？幸好「崔絲」小姐對寶島垂憐不深，芳蹤來去匆匆，九日早上，陽光普照，飽餐一頓後，大隊沿著台車道向首站——福山村進發，過了入山檢查哨後，車道路被颱風破壞的情形更厲害，許多地方都被激流沖斷。我們涉水踩石而過，球鞋踩在浸滿了水的草澤裏，寒從腳下起；上面太陽的熱迫得渾身是汗，苦不堪言。

深山露宿無法安眠

在福山暫宿一宵，清晨七時，繼續向征途邁進，上午晴空萬里，驕陽迫人。中午十二時在激流附近用飯，大家拿出便當，飯後以山水解渴，稍息二十分鐘，又拔隊前進。到了下午三時左右，氣候發生變化，濃雲密佈，在林中小徑行走，頗感不便，領隊下令紮營準備露宿。在插天山北山腰的水源處，找好營地，三人一組，架起帳篷，同時炊事也埋鍋造飯。煮的是白麵條，除了鹽以外，一無作料，可是對經過艱辛跋涉的同學們，實在無異於珍饈了。三大鍋的糧食，頃刻之間全部報銷。

大夥剛要就寢，聽說山胞造茅屋，一個個都鑽出來看。四位背負行李的山胞，拿著刀，砍倒幾株樹，把一頭削尖，插在地上，再用草索、樹籐紮上橫木，覆以草葉、雨衣，前邊升了堆火，既不用褥，也不蓋被，這種吃苦的精神實在值得欽佩。

晚上睡的是美式帳篷，進出口是個長僅及膝的大洞，出入都要手腳並用。有一位同學說：「我們山還沒爬，都先成了烏龜，出洞進洞，都要四腳著地。」由於質料很薄，外面大雨，裏面小雨，加上從地上滲進來的露水，篷子裡成了水窪，這一宵就等於泡在水裏。

斬荊披棘勇往邁進

六時起身，收拾停當，飽餐戰飯後，開始真正的登山行程。路，是人走出來的，山腰以上本來是沒有路的，這群探險青年們兼了開路英雄的差，一手拿刀，一手執杖，背著行囊，砍荊棘，去雜樹，沿路留下標誌。幹事巫先生一馬當先，越激流、渡險崖，率領全隊上衝。大夥過獨木橋，爬大樹根，一鼓作氣向山頂走。一路上儘聽到有人喊：「啊喲！」、「好痛！」準知道又有人摔了一跤，或者被樹枝或岩石割破了皮，可是誰也不落後，個個抖擻精神，邁著大步前進。走一小時休息五分鐘，有人問：「還有多久？」領隊就答：「半小時！」就有人說：「半小時，好，走！」，一聲「走」，大夥轟然響應，前呼後喊，聲震山谷，片刻，又過了一大段路。再休息，再問，再答：

「半小時」！再一聲走，再一次雷鳴！再一次前進。不到兩小時，就到了預定攀登山頂的出發點——暗布。比預定時間早了一半。

原始林中蛇行而前

大家放下背包，結束妥當，領隊一聲令下，大夥手腳並用，在不見天日的原始林中穿行，有時候，手抓老藤，身仿泰山飛渡石崖，有時候，腳踏青石，胸腹著地，蛇行而前，有時候，飛身上竄，登上絕壁。看到這群小夥子冒險犯難，力壯身強的樣子，誰敢說中國人是東亞病夫，誰敢說中國人體格比西方人差？迂迴曲折，泥濘崎嶇，草木蔽天，蛇獸叢生的山峰中，出現了一隊青年，他們正以無比的決心，毅方和大自然搏鬥，他們要以中國青年大無畏的精神來征服「插天山」。

一鼓作氣登上頂峰

雲開日見，撥開了高可及人的叢叢茅草，我們看到了山頂——一塊令人嚮往的土地，一步，一步，再一步，我們就可成功。可是，擋在前面的山藤、野樹，雜亂無章，糾結而生，使我們遇見了最後、也是最大的困難。「這能使我們洩氣？懊喪？這能使我們畏縮？退卻嗎？不！絕不！」拔出刀，砍一下，走一步！當走在最前面的陳領隊發出第一聲歡呼時，歡悅像電流般，迅速的通過了每一個人全身的細胞。

（1960-08-13/聯合報/10版/暑期戰鬥訓練專刊）

說明：這是我生平第一篇刊登在《聯合報》的專欄，彌足珍貴。雖然現在重讀，「有夠爛」！當時對我卻是莫大的鼓舞！

第八章　隨筆

信手寫來說心緒
行文不計工與拙

詠西湖白堤

西湖風景處處好　最好白堤柳夾桃
桃花似妾依君懷　柳絲如君繞妾腰
桃紅蜜意熱如火　柳綠濃情深似海
我來尋花問柳行　知否情深最傷神

我於一九九二年春首次回杭州，其後曾在杭八年，遍遊百景，最愛白堤。先父毅成公於抗日戰爭勝利時，正任浙江省民政廳長，復員返杭，見日寇在白堤遍植櫻花，與杭州市周市長協商，儘行拔除，改種「一株楊柳一株桃」，夾堤並行，遂成一景。我返杭時，距先父植樹相隔四十餘年，距其仙逝亦近四年，我漫步堤上，追懷先德，頓悟「前人種樹，後人乘涼」之涵意，更增惕勵！

1985/02/17

杭州創業失敗自嘲詩

一心一意　志在返鄉
兩全其美　建設吾杭
三家合作　政策當行
四處匯報　人人頌揚
五年奔波　曲折周張
六度會審　肺炸心傷
七巧玲瓏　莫知所向
八方風雨　蜚短流長
九曲流觴　煙酒共享
十分敏感　請示協商
百忍為要　個別拜訪
千般解釋　雞同鴨講
萬歲萬稅　規費先上
十萬火急　慢慢商量
百萬資金　如此耗光

千萬莫撤　成功在望
噫嘻難哉　動土開光
永續經營　我是好樣

此詩作於一九九七年初冬，緣起我於一九九二年春日，得機自香港赴杭州訪古。是我自一九四九年農曆春節時，隨先父母避國、共內戰遷居台灣後，首次歸故鄉。此行原爲解我鄉愁之私人旅行，但因我自一九七五年起，即經常爲海外華文報章雜誌撰寫政論文章，又曾任美國《加州論壇報》副社長、北美衛星電視公司總經理等新聞媒體行政工作，遂被列名中共中央統戰對象。以致此行在杭州機場入境時，即爲查悉。次日，浙江省統戰部並杭州市統戰部先後派員接待，且由時任市長之王永明率市府一級主管設宴接風洗塵，盛道先祖父荀伯（性存）公、先父毅成公生前對建設杭州之勞蹟貢獻，力邀我傳承先人遺志，返鄉建設、回國投資。似此統戰手法，我竟不察，爲之動心，雖先母及家人反對，我已決意，即籌資回杭，創建靈隱停車場暨購物中心項目，孰知申請公文歷經數十個單位，蓋了二百多個圖章，迄至一九九七年初冬，仍然不准開工，非唯中共地方官僚迂腐無能，貪汙不法，即民間商人，也唯利是圖，矇騙竊掠，並無公義是非可言，與我幼時接觸之杭州人，大相逕庭。

其時我坐困愁城，進退兩難，詩以遣懷，不意爲《錢江晚報》記者張亮獲其印本，遂成報導，轟動全國，此詩後被十九家報紙轉載，「中央內參」也加以採用。中央電視台「焦點訪談」節目要求作專題報導，爲我婉拒，因時任浙江省長柴松嶽已公開譴責杭州市政府，並下令究責，終於一九九八年八月底、先父逝世十週年祭一個月後，始獲杭州市政府核發之建築許可證，六載於茲，所經非一，可以用數十萬字成一書，詳述中共法令規章之缺失，地方官員風氣之敗壞，水準之低落，絕非此詩筆墨可以道其萬一；而此詩竟被選列於大陸出版之《中國歷代名人幽默詩選》，誠幽我一默也！

我於一九九八年十二月八日中風，積勞所致，乃決心放棄，卻於二〇〇一年初春，我在國外洽談轉讓時，被無權處理之杭州鐵路法院以時值之半價僅人民幣一億一千餘萬元拍賣。我在經濟方面之損失，高達伍佰萬美元左右。迄今仍爲此負債，年逾花甲，竟遭此劫，愛國愛鄉之熱誠，受到如此不堪之掠奪踐踏，而中共制度傳統，造成官員結構性勾串犯罪，數十年鎖國政策，遺毒猶存，地方官民排外心態未改，坑騙外來資金，據爲己有，蔚爲風氣，以致當時中共爭取外資入境政策，有「圈、套、殺」之譏！投訴無門，奈何！

1997/11/05

決定放棄杭州靈隱項目抒懷

英雄沉潛織錦繡　巧手彩繪勝景圖
壯士磨劍鑄新猷　百鍊難成繞指柔
山窮水複路迴旋　萬折千摧奈其何
十年一覺杭州夢　方解西子捧心愁

二〇〇一年一月決心放棄我在故鄉杭州創辦的「杭州大安停車服務公司」，拒絕杭州市政府與奸商勾結的敲詐勒索，雖然在經濟上損失了美金五百五十萬元之譜，十分慘重，導至破產，但壯士斷腕，不得不耳！

2001/01/10

六十五歲生日感懷詩

百歲今居六十五　本性不改依然我
富貴榮華都經過　人生浮沉早看透
為爭民主奮禿筆　經世文章鄙王侯
吾道不行乘桴去　四海遨遊樂自由
萬里江山萬卷書　掩卷常懷故國憂
胸藏甲兵難佈展　且寄五湖業陶朱
書生從商如論政　羽扇綸巾為錢謀
勝負輸贏計毫釐　金銀財寶較錙銖
商場起伏等閒看　成敗盈虧尋常談
豪宅華車歌舞酣　陋室單衫茶飯淡
妻賢子孝女兒親　天倫樂偕樹長青
髮未蒼蒼體未衰　不老廉頗虎威在

此詩作於二〇〇五年農曆七月時居臺北

悼陸鏗（大聲）大哥

一介布衣　相識遍天下　俯視將相王侯　筆端有公道正義
兩袖清風　知己得幾人　仰望日月星辰　足下無寸地尺土

陸鏗先生，新聞界前輩，名記者，我於一九八二年在美國洛杉磯《加州論壇報》工作時初識，接談甚歡，自此結交。他是我在「世新」求學時代敬仰的前輩，蒙他不棄，命我以「大哥」相稱，倍感親切，我在學生時代曾用筆名「宋仕蓀」，就是私淑他的筆名「陳棘蓀」，後來才知道他是爲老友李荊蓀先生因文字賈禍，被蔣經國投獄，而取此筆名，足見性情之真！他在美國去世時，我滯留臺北，經濟陷入困境，未能送別，只能遙悼，爲生平憾事！

2008/06/22

父親逝世二十年忌日有感

二十年來多少事　愧未執筆報君知
曾歸故里振家業　身感苛政無所持
衣食適意儉與樸　文章論列直而和
喜添兒孫傳祖德　不負教誨在人間

父親仙逝於民國七十七（一九八八）年七月二十八日上午五時許。今年是民國九十七年，七月二十八日掃墓謁陵，感念親恩，歸家得句。

2008/07/28

從事新聞工作五十年感懷

秉筆五十年　累牘無從留
非為藏名山　是乃繫心田
記事盡平實　青史賴以直
論政存公義　文章惹官嫌
富貴何嘗淫　威武不曾屈
貧窮實堪哀　牛衣相對泣
三嘆亦無補　雞棲鳳凰食
揮汗營生計　稻粱隔日積
子女皆受教　天柱自是立
經商不知險　敗揭人間蠍
誤信亂政言　腸斷還鄉愿
聞詩賦遭遇　紙貴傳洛陽
相識滿京華　斯人獨傍徨
黯然乘桴去　未覺花甲來
財散人安樂　不棄伏案歡

回顧世間事　縈懷難置棄
嘵嘵半世紀　喋喋全生民
國事多凋塘　想望禹舜堯
海峽求和諧　經濟爭共榮
天職映民意　知命未甘休

余於西元一九六一年就讀於臺北世界新聞專科學校編採科四年級，暑假奉派至《聯合報》實習，期間因記者蕭君開刀住院，受命代理職務近閱月，表現良好獲得高分，開學返校後，十一月中，該報公開招考駐臺北縣雙和地方記者，應試獲取，任該報助理記者，月薪新台幣八百元，爲余從事新聞工作之始。迄今近五十年，曾任職臺北《聯合報》、《經濟日報》記者。《民族晚報》採訪組副主任、主任，兼任基隆《民眾日報》採訪主任。香港星島報系《紐約星島日報》主編，美國洛杉磯《加州論壇報》副社長、世華電視公司副總經理、北美衛星電視公司總經理等職。二〇〇六年返台定居後，應邀任《台灣公論報》社長，爲期一年。應係世新校友中在新聞界服務，經歷最完整者。世新創辦人成舍我先生，與先父毅成公相識五十年，私交甚篤，並有文名，同爲我國新聞界前輩。成先生以新聞記者持志必須「富貴不能淫、威武不能屈、貧賤不能移」期諸學生，五十年來未敢逾越，可以告慰先師，無愧父望也！

2008/09/01記者節

自省

一身傲骨半生艱
應悔垂老學賺錢
畫虎不成反類犬
歸家燈前洗筆硯

在臺北好友萬明智女士開設之「音樂盒」聽歌有感，即興之作

2010/05/15

前輩風範

——兩件有關聯合報系發展的軼事

今天（04/02/2010）接到朋友傳來電郵，內含北市忠孝東路四段聯合報大樓拆除的相片，感觸良多。《聯合報》是我進入新聞界工作的第一家報社，十年於茲，得以追隨過許多位迄今仍十分感念的前輩，如劉昌平先生、馬克任先生、劉潔先生、王潛石先生等等，當時我才十九歲，轉瞬五十年，我也是望七老人了！我一直以曾在聯合報系工作爲榮，時常對「後輩」講古，津津樂道那一段難以忘懷的採訪歲月。

大約在一九六九年冬，我在《經濟日報》工商服務部工作，正在爲報導臺塑火災新聞追蹤發展時，某晚上班工作時，與副總編輯吳博全發生激烈爭執，因爲他任用私人，合謀私利，妨礙了團隊的工作進度，引起同事不滿，積憤已久。當天在總編輯面前爲了稿件用字修改問題，我認爲他又在循私偏頗，力揭其弊，年少氣盛，拍桌戟指後，匆匆寫了辭呈，拂袖而去。之後兩天我就沒有上班，第三天，王惕老叫我去他的辦公室，告訴我辭職不准，但已不適宜在編輯部工作，因爲：吳是長官，即使有錯，也不能因爲下屬不滿而調動！並且告誡我這就是職場倫理！我的回答是：我學新聞，必須堅持追求公平正義，分清是非黑白，而且要做到威武不屈，今天錯不在我，所以不能接受任何其他安排！一向愛護我的王惕老最後決定：留職停薪。當然，也斷了我跳槽到別家報社的後路！

對於我離開聯合報系，父親不置一詞，也就是尊重我的決定，多年後，我才知道王惕老偕成校長曾與父親三人會談，商討怎樣處理我的辭呈，知子莫若父，父親舉他辭《中央日報》社長事爲例，認爲我不可能收回辭呈！

我辭職後就忙著找工作，不到一週，臺塑總管理處公關副理翁福建來電說火災賠償談判有進展，我告訴他已辭職，請他找接我工作的同事談，次日上午他又來電說：董事長王永慶先生想約我見面，時間定在下午三時，我依約往見，這是我第一次見到王，他首先對我採訪火災保險的深入報導表示讚許，隨即提出約我到臺塑任職，工作是在公關部負責與新聞界聯絡，以減輕翁福建過重的工作負擔。我想這是翁的推薦，當即同意！王在我同意後，立即當面致電王惕老說：要求向《聯合報》「借將」二年，讓我在臺塑上班！掛了電話，王很嚴肅的對我說：請阮先生現在去報社，向王惕老報告！明天上午找翁副理報到。事後，翁告訴我，約我到臺塑工作，他事先不知情，只是向王報告我已離開《經濟日報》，王因看過我多篇有關火災保險的文章剪報，因而約見。到臺塑工作，是王與我談話過程中，頗爲相得，臨場起意的決定！使我更加佩服王心思細密與處事的手腕，化解了我與報社之間的僵局。他也因此讓我正式參與火災賠償的談判，獲得了全額損失的賠償！

我離開報社後，王惕老經人介紹，想收購現在忠孝東路四段的土地，興建聯合報大樓，但資金不足，缺口高達四千萬元，就找成校長商借，因爲世新在銀行的存款數以億計。成校長在來臺之初，爲了營救被蔣介石拘押的《南京救國日報》社長龔德柏（綽號大炮，以批評蔣介石見稱），以承諾在臺灣不辦報，只辦世新學校爲條件，由父親及程滄波二位轉報，獲蔣同意，放龔出獄！因此，對王惕老軍人辦報十分鼓勵，答應貸款，但依規定必須找人擔保。王惕老找了「臺泥」的辜振甫與「嘉新」的翁明昌辦好了手續，成校長卻含笑婉拒，惕老不解，指出這兩人當時是國內首富，如不能作保人，又有什麼人可以作保？成校長請王惕老找父親商量。父親接到成校長的電話，嚇了一跳，父親說我不是有錢人，四萬元都很難湊到，怎能擔保四千萬元？成校長的解釋是：四千萬元不是小數額，辦報利潤有限，也很辛苦，萬一到期無法清償，保人豈不十分煩惱？何必連累朋友提心吊膽？你反正沒錢，我也不會向你追討，王惕老最可能是延期還本，加付利息！因此父親打破了不作保的原則，成爲一生的特例！

聯合報系搬到新址後，加速成長，成爲全國最大報。《聯合報》在得到成校長奧援後，又得臺塑王永慶董事長的資金挹注，王以新臺幣七千五百萬元的總額，收購了董事長范鶴言先生、監察人林頂立先生二位的股份，成爲《聯合報》最大的持股人！此時，我已到臺塑工作，大致知道情況，但並未參與！王入股後，爲了實踐他發展塑膠工業一貫化的抱負，就請了各方面的專家、學者在《經濟日報》發表系列專欄，鼓吹石油工業中、下游加工（**即現在的四輕、五輕、六輕**）應該開放民營的理念，觸怒了主張石油工業國營的蔣經國，當蔣獲報王永慶是報社大股東時，竟說：叫他好好的做生意，辦什麼報紙?!此話立即傳到報社，兩位王老闆爲了避免《經濟日報》再度被停刊，王永慶立即決定將持股以原價全數讓給王惕老，分十五年計息償還！王惕老不負所托，把《聯合報》經營成爲在電子媒體興起，網路時代來臨之前，全球最大的華文新聞文化集團！這也是王永慶先生首次投資新聞媒體！其後在蔣經國去世後，報禁開放，他又支持了《臺灣日報》很長一段時間，也虧損了非常可觀的資金！

這兩件小事，與《聯合報》的發展奠基有重大影響，幾位當事人都已仙逝，我能有幸追隨他們，親受教益，追懷風範，再看現在領導新聞媒體的「人物」，真有典型在夙昔之憾！

2010/04/02 新法家

《論壇報》是「民派」
——本報二週年抒感

二月十四日是本報創刊二週年紀念日，兩年來，本報仝人在一個共同理念之下，孜孜不息，努力奮鬥，在今日遍佈全球的華文報刊之中，樹立了獨特的風格，脫離華文報刊是政黨、團體利益宣傳工具的數十年錯誤積習，希望成為一份真正立場公正、言論公平、園地公開的報紙。猶憶去年今日，本報社慶，我們曾說：「學步伊始，何敢言慶！」，惕勵來茲，益感應做的工作太多，已做到的太少，更需要作者、讀者的支持與鼓勵，才能使我們百尺竿頭，更進一步，為關心中國的中國人，作更多的貢獻。

本報創刊迄今，因為風格獨特，招來不少的猜忌，陷在非「左」即「右」，非「中」即「獨」醬缸觀念的人們，紛紛為我們戴上五彩繽紛的帽子，不是指《論壇報》太「左」、太「右」，就是說《論壇報》是「獨」派、「統」派，猶如瞎子摸象，各有想法，卻皆非全貌，都是戴著有色眼鏡在讀《論壇報》，對《論壇報》產生了誤解。

我們辦《論壇報》的宗旨是「實話實說，就事論事」，大至國家民族的前途，小至街巷里弄的動態，無論評議報導，都以事實為根據。我們服膺「民主自由、法治人權」的信念，對於在台灣海峽兩岸執政的國、共兩黨，皆以此為批判的標準。我們反對任何形式的暴力，希望中國人不再流血，在經歷百年的多災多難之後，建立一個安和樂利的國家。

對《論壇報》有了上述的瞭解，就不被我們決定刊載《蔣經國傳》而感到震撼，也不會認為我們面詢趙紫陽爲何不放棄「四個堅持」含有政治色彩，更可以體會到我們反對台獨暴力革命主張，是出於一片愛護同胞、愛護鄉邦的感情。這也是爲什麼《論壇報》在過去兩年來，刊載的文章字字有根據，句句有內容，因爲所有的文章，作者們不但僅僅表現了文字的技巧，更且反映了濃郁的愛國心和強烈的理念，從各種不同的角度，探討中國人關心的中國事。也就是《論壇報》與任何華文報不同的地方。

《論壇報》在過去兩年的表現，至少可以說明絕不是在中國政治問題上，給左派、右派、獨派、統派作宣傳工具；相反的，卻是所有這些政治黨派的壓力團體，呼籲、批判他們在爭權奪利之際，不要忘了十億同胞的望治之心，不要忘了百年來國家積弱之恥！

《論壇報》是不黨不群，傲然獨立的報社，如果一定要把報紙歸屬派別，請將《論壇報》歸於「民派」——是屬於以中國人民利益爲依歸的最大「派」！

1984/02/14

結語

我自從事新聞工作以來，對於撰寫臧否時事、月旦人物的文字，所懸準則都以公眾利益爲依歸，但凡有損於公義、不符合公平及公正的大事、小事我都樂於評論，我熱愛國家、關心社會，我追求民主，崇尚自由，我堅持法治、反對威權，我尊重平等，嚮往和平，因此，在我客居美國加州時，有幸與《論壇報》諸君共事，大家意氣相投，觀念相同十分難得，所以當該報創刊二週年時，我遵總編輯齊振一先生之囑，代表全體同仁，撰寫社論〈論壇報是民派〉一文，道盡了我的心聲，近三十年了，我並沒有改變，寫政論，我還是民派！

大方與我

李乃義

大方同我相識，是很奇特的機緣：我們有位共同的朋友，劉宜良（江南）。一九八四年，江南被當時的臺灣國府莫名其妙地在美國刺殺之前，我們都素未謀面，十月十五號江南遇刺，廿一夜大方到三藩市參加第二天的喪祭，劉太太讓我去機場接他打尖，就這樣聚首了。當時美國華人圈子氣氛緊張、詭異，雖然按當年臺灣對異議人士的劃分，大方是「右派」，我是「左派」，卻因江南之死，使我們一見如故：爲朋友伸冤之情之義把大方與我就此連接。

見面了，共同的話題，唯有江南。子夜過後，我們決定試試聯邦調查局的能耐，當即打電話，驅車進城，遂會其幹員Tony、Steve長談直到天明，盡露我們所聞、所感、所測。俗語說的，「若要人不知，除非己莫爲」、「天理昭昭」……，聯調局便就此迅速進入情況。據我所知，可以說，一九八四年十一月之前，其實已然「破案」。臺灣後來的「一清」、「開庭」、「開放黨禁」等等，無非都是些台、美之間政治角力的秀而已。我們另一位共同的朋友，陳治平（CP），後來回憶臺灣白色恐怖的解體說：統治的藝術，不過是維持一道紙糊的牆，所謂「情治」，捅穿了就沒了，完蛋了。

廿二號江南喪祭、遊行過後，大方當天返回洛杉磯，無奇不有，隨後幾天吧，我們還通過幾通電話，竟就此失聯！直到二〇〇七年，因事回台，從大仁那裏先問得大方在臺灣的電話號碼，一隔近廿三年，「老戰友」才再見面。彼此仍然一見如故，氣味相投而又萬般自在，高談闊論之餘，常相往來，天生的「老朋友」了。

原來：美方查案得手，政治上正好施壓國府，於是大方尊堂大人「適時」號稱「病篤」，電召他回台。大方當然很有疑忌，三令五申之下，匆匆硬著頭皮上路。人言「忠臣孝子」之門的教化，固然，而大方的俠義本性，僅此可見一斑。他趕回家，老母客廳端坐以待，勒繳護照，鎖進保險箱，只好在台「奉旨」自閉，遠離沸騰的美國「江南案」是非，一晃數年，怪不得大家都找他不著。

大方出版江南的《蔣經國傳》，他自責「我雖不殺伯仁，伯仁由我而死」，引頭出面治喪，呼籲破案，於公：爲言論自由；於私：爲朋友之義，沒有半點猶豫。而老母稱病，當下回台，直奔虎穴，任人蜚長流短，一無反顧。大方就是這樣一個性情中人！

做爲毅成公、性存公（**他們畢生致力於建立中國法學基礎，各在國民黨、同盟會有相當成就，留芳於中國近代史**）的子、孫，記者大方在輿論自由上的原則性，豈止不辱先人，簡直就是臺灣的傳奇。他很有大家內心深處豔羨的自得：現代版的，以文干政，以武犯禁，行走江湖和廟堂，如入無人之境！什麼是「俠」，他就是了。做的未必全對，但大方的願力很陽光，隨緣百無禁忌，一心常念天下國家大事，一身勇擔人情義理糾葛，大德無憾，小節不拘，好樣的「自由士」。

大方七十矣，當然，不說你看不出來的：小平頭加牛仔褲，數十年如一日。文章嘛，記者的「職業病」難免會有的，不時也「憤青」一下，因爲是俠士嘛，總之，他執意站在人民的立場說話，不從官宦的角度，所以都是「非仕之談」。至於「非」字，做動詞、還是形容詞來理解，悉聽尊便，或許都有點那個意思。

我賀大方七十，讀他的爲民之心、謀國之忠，了他的俠骨柔情、干雲豪氣，願天下人或因我輩的存在，而更有那麼丁點自由自在的空間！

二〇一〇年七月，乃義敬賀。

跋

千人之諾諾，不如一士之諤諤

陳曉林

在這個喧囂而浮躁的年代，「媚俗」是多數知識分子的自保之道，「民粹」是朝野政治人物的共同歸趨，而價值淆亂、是非顛倒則幾乎已成爲常態。此時此地，冷眼觀賞那些夸夸其談的政客、名嘴之流動輒上演令人不齒的鬧劇，「千人之諾諾，不如一士之諤諤」的警世名句遂自然而然地浮現在腦際。

阮大方兄投身新聞、評論事業將近半世紀，凡與台灣民主化進程及兩岸互動有關的重大事件，堪稱無役不與。在這些風雲激蕩的歲月中，他秉持著他所認知的、所肯定的自由主義信念，發揮了一個獨立知識分子的影響力與感染力。

包括保釣運動、革新保台、爭取言論自由、在海外率先揭露江南案內幕、與美國左派打筆戰、與國內藍綠論是非……多少次撼動人心的新聞事件中都有大方兄的身影。他的觀點容或未必完全燭照周延，論述或許亦不乏可待商榷之處；但無論如何，他都是言其所信，秉筆直書，絕不人云亦云，表現出一士諤諤的強烈風格。

筆者年輕時有幸得識大方兄的尊翁，親炙前輩風範；其後在美國則有緣與其胞弟大仁多次相聚暢敘；今逢大方兄七十華誕，有意選錄多年來所撰之若干具代表性的文章輯印一冊，作爲紀念，筆者又得以略效棉薄。「人生到處知何似，猶如飛鴻印雪泥」，大方兄所印之雪泥鴻爪，筆者確能感應到其向時代嗆聲、對歷史負責的亢直情懷。

人文風雲系列

非仕之談　向時代嗆聲　對歷史負責

作者　阮大方
出版者　風雲時代出版股份有限公司
出版所　風雲時代出版股份有限公司
地址　105台北市民生東路五段一七八號七樓之三
風雲書網　http://www.eastbooks.com.tw
官方部落格　http://eastbooks.pixnet.net/blog
電子信箱　h7560949@ms15.hinet.net
服務專線　（〇二）二七五六—〇九四九
傳真　（〇二）二七六五—三七九九
郵撥帳號　一二〇四三二九一
執行主編　朱墨菲
封面設計　風雲時代編輯小組
法律顧問　永然法律事務所　李永然律師
北辰著作權事務所　蕭雄淋律師
版權歸屬　阮大方
出版日期　二〇一〇年九月初版
定價　新台幣三二〇元
總經銷　成信文化事業股份有限公司
地址　台北縣新店市中正路四維巷二弄二號四樓
電話　（〇二）二二一九—二〇八〇
行政院新聞局局版台業字第三五九五號
營利事業統一編號二二七五九九三五

國家圖書館出版品預行編目資料

非仕之談／阮大方 著. -- 初版. -- 臺北市：
風雲時代, 2010.08
面；公分

ISBN 978-986-146-696-5（平裝）
1.言論集　2.時事評論

078　　99013151